Secrets d'Histoire

22, rue Huyghens
75014 Paris
www.albin-michel.fr

Stéphane
Bern

Secrets d'Histoire

Albin Michel

SOMMAIRE

Préface 9

Marie-Antoinette (intime) 12

Louis XVI, l'odyssée de la bague 26

Napoléon et les femmes 32

Gilles de Rais était-il un tueur en série ? 46

Louis II de Bavière a-t-il été assassiné ? 54

Rodolphe le fils de Sissi a-t-il été assassiné ? 62

Alésia, le mystère de la bataille 68

La Pompadour a-t-elle mené Louis XV à sa perte ? 74

Charlotte Corday, pourquoi a-t-elle assassiné Marat ? 86

Jeanne d'Arc a-t-elle été trahie par le roi ? 98

Madame Royale, la mystérieuse comtesse des Ténèbres 108

Le chevalier d'Éon était-il une espionne ? 116

Catherine II, nuits blanches à Saint-Pétersbourg 124

Henri VIII, un amour de tyran 138

Sissi, pourquoi l'impératrice d'Autriche a-t-elle été assassinée ? 152

Louis XVII, le fils de Marie-Antoinette et de Louis XVI
est-il vraiment mort en prison ? 160

Catherine de Médicis et les intrigues des châteaux de la Loire 168

Les maîtresses royales, elles ont régné sur Versailles... 182

Cléopâtre, pourquoi s'est-elle suicidée ? 196
Mata Hari, espionne ou femme fatale ? 204
Molière a-t-il écrit ses pièces ? 212
Marie Stuart, reine martyre ou manipulatrice ? 220
Le masque de fer, qui était le mystérieux prisonnier
de Louis XIV ? 228
Judas a-t-il trahi Jésus ? 236
Robin des Bois, le bandit au service
des pauvres a-t-il vraiment existé ? 244
Mozart, pourquoi est-il mort prématurément ? 250
Henri IV, le roi de cœur 258
Christophe Colomb a-t-il découvert l'Amérique ? 268
Casanova : qui était-il vraiment ? 276
Napoléon a-t-il été empoisonné ? 284
Raspoutine a-t-il précipité la chute du dernier tsar ? 292
Les Templiers, où est caché leur trésor ? 300
Les Romanov, quel mystère entoure leur mort ? 308
La bête du Gévaudan, à quoi ressemblait
vraiment le terrible prédateur ? 316
Eugénie, la dernière impératrice 324

PRÉFACE

Mystères, énigmes et secrets du passé sont autant de clés d'entrée pour découvrir la petite histoire de la grande. Comme de nombreux enfants, je suis tombé amoureux de l'histoire de France grâce à l'inimitable conteur que fut Alexandre Dumas dont les récits me semblaient dignes des polars de la « Série noire », bien avant que je ne mesure toutes les libertés qu'il prenait avec l'Histoire... J'étais fasciné par les intrigues qui se jouaient en coulisses et je trouvais, dans le passé, une matière plus riche, plus romanesque aussi, que toutes les fictions contemporaines. «Le roman est l'histoire du présent, tandis que l'Histoire est le roman du passé», disait Georges Duhamel.

Pris par la fougue des romans de cape et d'épée, je me passionnai pour les ferrets de la reine Anne d'Autriche ou pour l'identité du masque de fer. Alexandre Dumas lui-même ne prétendait-il pas qu'«il est permis de violer l'Histoire, à condition de lui faire de beaux enfants»?

Peu à peu, au gré de mes lectures, je me persuadai, à l'instar de Balzac, qu'«il y avait deux histoires : l'histoire officielle, menteuse, puis l'histoire secrète, où étaient les véritables causes des événements». Je devais avoir dix-sept ans lorsque je me plongeai avec délice dans tous les livres dont disposait la bibliothèque municipale du 17e arrondissement de Paris, après avoir épuisé les ressources de la bibliothèque familiale, notamment des ouvrages de Decaux, Castelot et Erlanger. Ayant été présenté fortuitement à celui qui se prétendait le descendant de Naundorff, je me devais de forger mon opinion sur l'énigme de Louis XVII...

Avec une soif inextinguible, je voulais tout connaître des mystères de notre histoire, cherchant en vain à l'étancher par la lecture de traités, mémoires, thèses, d'autant plus décevants qu'ils prétendaient tous mettre un point final aux interrogations par des explications trop cartésiennes à mon goût. Je voulais de l'irrationnel, tant il est vrai que nul ne peut se résoudre à la mort naturelle des héros. Il suffit de voir avec quelle constance on s'obstine toujours à croire que Marilyn Monroe, James Dean ou la princesse Diana ont été les victimes de complots ourdis dans l'ombre... Pour ma part, j'étais convaincu que le roi Louis II de Bavière et son neveu l'archiduc Rodolphe de Habsbourg avaient été assassinés pour d'obscures raisons politiques. Ainsi est née ma passion pour l'Histoire et ses secrets.

C'est dire avec quel enthousiasme je me suis jeté – avec mon producteur, Jean-Louis Remilleux, lui aussi amoureux de l'Histoire et de ses sortilèges – dans l'exaltante aventure de l'émission hebdomadaire *Secrets d'Histoire* sur France 2. Avec l'aide des plus éminents de nos historiens d'aujourd'hui, nous avons tenté d'élucider une trentaine d'énigmes, sachant que l'Histoire est, comme la science, en perpétuelle évolution sur le chemin de la vérité : l'étude de l'ADN constitue une révolution car elle a permis de lever le voile sur les mystères des Romanov, sur la mort de Napoléon, sur Louis XVII... Hommage doit également être rendu au paléopathologiste Philippe Charlier qui a exhumé et examiné les restes d'Agnès Sorel, Diane de Poitiers et Louis XVII afin d'éclairer de ses lumières des mystères tenaces.

Pendant toute une saison, puis chaque été depuis trois ans, nous avons pu ainsi ouvrir de nouveaux dossiers en nous appuyant sur des figures emblématiques et, à travers elles, raconter une époque, percer à jour le secret de l'intimité des palais, mais surtout populariser la matière précieuse qu'est l'Histoire. Autrefois, on l'envisageait comme une discipline qu'il convenait d'enseigner aux élèves. C'est en effet une discipline à maintenir, car un peuple qui ne sait pas d'où il vient ne sait pas où il va. Pire, il court à sa perte.

Certes l'Histoire, si elle ne se répète pas toujours, éclaire le présent et l'avenir. Elle constitue le socle de notre nation, un trésor et un patrimoine communs qui confèrent à chacun d'entre nous – quelle que soit son origine sociale, religieuse ou ethnique – ce sentiment d'appartenance à un même peuple. Mes ancêtres n'étaient pas gaulois, loin s'en faut, mais l'étude passionnée de l'Histoire de France m'a permis d'aimer ce pays qui m'a vu naître et que mes grands-parents avaient choisi ; l'histoire comme la langue et la culture sont de merveilleux vecteurs d'intégration...

Pour autant, l'Histoire ne saurait être circonscrite à l'Hexagone et, à l'heure où les frontières sont largement ouvertes sur le monde, elle représente un passeport exceptionnel pour voyager dans l'espace et dans le temps. C'est à ce voyage dans le passé que vous invite ce livre, *Secrets d'Histoire*, fruit des émissions que j'ai eu le plaisir de présenter sur France 2, mais aussi de mes conversations avec mon ami Franck Ferrand.

Je profite de l'occasion qui m'est offerte pour remercier les historiens qui m'ont transmis leur passion à défaut de leur savoir – Alain Decaux, André Castelot, Philippe Erlanger, Pierre Chaunu... –, tous ceux qui ont participé aux émissions de *Secrets d'Histoire* comme Evelyne Lever, Jean-Christian Petitfils, Jean des Cars, Simone Bertière, Michel de Decker et tant d'autres illustres universitaires. Je remercie également mes producteurs, Jean-Louis Remilleux et Laurent Menec, les équipes de journalistes qui ont participé à la réalisation des *Secrets d'Histoire*, mais aussi mes éditrices, Lise Boëll et Estelle Cerutti, qui se sont comme toujours montrées aussi insistantes qu'affectueuses.

Enfin, ma reconnaissance va à France 2 et aux dirigeants de France Télévision – un grand merci en particulier à Muriel Rosé et à Caroline Dumont – qui ont eu l'audace et le courage de nous faire confiance. Les *Secrets d'Histoire*, en s'inscrivant dans la mission de service public de diffuser de la connaissance, ont apporté la preuve de l'appétence d'un large public pour l'Histoire.

Stéphane Bern

MARIE-ANTOINETTE (INTIME)

Marie-Antoinette demeure l'un des personnages les plus fascinants de l'histoire de Versailles. Tout le monde connaît le destin de cette reine morte en héroïne sur l'échafaud et qui a ému l'Europe entière. Tant admirée que détestée elle continue d'évoquer les tumultes d'une époque violente et troublée. Nous allons découvrir les coulisses de sa vie intime à travers Versailles. Nous pousserons les portes de ses appartements et surtout celles du Petit Trianon afin de mieux comprendre comment cette reine adolescente a organisé une vie parallèle aux fastes de la cour. Marie-Antoinette n'est pas seulement la bergère aux moutons enrubannés, souvent attaquée et caricaturée, jugée frivole et dépensière, c'est une femme de caractère confrontée aux événements les plus violents de son temps.

Faut-il voir en Marie-Antoinette seulement « Madame Déficit », comme elle fut surnommée ? Cette étrangère se montra-t-elle indifférente aux souffrances du peuple de France ? Ou peut-elle être considérée comme une reine à la personnalité exceptionnelle qui sut s'affranchir des traditions et du qu'en-dira-t-on, comme une héroïne tragique qui finalement aima et soutint Louis XVI jusqu'à l'échafaud ?

Portrait de Marie-Antoinette dit « à la rose », 1783.
Élisabeth Louise Vigée-Lebrun (1755-1842),
musée du château de Versailles.

Celle que le peuple surnomme « l'Autrichienne » est le quinzième et avant-dernier enfant de l'empereur d'Allemagne François Ier de Lorraine et de l'archiduchesse d'Autriche Marie-Thérèse.

À quatorze ans, Marie-Antoinette se trouve parachutée du jour au lendemain dans la cour la plus cruelle d'Europe : Versailles ! L'adolescente, de caractère vif et spontané, sait qu'elle est promise au dauphin pour des raisons politiques mais aussi pour son physique… La future reine a d'ailleurs été plébiscitée par un vieux roi bien connu pour ses frasques et sa moralité douteuse. Louis XV en effet la juge charmante et dotée d'une des plus jolies gorges du monde. À la cour de France, rien ne lui sera épargné. Il est vrai que ses origines autrichiennes n'y sont pas totalement étrangères. Des siècles de guerre contre les Habsbourg ont laissé des traces dans le cœur des Français.

Dauphine pendant quatre ans, Marie-Antoinette découvre peu à peu l'importance du protocole pesant auquel elle doit se soumettre. Devenue reine à la mort de Louis XV le 10 mai 1774, elle essaie de se recréer un monde en marge de la cour. Elle se replie au Petit Trianon dont la mauvaise réputation lui importe peu : Louis XV y aurait, dit-on, abrité ses amours. Mais le Petit Trianon devient son refuge, son « petit Vienne ». « Ici, je ne suis plus la reine, je suis moi », a-t-elle coutume de dire. Elle s'empresse d'y faire bâtir douze monuments décoratifs, comme le temple de l'Amour, l'un des plus beaux édifices, ainsi qu'une grotte où il est possible de s'isoler. Cette grotte au confort rudimentaire ne peut accueillir que trois personnes. Marie-Antoinette y reçoit ses amis en toute intimité. Le bruit d'une cascade permet aux conversations de n'être ni entendues, ni épiées.

Au Petit Trianon, Marie-Antoinette se met à offrir des fêtes somptueuses en toute liberté. C'est là qu'elle aime surtout écouter et jouer de la musique : du pianoforte, du clavecin et de

Marie-Antoinette dans sa chambre, 1777.
Jean Gautier d'Agoty (1740-1786),
musée du château de Versailles.

la harpe. Elle prend aussi l'habitude d'y dormir seule et de se lever tôt le matin, en tenue légère, ce qui provoque les rumeurs les plus folles. Le Petit Trianon alimente bien des fantasmes. Accusée de ne pas se soumettre suffisamment aux règles de la cour, l'impopularité de la reine grandit. Jaloux, les courtisans se sentent exclus. Il est vrai que ces séjours représentent une double rupture : entre la jeunesse et la vieillesse, entre l'ancienne et la jeune noblesse. Il s'agit aussi pour la reine de faire de ce lieu le cocon de son intimité. Un désir d'indépendance très mal considéré à l'époque. Ses supposées « frasques » seront d'ailleurs retenues contre elle lors de son procès.

Si Marie-Antoinette se lance dans cette vie de plaisirs, c'est aussi parce qu'elle s'ennuie auprès d'un époux qui passe pour être vieux jeu. Lorsqu'elle épouse Louis XVI, ce mariage est l'objet de grandes réjouissances. Dans le carrosse, les mariés affichent un sourire de façade, une attitude de circonstance car ils ne se connaissent pas. Elle a quatorze ans, lui quinze. Tout les oppose. Il est grand, plus d'un mètre quatre-vingt-dix, mais sa façon pataude de se déplacer et son embonpoint ont raison de sa belle allure. Elle est menue et gracieuse. Dans ce couple si disparate, rien ne favorise le rapprochement. Leurs goûts divergent totalement : elle aime sortir, écouter de la musique, se tenir au courant de la mode. Lui, d'un tempérament plus solitaire, préfère chasser ou bricoler des horloges et des serrures, ce qui exaspère sa jeune femme.

Louis XVI se couche tôt, Marie-Antoinette et ses amies veillent très tard. Marie-Antoinette aurait aimé admirer ce mari que la raison d'État lui a donné. Mais il se montre maladroit avec elle, et elle n'a pas d'attirance pour lui. Ils tardent à procréer, mais comment donner un descendant alors que le roi et la reine sont constamment entourés et épiés ? Ils n'ont aucune intimité, d'autant que la chambre nuptiale à Versailles est un endroit public. Inquiète, la mère de la reine, Marie-Thérèse d'Autriche, est suspendue au moindre frémissement du couple, et fait même espionner sa fille par son ambassadeur, le comte de Mercy-Argenteau. Tout en inondant sa fille de lettres impérieuses, elle la pousse sans cesse à se montrer plus tendre avec son mari et à redoubler de caresses.

L'intimité du couple et la timidité de Louis XVI deviennent une affaire d'État : comment, en effet, un roi peut-il prendre ses responsabilités de souverain s'il ne respecte pas ses engagements matrimoniaux ? Louis XVI n'a jamais eu de relations extraconjugales, il ne connaît pas les femmes. Pour lui, la sexualité se

Les Chasses de Louis XVI, 1781.
Nicolas-Pierre Pithou l'Aîné (1750-1818),
musée du château de Versailles.

résume à la relation de son grand-père avec Mme du Barry, qui le dégoûtait fortement. Il est le seul souverain à ne jamais avoir eu de maîtresse, ce qui fait date dans l'Histoire de France ! Les médecins finissent par examiner Louis XVI et décèlent un phimosis, malformation sexuelle douloureuse, qui l'empêche d'avoir une relation sexuelle accomplie. Quant à Marie-Antoinette, elle n'est tout simplement pas amoureuse du roi et n'a donc pas de désir pour son mari. L'un et l'autre ne sont pas pressés de donner un héritier au royaume et il faudra attendre sept ans avant que le mariage ne soit consommé. Des ragots courent sur les infidélités supposées de Marie-Antoinette, notamment avec un beau Suédois, le comte Axel de Fersen. Elle délaisse son époux : on la voit partir des nuits entières à l'opéra, accompagnée. On dit qu'un jour ou l'autre, elle trompera son mari et que son premier enfant sera adultérin ! Marie-Antoinette est tout de suite tombée amoureuse de Fersen. Très élégant, ce beau brun ténébreux de vingt-cinq ans ne peut passer inaperçu. La reine et Fersen se ressemblent : ils sont tous deux très seuls, jeunes et insolents. Fersen a choisi le célibat contre l'avis de sa famille et ne quitte Marie-Antoinette que pour intégrer l'armée afin de participer à la guerre d'indépendance américaine.

À son départ, Marie-Antoinette verse des larmes. Ils s'écrivent des lettres enflammées, codées et écrites à l'encre sympathique. Cette correspondance passionnée leur permet de supporter l'absence et la distance. Louis XVI se montre indulgent face à cette romance. Une folle rumeur courra bien des années plus tard : Fersen serait le père de Louis XVII. Si les relations charnelles entre la reine et Fersen ne sont pas avérées, leur histoire d'amour est bien réelle. Les historiens s'accordent au moins sur un point : ils se sont aimés passionnément.

Le couple royal va enfin consommer le mariage grâce à l'entremise de Joseph II, le frère de la reine, qui, sous le prétexte de consolider l'union franco-autrichienne, en avril 1777, rend visite à sa sœur pour la conseiller en affaires matrimoniales. Neuf mois plus tard, Marie-Antoinette est heureuse de pouvoir donner un héritier à la couronne. Le 19 décembre 1778, Marie-Thérèse, qui deviendra « Madame Royale », voit le jour. La reine accouche devant des centaines de personnes. La chaleur est étouffante. Les gens se poussent pour être les premiers à voir l'enfant. La reine se sent mal ; Louis XVI brise un carreau pour laisser entrer de l'air dans la pièce... Quatre autres enfants suivront : deux filles et deux fils, dont trois mourront en bas âge. L'un d'entre eux, le petit Louis Joseph meurt le 4 juin 1789 à l'âge de huit ans. Déchirés par cette mort, Louis et Marie-Antoinette pleurent ensemble cet enfant, ce qui les marque profondément et consolide définitivement leur union. Longtemps tenue à l'écart des affaires du royaume, Marie-Antoinette a désormais une influence réelle. Lorsque le roi tombe en dépression, elle le soutient, et quand un mois plus tard, en juillet, commence la Révolution, elle comprend que la monarchie est menacée. Elle se met alors à chercher des alliés pour restaurer l'autorité de l'État.

L'aggravation de la situation politique précipite le rôle prépondérant du comte de Fersen. Aidé par son ami de cœur, la reine pousse Louis XVI à commettre une des plus grandes erreurs de son règne : prendre la fuite. Le sens de l'organisation de Fersen et sa rigueur militaire lui permettent de préparer secrètement le départ du couple royal. Grâce à ses réseaux, il réunit des fonds et dépense lui-même l'équivalent de deux cent mille euros dont il ne sera jamais remboursé. Après l'échec de Varennes, la tête de Fersen est mise à prix, mais il n'hésitera pas à

Hans Axel comte de Fersen.

prendre des risques pour tenter de sauver le roi et la reine jusqu'au bout. Mais revenons en arrière, car avant de pouvoir régir la sphère politique, Marie-Antoinette, soucieuse de son apparence, se tourne vers la mode, dont elle est, hier comme aujourd'hui, une icône.

Selon l'étiquette, une reine doit certes être à la mode, mais surtout ne pas choquer. Or la reine renverse les codes, fait fi des règles de la cour, et fait souffler par la même occasion un vent de fraîcheur dans la création vestimentaire de l'époque. Elle désire plus que tout être à l'avant-garde. Acheteuse frénétique d'accessoires, elle dépense énormément pour ses toilettes. On dit qu'elle désire être la plus belle femme du royaume plutôt qu'en être la reine. Rebelle aux usages de l'époque, elle prend toutes sortes de libertés vestimentaires, pare ses toilettes de froufrous, de rubans, refuse de porter un corset à baleines qu'elle considère comme un instrument de torture. C'est pourtant, à cette époque, l'accessoire à la mode qui fait pigeonner les seins et donne un port de reine. Toutes ses coiffures sont extravagantes. Ornés de tulles, d'étoffes et de sujets, ces échafaudages de cheveux défient les lois de l'équilibre. À la cour, pour l'imiter, les femmes livrent leurs cheveux à son célèbre coiffeur, Léonard.

Elle s'entoure aussi des conseils de Rose Bertin, sa « ministre de la Mode », une couturière qui va la suivre dans toutes ses folies vestimentaires. Comme la fameuse robe aux grands paniers faite de quinze mètres de tissu ! Toutes les deux vont inventer la haute couture.

Autre concept « révolutionnaire » : la reine accepte de partager sa styliste avec d'autres clientes. Les élégantes convergent au Grand Mogol, la boutique de Rose Bertin, rue Saint-Honoré à Paris. Elles s'arrachent les tenues « à la manière de Marie-Antoinette ». On copie la reine, mais toutes les bourgeoises n'en

Portrait en pied de Marie-Antoinette.
Élisabeth Louise Vigée-Lebrun (1755-1842), musée du château de Versailles.

ont pas les moyens. La passion de la reine pour la mode frise l'obsession. Elle dépense toujours plus chaque année et fait d'énormes commandes qu'elle accumule dans une débauche de moyens. On l'accuse de dilapider les deniers du royaume pour son propre contentement, et non pour celui de son peuple ou de la grandeur de l'État. Face au manque cruel d'argent, le roi somme la reine de restreindre son train de vie. Elle obéit, et s'habille alors comme une jeune paysanne en simple robe de coton, ce qui provoque un véritable scandale ! Quoi qu'il en soit, elle fait et défait les tendances. Son influence persiste jusqu'à nos jours. Pour preuve, le styliste John Galliano s'est inspiré des tenues de Marie-Antoinette pour sa collection printemps-été 2006.

Marie-Antoinette va également imposer ses goûts en théâtre. Elle fait la promesse au roi que son petit théâtre de poche en faux marbre au Petit Trianon ne coûtera pas cher ; il consent donc à le payer de sa poche. Ce n'est pas un simple caprice mais une véritable passion : elle apprécie les nouveaux auteurs, Sedaine, Favart, Rousseau et Beaumarchais, dont les ouvrages sont interdits à Paris par Louis XVI. Cet amour du théâtre remonte à son enfance quand à la cour de Vienne, elle apprenait le français en montant sur scène. Dédaignant le grand répertoire, elle préfère les petites pièces comiques à la mode où elle tient des rôles de servante ou d'ingénue. La reine aime les rôles à contre-emploi et prend très au sérieux son travail de composition en acceptant, par exemple, qu'on lui jette des ordures sur la tête. Avec malice, elle impose ses goûts et force le public à applaudir, fait totalement nouveau pour l'époque. Marie-Antoinette joue exclusivement pour ses amis proches, de sorte que l'on fait appel à des domestiques pour remplir la petite salle.

À la mode et au théâtre s'ajoute une autre passion : le mobilier. Ses goûts la portent vers les artistes les plus novateurs. Elle a tant incarné un style, qu'aujourd'hui Philippe Starck, le plus célèbre des designers français, crée la chaise « Marie », en hommage à son héroïne. À Versailles, où elle ne se sent pas chez elle, afin de se recréer un univers familier, elle va remodeler et faire redécorer, avec un luxe rare, ses appartements privés, sans jamais faire appel aux artistes officiels. La reine, qui n'a aucun respect pour l'art de Louis XIV, aurait souhaité faire détruire tout le décor intérieur de Versailles ! C'est donc au Petit Trianon qu'elle peut donner libre cours à sa créativité : sur les meubles, les boiseries et les tissus, elle fait dessiner de superbes fleurs. Elle s'occupe de tout, supervise les maquettes, choisit les décors, les matériaux et les motifs. Le bleu Trianon est créé spécialement pour elle, un style dont les créateurs actuels s'inspirent toujours.

Mais la reine fait aussi preuve d'un grand raffinement dans un autre domaine : la cuisine. Là encore, elle s'affranchit des règles. Contrairement à Louis XVI qui est un gros mangeur, Marie-Antoinette a un appétit d'oiseau ; à la quantité, la reine préfère les mets subtils et la délicatesse des saveurs. Or elle doit honorer les vingt-huit plats servis habituellement pour le dîner. Marie-Antoinette a horreur de cette contrainte appelée le « grand couvert » qui s'effectue sous le regard d'une centaine de personnes. Elle ne s'y est jamais habituée.

Elle aime les plats raffinés et frais, les légumes comme l'asperge et les petits pois. Elle va introduire la pomme de terre à la cour alors que ce légume était alors considéré comme un poison. En effet, Louis XVI, confronté à la colère du peuple contre le prix du pain, organise un concours auprès des botanistes afin de trouver un substitut pour contenter l'appétit des Français. Parmentier présente à la cour un tubercule blanc. La pomme de terre, qui vient des Amériques, suscite d'abord des réticences. Mais la reine accepte d'y goûter. Elle créera sa fameuse coiffure à la Parmentier, un échafaudage de cheveux paré avec grâce de fleurs de pomme de terre.

Dans son hameau, la reine peut goûter aux produits de la nature : des œufs et du poisson pêché dans l'étang. Elle aime beaucoup les fleurs : les bégonias, les acacias, la bourrache... Les fleurs bleues, à la couleur de Versailles. Elle raffole du sucré : le nougat, les macarons et la meringue, pâtisseries alors réservées à une élite. D'ailleurs, sa petite madeleine importée de Vienne, c'est le croissant. Et son péché mignon, le chocolat. Presque une médecine, le chocolat est bon pour la santé, la reine a donc l'idée d'instaurer le métier de chocolatier à la cour. À l'époque, le chocolat a un goût très corsé. Marie-Antoinette va faire du roi un adepte. Chaque matin, on lui sert une tasse de chocolat à la vanille. La reine ne boit ni vin ni champagne, le lait est sa boisson favorite et Louis XVI lui offre une laiterie, où elle peut déguster des entremets avec ses amies.

Le 6 octobre 1789, un symbole est en train de vaciller. La foule en colère se presse aux portes du château. La monarchie connaît ses derniers instants. Après l'échec de Varennes, Louis XVI est guillotiné le 21 janvier 1793. Après la mort du roi et la séparation d'avec ses enfants, Marie-Antoinette reste enfermée dans un cachot infect. La Conciergerie, ancien palais des rois transformé en prison sinistre en plein cœur de Paris, sera sa dernière demeure. Pendant soixante-seize jours, elle

La reine Marie-Antoinette dans la prison de la Conciergerie, XIXe siècle. Gravure du Thiers.

est surveillée en permanence par deux gendarmes et son état de santé se dégrade inexorablement. Désespérée par la mort du roi, elle refuse de s'alimenter, souffre d'atroces maux de ventre et perd cent grammes de sang chaque jour. À la fin de sa vie, c'est une femme à bout de nerfs, épuisée tant physiquement que moralement, que Robespierre veut à tout prix juger. Il ordonne donc qu'on la maintienne en vie jusqu'au procès. On lui fait boire du bouillon de poulet pour la revigorer.

Au procès, une foule de six cents personnes vient assister à l'hallali de celle que l'on appelle l'« Autrichienne ». L'atmosphère est survoltée. Le jury est composé de douze membres, tous ralliés à la cause de Robespierre. Il y a parmi eux un fils naturel de Louis XV et le médecin qui était censé sauver la reine le matin même. Le 15 octobre 1793, alors que ses avocats commis d'office n'ont eu que quelques heures pour préparer le dossier et n'ont pas eu accès aux pièces, la reine impressionne et le jury peine à prononcer ses accusations. Soumise à d'abjectes accusations, Marie-Antoinette se défend avec une dignité bouleversante. Particulièrement inéquitable, le procès ne dure que trois jours, et la reine n'a pas le droit de faire appel. La sentence tombe : elle est condamnée à mort pour haute trahison. On lui permet alors d'écrire une dernière lettre à sa belle-sœur Élisabeth à qui elle demande de s'occuper de ses enfants. On lui coupe très grossièrement ses cheveux blancs, puis on la fait monter dans une charrette crasseuse à la vue de tous, contrairement à Louis XVI qui avait été emmené dignement à la guillotine. Ce trajet à travers Paris de plus d'une heure doit être l'occasion d'une dernière humiliation. Mais la réaction du peuple est inattendue : le silence est total, et l'émotion profonde.

Le peuple lui témoigne du respect, ce que redoutait Robespierre. Il a donc fait appel à un acteur, Gramont, qui, tout au long du trajet, l'insulte et exhorte la foule à faire de même. Mais le peuple reste stoïque. Arrivée sur la place Louis XV devenue place de la Révolution, aujourd'hui place de la Concorde, elle se précipite vers l'échafaud afin d'en finir le plus rapidement possible. Elle meurt en héroïne. Un destin digne d'une tragédie antique.

Portrait en pied de la reine de France, Marie-Antoinette, avec Marie-Thérèse et le premier dauphin Louis Joseph Xavier François.
Adolf Ulrik Wertmüller (1751-1811),
Nationalmuseum, Stockholm.

LOUIS XVI
L'ODYSSÉE DE LA BAGUE

À l'instar de certains héros, il arrive parfois que des objets connaissent un destin hors du commun, aux frontières du romanesque. C'est le cas de la bague de Louis XVI, autrement appelée «bague de Fersen», du nom du comte suédois auquel il l'offrit en quittant Paris pour Varennes, en 1791. Elle réapparaîtra à plusieurs reprises dans l'Histoire avant de disparaître aussi soudainement et mystérieusement dans les archives du ministère français des Affaires étrangères. En attendant qu'elle refasse surface un jour prochain...

Un nom revient, en première ligne, lorsqu'on évoque la fuite à Varennes du roi Louis XVI, de la reine Marie-Antoinette et de toute la famille royale : Axel de Fersen. Il est tout à la fois le confident, l'organisateur, le messager qui correspond avec le marquis de Bouillé, commandant de l'armée de l'Est, que le souverain veut rejoindre pour sortir de Paris et du palais des Tuileries, où sa liberté d'action est entravée. Mieux, Fersen prépare minutieusement l'évasion de la famille royale, il fournit les moyens matériels et notamment la berline de voyage. Il fait tout cela, comme il l'écrit à son père, «pour le salut du roi, et surtout de la reine»; il est vrai que Fersen passe depuis de nombreuses années pour être l'amant de Marie-Antoinette, dont il est en tout

Portrait de Louis XVI, roi de France, en habit de sacre.
Joseph-Siffred Duplessis (1725-1802),
musée Carnavalet, Paris.

cas profondément amoureux. C'est lui aussi qui, déguisé en cocher, conduit le fiacre qui enlève les enfants de France et leur gouvernante, Mme de Tourzel, pour les conduire des Tuileries jusqu'au point de rendez-vous rue de l'échelle, où arrivent dans la nuit le roi, sa sœur Élisabeth et la reine. Fersen conduit ensuite la famille royale à l'octroi de la barrière Saint-Martin, audelà duquel attend la grosse berline de voyage. C'est la nuit la plus courte de l'année, nous sommes le 21 juin 1791. Le retard s'accumule déjà, l'angoisse aussi avec la peur d'être reconnus. Il est trois heures passées lorsque la grosse berline verte et jaune des souverains en fuite fait irruption dans la cour du relais de Bondy. Afin de rester incognito, les fugitifs royaux se font passer pour les domestiques d'une prétendue Mme de Korff, en route pour un voyage d'agrément vers l'est...

Portrait de Hans Axel, comte de Fersen.
Pasch Lorenz (1733-1805).

Tandis qu'on change les chevaux, Fersen demande au souverain de lui permettre d'accompagner le petit groupe jusqu'à Montmédy, où sont censées attendre les troupes loyalistes de Bouillé. Mais Louis XVI, bien que reconnaissant au Suédois de son dévouement, est peu soucieux de poursuivre sous l'escorte d'un homme qu'il ne peut s'empêcher de regarder comme son rival. Il décline donc, et, embrassant Fersen « avec effusion de cœur », lui remet, touchant hommage, la grosse bague en or qu'il portait à l'annulaire. Déjà l'équipage s'ébranle vers Varennes et vers son destin... « Adieu, madame de Korff ! » crie Fersen, la gorge nouée. Il serre dans sa main le discret présent du roi avant de poursuivre sa route vers la frontière avec les Pays-Bas autrichiens, l'actuelle Belgique et de retrouver le comte de Provence, frère du roi, à Mons. Certains historiens ont évoqué le sceau royal confié à Fersen ; il s'agissait en fait d'une bague sur laquelle était montée une intaille en grenat représentant une Diane chasseresse.

La déesse Diane chasseresse avec son arc, 1867.
Pierre-Auguste Renoir (1841-1919).

Qu'est devenu ensuite ce bijou ? L'érudit Jean Pastureau nous apprend que, trois ans plus tard, après l'exécution du roi et celle de la reine, Fersen aurait confié la précieuse bague au duc de Brunswick, le vaincu de Valmy, dans l'espoir qu'il pourrait la remettre à l'« orphelin » du Temple – Louis XVII pour les royalistes – dont la disparition, en 1795, serait bientôt sujette à caution. Le chef prussien échoua dans sa mission, mais il conserva la bague... En France, la Révolution refluait, faisant place au Consulat, puis à l'Empire ; en Suède, le fidèle Fersen devait périr en 1810, écharpé par une foule qui le soupçonnait sans preuve d'un crime d'état contre le prince héritier nouvellement élu, Christian August d'Augustenburg... Quant au duc de Brunswick, il était mort depuis quatre ans. Cependant, le vœu de Fersen demeurait comme une dette d'honneur dans sa maison ; et, des années plus tard, quand un certain Charles-Guillaume Naundorff, sorti des limbes, affirma qu'il était l'« enfant du Temple », les héritiers Brunswick, convaincus de sa bonne foi, lui remirent solennellement l'intaille royale... En dépit de ses efforts, Naundorff devait mourir en 1845 sans avoir pu faire reconnaître en France son éventuelle ascendance royale. Sa veuve et ses enfants ne s'avouèrent pas vaincus pour autant : en 1850, ils intentaient même un procès en reconnaissance. Leur défenseur, le républicain Jules Favre, constitua en leur faveur un dossier solide – quoique insuffisant aux yeux des juges... Emplis néanmoins de gratitude à l'égard de l'avocat, ses clients lui offrent alors, présent royal, la bague dite « de Fersen ». C'est alors que ce grenat gravé d'une Diane chasseresse quitte la petite histoire pour entrer dans la grande. Voici le récit qu'en fait l'historien Franck Ferrand : « Lorsque, après l'effondrement de Sedan en septembre 1870, se constitue à Paris un gouvernement de Défense nationale, le portefeuille des Affaires étrangères échoit à Jules Favre, qui négocie à ce titre avec Bismarck les conditions d'un armistice. Or, le soir du 26 janvier 1871, au moment de signer à Versailles ce document si décrié, Jules Favre se rend compte – acte manqué – qu'il a omis de se munir des sceaux de France ! À l'invitation du chancelier de fer, il accepte alors d'enfoncer dans la cire chaude du traité... l'intaille de Naundorff ! » L'histoire, authentique, nous est racontée, du reste, par un témoin de la scène, le comte d'Hérisson dans son livre *Le Cabinet noir*. Le gendre de Jules Favre, Valten, confiera ce précieux sceau au ministère des Affaires étrangères... L'histoire, déjà peu ordinaire, pourrait s'arrêter là ; seulement elle va connaître encore un incroyable rebondissement. En effet, près d'un demi-siècle plus tard, au matin du 28 juin 1919, sur le chemin qui le conduit au château de Versailles pour la signature du célèbre traité de paix, Clemenceau ordonne à son chauffeur un détour par le Quai d'Orsay, où la bague est conservée... Or, c'est bien la Diane de Jules Favre qui va figurer en mince relief sur le sceau du Petit Père la Victoire ! Pour autant, un doute subsiste, entretenu par Clemenceau lui-même, qui, en réponse à une lettre adressée par Louis Campion, directeur de La Légitimité (revue naundorffiste), affirma en 1926 qu'il avait offert en 1924 au maire de Versailles, pour le musée Houdon, une « bague de forme ovale allongée, représentant

Discussion des articles de la convention d'armistice signée le 28 janvier 1871 à Versailles.
Morel.

une Diane chasseresse», en précisant qu'il ne l'avait pas «utilisée pour signer le traité de Versailles en 1919». Clemenceau affirme au contraire qu'il avait utilisé son cachet, qui était le «moulage d'une pièce athénienne représentant un hibou» et qui se trouve aujourd'hui au musée Clemenceau.

Étrange escamotage et ultime pirouette : il existe bien aux archives du ministère des Affaires étrangères, quai d'Orsay, un dossier concernant la «bague de Fersen», autrement appelée «bague de Naundorff», qui fut celle du roi Louis XVI. Les conservateurs ne l'ouvrent qu'avec embarras : la bague avec laquelle furent scellés deux traités de paix controversés ne ressemble en rien au cachet de cire ! Au lieu d'une intaille en grenat représentant une Diane chasseresse, on trouve dans le dossier une pâle imitation... représentant une Bellone, déesse guerrière. Qu'est-il advenu de l'originale ? Nul ne saurait le dire. Peut-être réapparaîtra-t-elle un jour, quand les circonstances lui en paraîtront dignes... D'autant que certains affirment qu'une princesse l'aurait récemment achetée lors d'une vente aux enchères chez Christie's. Mais comment expliquer qu'elle ait disparu du Quai d'Orsay ? Et qu'elle puisse être vendue aux enchères ? Dans cette affaire, les autorités gardent un silence aussi embarrassé qu'énigmatique.

NAPOLÉON
ET LES FEMMES

De Napoléon, vous connaissez sans doute les batailles, les victoires, l'exil à Sainte-Hélène ou son tombeau aux Invalides. Vous connaissez le conquérant aux cent victoires. Mais connaissez-vous l'Empereur aux cent conquêtes féminines ? Quel homme se cachait derrière ce dieu de la guerre ? Comment se comportait-il avec les femmes ?

Vous allez le découvrir côté cœur, à travers les femmes qu'il a aimées. Ses épouses et ses maîtresses ; celles qui l'ont trompé, trahi ; celles qui l'ont accompagné pendant des années ou le temps d'une seule nuit. Qu'elles aient été impératrices, comtesses, dames de compagnie ou filles de joie, elles l'ont connu comme personne. Le portrait de ces femmes et leur histoire vont nous permettre de découvrir un Empereur inconnu, l'Empereur amoureux.

Lorsque Napoléon arrive à Paris, en 1785, les femmes ne sont pas encore la priorité de ce garçon pauvre, mal habillé et sans ressource. Âgé d'à peine seize ans, ce jeune lieutenant cherche un régiment et une première affectation. Mais s'il privilégie sa carrière, la majorité de la société de l'Ancien Régime vit en revanche ses dernières heures de débauche. À Paris, les lieux de

Napoléon Ier, empereur des Français en costume de sacre, 1805.
François Gérard (1770-1837),
châteaux de Versailles et du Trianon.

plaisirs se multiplient, le plus célèbre étant le Palais-Royal. Et c'est là que se rend Napoléon dans la nuit du 22 novembre 1787, avec la ferme intention de perdre sa virginité. Son initiatrice est une jeune prostituée. Napoléon n'a pas le temps de se laisser aller. Il part pour son île natale, la Corse, et participe activement aux débuts de la Révolution. Mais très vite, l'indépendantiste Pascal Paoli pousse les Bonaparte en dehors d'Ajaccio. Le 3 juin 1793, la famille doit fuir l'île de Beauté pour s'installer à Marseille. Cette même année, Napoléon s'illustre au siège de Toulon et est fait général. Mais sa solde est maigre. À Marseille, les Bonaparte sont accueillis et aidés par M. Clary, un riche marchand qui a deux filles, Julie et Désirée. Le frère aîné de Napoléon, Joseph, va épouser Julie Clary. Napoléon, lui, a un véritable coup de foudre pour Désirée. Mais pour continuer à grimper les échelons de la société, en 1794, il regagne Paris, ville alors en pleine ébullition où il oublie vite la jeune Désirée, à qui il avait pourtant promis un amour éternel.

Le 9 thermidor an II, la chute de Robespierre marque la fin de la Terreur. Paris change de visage. Dans cette explosion de liberté, on assiste à une recrudescence de publications pornographiques qui auraient valu, la veille encore, la Bastille à leurs auteurs. Les lieux de rencontre sont désormais les cafés qui deviennent le centre de la vie politique et sociale, mais aussi les salons privés comme ceux de Mme Tallien où les libertins aiment à se retrouver. C'est là que Napoléon va rencontrer Joséphine. De son vrai prénom Rose, Joséphine est née en 1763 à la Martinique. Sa famille possède une plantation de cannes à sucre et exploite plus d'une centaine d'esclaves. De cette enfance indolente, la jeune Joséphine conserve l'habitude d'être choyée et servie. « Yéyette », comme la surnomment ses domestiques, a les goûts de luxe des aristocrates de l'Ancien Régime. Joséphine arrive en France à seize ans pour épouser le vicomte Alexandre de Beauharnais. Le couple a deux enfants, Eugène et Hortense. Mais en 1794, à cause de leur engagement royaliste, Joséphine

Portrait de Joséphine de Beauharnais.
François Gérard (1770-1837),
musée du château de Malmaison.

et son mari sont envoyés à la prison des Carmes et échappent de justesse à la guillotine. Sous le Directoire, Joséphine devient alors une « merveilleuse ». Ses nombreuses conquêtes lui servent à satisfaire son goût excessif des belles toilettes. Elle fréquente les lieux où l'on s'amuse, comme le salon de Mme Tallien... Malgré ses trente-deux ans, Joséphine envoûte Bonaparte de six ans son cadet. Elle n'est pas amoureuse, mais s'aperçoit rapidement que ce Napoléon a de l'avenir. Peut-être même un destin exceptionnel. Elle voit aussi en lui un homme prêt à éponger ses dettes considérables... Pour cela Joséphine est prête à tout, même à changer de prénom...

Bonaparte est si amoureux qu'il décide de l'épouser. Le mariage a lieu le 9 mars 1796. Les deux époux falsifient alors l'acte d'état civil ; elle pour se rajeunir, lui pour se vieillir. Deux jours plus tard, Bonaparte part pour la campagne d'Italie. Si Alexandre de Beauharnais comblait Joséphine sexuellement, on ne peut pas en dire autant de Napoléon. Malade de jalousie, il exige de Joséphine qu'elle le rejoigne en Italie. Ce qu'elle finit par accepter, mais avec son amant dans les bagages. Après la campagne d'Égypte, l'ascension de Bonaparte est fulgurante. Il devient premier consul en décembre 1799. Joséphine jouit alors d'une position prestigieuse et mène une vie plus rangée, d'autant qu'elle commence à aimer son mari. Bonaparte, pourtant, s'éloigne d'elle et multiplie les conquêtes, des comédiennes, des courtisanes, et parfois même les dames de compagnie de sa propre femme. En amour comme en politique, personne ne résiste à Bonaparte.

Le 2 décembre 1804, au cours d'une cérémonie fastueuse à Notre-Dame, il se sacre lui-même empereur et sacre Joséphine impératrice. Il veut désormais un héritier. Mais Joséphine, pourtant mère de deux enfants, n'arrive pas à lui donner ce garçon qui le comblerait. Napoléon commence alors sérieusement à douter. Quand naît le premier enfant d'une de ses maîtresses, Eléonore Denuelle de La Plaigne, une évidence s'impose : il n'est pas stérile. Alors, la mort dans l'âme, il demande le divorce. Il lui faut une épouse capable d'assurer la descendance de son empire. Si possible, une femme issue d'une grande famille impériale. Le choix se porte sur la jeune Marie-Louise d'Autriche, fille de l'empereur François Ier. Joséphine, bien que divorcée, garde son titre d'impératrice et tous les avantages qui vont avec, dont le château de la Malmaison.

Sacre de l'empereur Napoléon Ier et couronnement de l'impératrice Joséphine à Notre-Dame, le 2 décembre 1804.
Louis David (1748-1825),
musée du Louvre, Paris.

C'est à la Malmaison, entre 1800 et 1802, que Napoléon et Joséphine ont vécu leurs plus belles années. Loin de la cour et de l'étiquette, l'insouciance y est de mise. Joséphine n'a de cesse d'embellir le château et d'agrandir le parc qui atteint rapidement la superficie de sept cent vingt-six hectares. Très vite, la Malmaison devient, avec le palais des Tuileries, le cœur du gouvernement. Bonaparte se fait aménager un vaste espace de treize mètres de long, qui regroupe sa bibliothèque, ses cartes et un bureau, que ce touche-à-tout de génie dessine lui-même et fait réaliser par l'ébéniste Jacob. C'est là qu'il commence à rédiger le code civil. Un escalier dérobé mène à ses appartements personnels. Napoléon et Joséphine font chambre à part, car très vite Napoléon est excédé par ses crises de jalousie où elle lui reproche ses retours tardifs. Tenue à l'écart des décisions politiques, Joséphine peut se consacrer à sa véritable passion : la botanique. Elle fait construire une immense serre à la Malmaison, dans laquelle plus de deux cents variétés de plantes nouvelles fleurissent pour la première fois en France. La roseraie compte plus de huit cents espèces de roses différentes ! Au milieu de ses jardins, Joséphine constitue également une véritable ménagerie. Des animaux exotiques font de la Malmaison une nouvelle arche de Noé. Au Muséum d'histoire naturelle de Paris est aujourd'hui précieusement conservé l'animal empaillé qui était la vraie curiosité du parc : un cygne. Rapporté d'Australie, ce spécimen est le premier à avoir été introduit en Europe. La Malmaison est aussi réputée pour son excellente table. De son enfance à la Martinique, Joséphine a gardé l'amour du sucre, et ses péchés mignons sont les glaces et la pâtisserie. Et, dans le salon de musique elle installe des tableaux que lui envie le musée du Louvre. Tout contribue donc à faire de la Malmaison un endroit où les jours s'écoulent avec insouciance.

Autoritaire à la guerre, l'Empereur se montre tout aussi strict dans l'organisation de ses appartements privés et exige que,

Chambre de l'empereur Napoléon Ier à Fontainebleau.

partout où il réside, les mêmes meubles occupent les mêmes places. À Fontainebleau au premier étage, dans la salle du trône, Napoléon reçoit, dirige et administre. Le décor doit impressionner et rappeler sa puissance. Pour réaménager toutes les résidences impériales, Napoléon fait appel aux stars du design de l'époque : Jacob-Desmalter, Marcion, Fontaine, Percier... Dans un contexte historique mouvementé, Napoléon va là aussi imposer son génie, en favorisant la création d'un style nouveau, le style Empire, inspiré de l'Antiquité, un peu chargé mais expression de la puissance du régime. Au cœur de Paris, l'hôtel de Beauharnais en est un exemple magnifique. Pourtant, au lendemain de la Révolution, lorsque l'Empereur reprend les rênes du pouvoir, tout est à reconstruire. Il veut des intérieurs dignes de lui mais pratiques. Les lignes solennelles sont rehaussées de couleurs éclatantes : boiseries dorées, soieries jaunes, cramoisies, vertes ou à rayures. L'inspiration antique se retrouve dans la forme des meubles ornés de figures de la mythologie, grécoromaine ou égyptienne, mais aussi de l'aigle et de l'abeille, symboles de l'Empire. Il s'agit aussi pour l'Empereur d'un vrai programme économique. En seulement quatorze ans, Napoléon remeuble luxueusement tous ses palais et exporte son style dans toutes les cours européennes qu'il occupe. Ces dépenses pharaoniques soutiennent et relancent les industries et encouragent les arts, qui s'étaient arrêtés pendant la Révolution. On doit à cette époque le miroir mobile appelé psyché, le lavabo en porcelaine, le fauteuil curule emprunté à Rome ou encore la table de nuit. Le style Empire s'impose bien au-delà du règne de Napoléon. Relancée par les Américains et les Russes, friands de ces formes volumineuses, la cote du mobilier Ier Empire est aujourd'hui en plein essor.

Dans la chambre d'apparat de Fontainebleau, les aménagements sont chargés, laissant peu de place à la vie intime. Ironie de l'histoire, cette chambre officielle avait été conçue à l'origine, pour Marie-Antoinette, morte avant même d'avoir pu profiter du lieu. Dans les petits appartements du bas, les dimensions sont plus humaines et les collaborateurs sont ainsi à portée de main de l'Empereur. Mais ils donnent surtout directement sur le jardin de Diane, où le couple impérial peut se promener, et par où peuvent aussi entrer discrètement les maîtresses de Napoléon, en général des comédiennes, des chanteuses et des dames de compagnie. Après un court sommeil, l'Empereur travaille de 2 à 5 heures du matin, profitant du calme qui règne au château. Il se rendort et commence sa journée à 7 heures par la lecture des dépêches et la signature du courrier. Après sa toilette, son valet de chambre, Constant, lui frictionne le dos à l'eau de Cologne et l'habille. Toujours la même tenue : un uniforme de colonel. À 9 heures : lever officiel. Les audiences se succèdent dans le petit salon jusqu'à la fin de la matinée. Le plaisir des repas est accessoire, Napoléon mange vite, salement, avec ses mains et sans serviette. Cette précipitation lui cause de violents maux de ventre et il n'est pas rare qu'il termine étendu de douleur sur le tapis ! L'après-midi est aussi consacré au travail. Trop nerveux pour bien écrire, Napoléon dicte avec facilité plusieurs lettres en même temps. Il parle vite, très vite même, mais ne répète jamais deux fois les mêmes choses. Pour s'accorder une pause, il emprunte un passage qui mène aux appartements privés de sa première femme, l'impératrice Joséphine, situés eux aussi au rez-de-chaussée. Joséphine y reçoit ses hôtes en toute intimité, avec un protocole moins pesant. La légende dit que Napoléon aurait fait murer cette porte le soir même où il décida de divorcer.

Quant à Fontainebleau, écrin de quelques années de bonheur, il a aussi été le cadre tragique des premières heures de la chute de l'Empereur... Il y abdique une première fois, en 1814. C'est là aussi, que, dans un geste de désespoir inhabituel chez lui, il tente de se suicider. Et c'est dans la « cour des Adieux » lors d'une émouvante cérémonie devenue légendaire qu'il annonce son départ pour l'île d'Elbe. Napoléon n'est pas seulement tyrannique et exigeant avec son entourage, il réglemente aussi la mode de l'époque. Il aime les femmes élégantes et la sienne se doit d'être un exemple pour toutes. Il ordonne donc à Joséphine d'être toujours parfaitement habillée et parée... ordre que l'impératrice va exécuter à la perfection. Impératrice de la mode, elle lance les tendances mais modernise aussi les créations et relance l'industrie du luxe français. La mousseline est alors à la mode, mais il très difficile de s'en procurer. Napoléon décrète, en 1806, un embargo très strict sur tous les textiles venant des Indes *via* l'Angleterre. Il souhaite ainsi relancer l'industrie française du textile de luxe, gravement touchée par la Révolution.

Pendant la campagne d'Égypte, en 1798, Bonaparte découvre le châle, un accessoire venu du lointain Cachemire, en Inde. De retour à Paris, il en offre à toutes les dames de la cour... Joséphine, en grande prêtresse du bon goût, en possède pas moins de soixante-dix ! La folie du châle en cachemire est alors lancée. Mais l'Empereur, comme pour la mousseline, a formellement interdit l'importation de ce tissu. C'est en France que ces châles seront désormais tissés. Pour assurer son éclat aux yeux du monde entier, Napoléon va demander à un jeune bijoutier français de réaliser des pièces uniques. Son chef-d'œuvre reste une sublime parure commandée par Napoléon pour sa seconde femme, l'impératrice Marie-Louise.

Alors qu'au début du XIXe siècle, Napoléon règne sur l'Europe, un événement va venir bouleverser son destin. En janvier 1807, Napoléon entre en Pologne avec pour objectif de contrer les armées qui menacent d'envahir l'Empire. Peu après le comte Poniatowski, chef du gouvernement polonais, organise un bal somptueux en l'honneur de l'Empereur français. Tous les regards se tournent vers Napoléon, mais lui n'a d'yeux que pour la jeune comtesse Marie Walewska, vingt-deux ans, déjà mariée à un homme de soixante et onze ans. Une peau blanche et fraîche, des cheveux blonds, des yeux bleus perçants. La beauté slave de la jeune Marie hypnotise l'Empereur. Pour arriver à ses fins, Napoléon fait pression sur le gouvernement polonais. Si Marie Walewska ne se soumet pas aux désirs de l'Empereur, la Pologne peut dire adieu au soutien de l'armée française. Marie doit braver ses principes et son éducation et accepte un rendez-vous avec Napoléon. À peine se trouve-t-elle en sa présence qu'elle s'évanouit. Grisé par son désir et aveuglé par son pouvoir, Napoléon commet l'irréparable...

Portrait de Marie Laczynska, comtesse Walewska.
François Gérard (1770-1837).

À son réveil, Marie découvre un Napoléon honteux. Pendant plusieurs jours, il déclare par écrit son amour à la jeune fille et va tout tenter pour se faire pardonner. Marie Walewska, qui était en fait tombée amoureuse de lui dès le premier regard, lui pardonne. Cet amour passionnel conduit même la jeune fille sur le champ de bataille aux côtés de l'Empereur, là où aucune femme n'est jamais acceptée. D'habitude si excessif, Napoléon se calme et n'hésite pas à s'accorder du temps avec sa nouvelle compagne dans les châteaux qu'il occupe. Ces moments de bonheur s'arrêtent en juin 1807, quand Napoléon rentre en France. Avant de quitter la Pologne, il pactise avec le tsar. Les accords de Tilsit fondent le grand duché de Varsovie. La Pologne libre dont rêvait Marie ne sera donc pas créée.

En mai 1810, elle met au monde un petit Alexandre que Napoléon n'oubliera pas de gâter. Mais Marie Walewska ne profitera jamais de sa situation privilégiée auprès de l'Empereur. Elle lui restera même fidèle dans les pires moments. Quand il abdique, elle est à ses côtés, et elle bravera les frontières de l'exil pour le rejoindre à l'île d'Elbe. Marie Walewska ne voulait pas marquer l'histoire, mais le cœur de Napoléon. Elle est celle qui lui écrivit un jour… « Lorsque tu cesseras de m'aimer, sache que je t'aime toujours ».

Finalement, Napoléon se remarie avec Marie-Louise d'Autriche, pour qu'elle lui donne un héritier. Il va même la surnommer « le ventre »… Nouvelle impératrice des Français, Marie-Louise d'Autriche a dix-huit ans. Un peu gauche et ronde, le regard sans charme, elle a le menton prononcé des Habsbourg. Mais elle a surtout grandi dans la haine de Napoléon qui est en guerre avec son pays depuis sa naissance et dans la haine de la France qui a laissé guillotiner sa tante, la reine Marie-Antoinette. Pourtant élevée pour obéir, Marie-Louise se soumet à la volonté de son père. Le mariage est arrangé, Napoléon peut maintenant prétendre jouer dans la cour des grands. La bénédiction a finalement lieu au Louvre, le 2 avril 1810. Afin de rendre son dévouement moins douloureux, Marie-Louise s'attache à celui

L'arrivée de Marie-Louise d'Autriche et Napoléon Ier Bonaparte à Compiègne.
Pauline Auzou (1775-1835).

qui est désormais son mari. Napoléon, séduit par la gentillesse de la jeune fille, a commandé un trousseau féerique pour le mariage. Il ordonne ensuite des travaux considérables au château de Compiègne.

Si Napoléon profite un peu plus des charmes de la vie, sa jalousie et sa méfiance le poussent à organiser une surveillance sans faille autour de Marie-Louise. Aucun homme ne doit passer plus de deux minutes en sa présence. Très vite, Marie-Louise offre à l'Empereur le garçon qu'il attendait. Cent un coups de canon saluent la naissance de l'Aiglon le 20 mars 1811. Napoléon est un homme comblé. Mais ce nouveau mariage n'assure qu'une paix relative entre la France et l'Autriche. En 1814, avec l'aide de la Russie, l'Autriche attaque l'Empire français. Napoléon, vaincu et déchu, est contraint à l'exil sur l'île d'Elbe. Il ne règne plus désormais que sur un petit territoire de deux cents kilomètres carrés. Marie-Louise ne viendra pas le voir et l'Empereur ne reverra plus jamais sa femme, ni ce fils qu'il avait tant attendu. À Vienne, l'Aiglon devient le duc de Reichstag et son éducation à la française n'est plus qu'un lointain souvenir. Marie-Louise va très vite refaire sa vie avec l'homme alors chargé de sa protection, le général von Neipperg, qui a perdu un œil contre les Français. Aiglon va finir sa vie tristement, seul, sans sa mère et sans ce père qu'il a si peu connu. Marie-Louise meurt à l'âge de cinquante-six ans, de la même maladie que Joséphine trente-trois ans plus tôt. Curieux hasard...

Sur l'île d'Elbe, administrateur dans l'âme, incapable de rester inactif, Napoléon se lance dans de grands travaux. Pendant trois cents jours il règne sur un royaume d'opérette. La vie sentimentale de l'Empereur est au plus bas. Même s'il obtient les faveurs des quelques dames de compagnie de sa sœur Pauline, en exil avec lui, c'est un homme malheureux. Il attend désespérément sa femme et son fils. De retour au pouvoir, il tiendra seulement cent jours. Après Waterloo, l'ancien Empereur des Français doit abdiquer une deuxième fois. Il se rend aux Anglais, puis est exilé à Sainte-Hélène. Cette colonie anglaise est un gros rocher aride, perdu au milieu de l'Atlantique Sud, à trois mois de navigation de l'Europe. Napoléon emmène avec lui les généraux Bertrand et Gourgaud, le comte de Las Cases et le fidèle comte de Montholon. La jeune Betsy Balcombe, âgée d'à peine quinze ans, est la première à marquer son cœur d'exilé. En attendant que sa nouvelle résidence soit décemment aménagée, Napoléon s'installe chez le père de la jeune fille, agent de la compagnie des Indes. Avec elle, l'ogre corse vit les meilleurs moments de son exil. À la fois innocente et impertinente, Betsy le fait rire et lui tient tête. Mais, très vite, la réalité le rattrape... C'est le départ pour Longwood, le palais prison, au centre de l'île, sur un haut plateau battu par les vents. Dans

L'empereur Napoléon Ier sur son lit de mort, 1821.
Charles Auguste Steuben (1788-1856),
Musée napoléonien, île d'Aix.

cette demeure de plain-pied, sans confort, surveillée vingt-quatre heures sur vingt-quatre par les soldats anglais, les habitants vivent une promiscuité étouffante. L'Empereur tente de recréer l'ambiance de la cour pour sauver l'honneur. Mais il a besoin, comme toujours, de s'appuyer sur une femme, et il sait depuis longtemps que Marie-Louise ne viendra pas. Il sent aussi qu'il risque de finir ses jours à Sainte-Hélène, où les femmes ne sont pas nombreuses dans l'entourage du prisonnier...

Parmi elles, Napoléon s'intéresse à la femme du comte de Montholon qui aura plusieurs enfants dont on ne sait s'il fut réellement le père. De ce rapprochement naîtra l'une des théories selon laquelle Napoléon est mort empoisonné par le comte, devenu un mari jaloux. L'ennui, le climat insalubre et l'enfermement finissent par avoir raison de la fougue de l'empereur. Lui qui ne pouvait rester en place se retrouve désormais désœuvré, passant des heures dans sa baignoire, à se remémorer sa gloire passée. Il aura vu le jour sur une île et c'est sur une île, Sainte-Hélène, qu'il disparaîtra, le 5 mai 1821, au terme d'une lente agonie. Sainte-Hélène, le prénom d'une femme ! Triste ironie pour celui que l'on disait misogyne, jaloux, et qui se plaisait à dire qu'en amour la seule victoire, c'est la fuite...

GILLES DE RAIS
ÉTAIT-IL UN TUEUR EN SÉRIE ?

Chevalier du Moyen Âge, illustre compagnon d'armes de Jeanne d'Arc, Gilles de Montmorency-Laval, baron de Rais, est plus connu dans l'Histoire par la face sombre de sa personnalité, celle qui le fera condamner en 1440 à être pendu pour sodomie, meurtres d'enfants et sorcellerie. Voici l'histoire fascinante de ce personnage controversé aux multiples facettes.

Charles Perrault s'inspirera de ce « monstre infanticide » pour créer le personnage principal de son fameux conte *La Barbe-Bleue*. De tout temps, la littérature s'est nourrie de cet homme énigmatique et, après Michel Tournier, c'est au tour de Pierre Combescot de se pencher sur le destin controversé de celui qui justifiera ainsi ses crimes : « pour mon plaisir et ma délectation charnelle ».

À Nantes, le matin du 26 octobre 1440, après une messe à la cathédrale, Gilles de Montmorency-Laval, seigneur de Rais, est pendu puis partiellement brûlé, avant d'être inhumé dans l'église du monastère des Carmes. La veille, le tribunal présidé par le procureur et sénéchal de Bretagne, Pierre de l'Hôpital, l'a condamné à mort pour crimes contre nature, meurtres d'enfants et sorcellerie. Comment ce chevalier

Gilles de Laval, sire de Rais.
Manuel Ferran (1835-1896),
collection privée.

du Moyen Âge promis à la gloire a-t-il basculé dans l'horreur et le crime ? Gilles de Rais a-t-il réellement commis les crimes qu'on lui impute ? Ou a-t-il été victime d'une erreur judiciaire perpétrée par un tribunal de l'Inquisition ?

Barbe-Bleue, 1867.
Gustave Doré (1832-1883).

Le personnage de Gilles de Rais (1404-1440) fascine autant qu'il terrifie, tel l'ogre des contes. Grandiose dans la dépense comme il avait été furieux au combat, il s'illustre par la folie criminelle des actes barbares qu'il commet sur des enfants. Selon la lecture qu'en fit Georges Bataille en 1965 dans *Le Procès de Gilles de Rais*, « il est la figure exemplaire d'une époque de la féodalité où la raison balbutiante n'avait pas encore muselé la fête archaïque de la violence ».

On ne peut comprendre la personnalité de Gilles de Rais si, d'une part, l'on ne rappelle pas qu'il était un grand seigneur du Moyen Âge, membre de la famille des Montmorency-Laval, apparenté aux ducs de Bretagne et disposant par la naissance de puissantes baronnies et de riches revenus renforcés par une habile politique de mariages. Recevant les héritages successifs de ses parents et grands-parents, il devient un de ces barons des Marches du Maine, de Bretagne et de Poitou, manœuvrant toujours entre le roi de France et le duc de Bretagne, car il se situait – à l'instar des territoires des Marches – entre deux juridictions, donc souvent hors du droit. D'autre part, Gilles de Rais souffre dès l'enfance d'un déficit d'autorité car il est orphelin depuis l'âge de onze ans. Élevé par son grand-père maternel, Jean de Craon, à la réputation sulfureuse, Gilles (il signe de son seul prénom, comme les princes !) reçoit une éducation guerrière, comme tous les seigneurs de son temps. Riche, puissant et jalousé, il règne sur les châteaux de Champtocé et de Machecoul, mais son mariage en juin 1422 avec Catherine de Thouars – il l'enlève dès le mois d'avril 1420 sans attendre une dispense pontificale, obligatoire car ils sont cousins au quatrième degré – lui apporte la châtellenie de Tiffauges... Possédant sa propre armée, il la met au service du roi de France, Charles VII, dont la légitimité est pour le moins menacée alors que le royaume est plongé dans le chaos de la guerre de Cent Ans et son cortège de terreur et de pillages.

Petit-neveu du connétable Bertrand du Guesclin, Gilles de Rais s'illustre très vite dans le métier des armes. Il devient un héros de la guerre de Cent Ans et assiste à Chinon, en avril 1429, à l'arrivée de Jeanne d'Arc, dont il va devenir l'un des principaux capitaines. Devant Orléans assiégée, il est volontaire pour une mission dangereuse consistant à traverser les lignes anglaises pour faire entrer des vivres dans la ville. Persuadé que Jeanne est envoyée par Dieu, il se met à son service, lui sauve du reste la vie pendant le siège d'Orléans, se distingue aussi lors de la prise de Jargeau et lors de la victoire de Patay. Il occupe l'une des toutes premières places lors du sacre de Charles VII à Reims, le 17 juillet 1429 ; nommé maréchal de France en reconnaissance de ses services, il a le privilège d'aller chercher la sainte ampoule contenant le saint chrême à l'abbaye Saint-Rémi de Reims pour que l'on puisse procéder à l'onction du roi. N'est-il pas au comble de sa grâce et de la faveur royale lorsque le souverain lui accorde la transformation de ses armes pour qu'il puisse faire entourer son blason d'un semis de lys d'or sur champ d'azur ?

Le compagnon d'armes de Jeanne d'Arc est arrivé au sommet. La condamnation de Jeanne et sa mort sur le bûcher vont faire basculer le destin de Gilles de Rais du côté des ténèbres. Pour lui, la sainte a été trahie, c'est la pureté que l'on assassine. Le héros va devenir un monstre. Plus redoutable encore que son grand-père Jean de Craon, qui, protégé par l'impunité en temps de guerre, offrait l'horrible spectacle de la perversité assumée, lui qui se vantait d'enlever des jeunes filles et de les soumettre. Tyrannique, violent, sournois comme l'était son aïeul, Gilles de Rais est cependant moins cupide, moins avare. Mais sa prodigalité le rendra lui aussi insatiable. En se retirant sur ses terres à 28 ans, après la mort de Jeanne, le 30 mai 1431, il avance inexorablement vers la déchéance. Gilles mène grand train, dépense sans compter, notamment pour soutenir sa garde de deux cavaliers, pour entretenir sa suite pléthorique de serviteurs, pages, musiciens, enfants de chœur et chapelains, ou pour faire représenter à grands frais des fresques historiques comme le Mystère du siège d'Orléans... joué pendant un an au prix de quatre-vingt mille écus ! Pour financer ses lubies, il doit vendre des terres à l'évêque de Nantes, Jean de Malestroit, ou céder au duc de Bretagne, Jean V le Sage, ses places de Mauléon, Saint-Étienne-de-Mer-Morte, Pornic ou Champtocé...

Les ressources financières de Gilles de Rais n'y suffisant plus, il cherche le moyen de refaire sa fortune. Il commet l'erreur de se tourner vers des astrologues magiciens et, pensant trouver avec eux le secret de la pierre philosophale, se lie à des charlatans qui se jouent de sa crédulité. Renonçant alors à l'alchimie, il se lance à corps perdu dans la magie avec un prêtre flo-

El Aquelarre (Le Sabbat des sorcières).
Francisco de Goya (1746-1828),
musée Lazaro Galdiano, Madrid.

rentin, François Prelati. Dès lors qu'il a perdu tout espoir de fabriquer de l'or, il se tourne vers les sciences occultes, pratique la sorcellerie pour invoquer les esprits et, au cours de ces cérémonies rituelles, commence à pratiquer des sacrifices... Le cap est franchi, Gilles de Rais va vraisemblablement commettre des actes pédophiles et des infanticides au cours d'horribles débauches dont se rendent complices ses amis Gilles de Sillé et Roger de Briqueville. Grâce à un système de rabatteurs, les jeunes enfants des villages sont placés comme pages chez Gilles de Rais en échange de quelques pièces. Mais que se passe t-il réellement derrière les hautes murailles des châteaux fortifiés ? Il se murmure, que pour satisfaire le baron, on lui sacrifie des cœurs d'enfants, des membres, des yeux...

Une erreur va lui être fatale. Gilles de Rais devient un rebelle au regard de la loi. Voulant récupérer la châtellenie de Saint-Étienne-de-Mer-Morte qu'il avait vendue au trésorier du duc de Bretagne, Guillaume Le Ferron, Gilles va investir l'église le jour de la Pentecôte, le 15 mai 1440, en menaçant d'une hache le malheureux Jean Le Ferron, frère du trésorier, pour qu'il lui abandonne la forteresse. Non content de violer les privilèges de l'église, Gilles de Rais vient de se rendre coupable d'insubordination envers son suzerain, le duc de Bretagne. Le 13 septembre 1440, l'évêque de Nantes, Jean de Malestroit, cite Gilles de Rais à comparaître, « pour être entré armé dans une église et avoir molesté et arrêté un homme lige du duc de Bretagne pendant l'office ».

Se laissant capturer sans opposer de résistance, Gilles de Rais ne connaîtra que le 8 octobre les véritables chefs d'inculpation qui lui sont signifiés au terme d'une longue enquête recueillant maints témoignages sur les disparitions de quelque cent quarante enfants : sodomie, sorcellerie et assassinat. La machine impitoyable est en marche dans la pure tradition de la sainte Inquisition. Reconnu coupable d'avoir transgressé la loi, il a donc commis un crime de lèse-majesté divine : il sera ainsi excommunié. Effrayé, il se résout alors à faire des aveux qui horrifient l'assistance, le 22 octobre 1440, d'autant qu'il reconnaît par avance la véracité des témoignages de ses valets, qui, soumis à la question, l'accablent. Il y a peu de preuves matérielles, pas de corps ! Il sera pourtant condamné à être pendu et brûlé par jugement le 25 octobre 1440.

Depuis lors, certains ont vu en Gilles de Rais le précurseur abominable des tueurs en série pédophiles. D'autres, comme Jacques Chiffoleau, soulignent qu'il a eu droit à un procès typique de l'Inquisition du Moyen Âge, où l'aveu était la reine des preuves. D'autres vont plus loin. Pour Jean-Yves Goëau-Brissonnière, « si Gilles de Rais a commis des crimes, il n'a pas commis ceux pour lesquels on l'a condamné sans preuves ». D'ailleurs, en novembre 1992, un tribunal composé de personnalités éminentes s'est réuni au Sénat, à Paris, pour procéder à une révision du procès… au terme duquel Gilles de Rais a été jugé « non coupable » et réhabilité sur-le-champ, sans que cela ait la moindre valeur juridique. Quoi qu'il en soit, pour l'Histoire, il est à jamais condamné au purgatoire. Et réduit à l'image peu flatteuse de Barbe-Bleue, qui n'a pourtant rien à voir avec la réalité déjà peu glorieuse de ce que l'on reprocha à ce « seigneur de mauvais gouvernement ».

Gilles de Rais, vers 1900.
Illustration de Louis Bombled pour une parution en fascicules de :
Histoire de France, Jules Michelet.

LOUIS II DE BAVIÈRE
A-T-IL ÉTÉ ASSASSINÉ ?

Que s'est-il réellement passé le 13 juin 1886 sur les bords du lac de Starnberg, en Bavière ? Il est 22 heures 30 minutes lorsque l'on retrouve, inanimés sur la rive, les corps du roi Louis II de Bavière et de son psychiatre-geôlier Bernhard von Gudden. Ce roi s'était depuis longtemps bâti un royaume imaginaire loin du tumulte politique : il entendait, avait-il dit, « rester une énigme pour les autres ». De fait, aujourd'hui encore, les circonstances de sa mort restent mystérieuses. Le roi, que l'on disait fou, a-t-il mis fin à ses jours comme le prétend la thèse officielle ou a-t-il été assassiné ?

Rien ne prédestinait Louis II de Bavière à laisser dans l'Histoire un nom marqué du sceau de la tragédie. Ludwig Otto Frederik Wilhelm von Wittelsbach, né le jour de la saint-Louis, le 25 août 1845, au château de Nymphenburg, à Munich, était voué à un destin brillant, quoique sa nature de rêveur mélancolique et solitaire s'accorde mal avec les obligations d'un futur monarque dans un Empire germanique en pleine mutation politique et industrielle. Fils aîné du roi Maximilien II de Bavière (1811-1864) et de la reine Marie, née princesse de Prusse, il est aussi le cousin germain de la duchesse Élisabeth en Bavière, devenue par mariage l'impératrice Sissi d'Autriche, à qui il vouera une brûlante

Portrait de Louis II de Bavière en uniforme, 1865.
Ferdinand von Piloty (1828-1895),
Bayerische Staatsgemäldesammlungen, Munich.

DOVICUS II
AVARIAE REX
DCCCLXV

admiration toute sa vie, partageant avec elle l'amour des paysages romantiques bavarois. Écartelé entre ses désirs profonds, ses rêves et la réalité d'une austère éducation de prince, Louis de Bavière révélera très tôt des dispositions étonnantes autant qu'une incapacité confondante à agir, et même à s'intéresser à la chose publique. Lorsqu'il accède au trône, trop jeune, à l'âge de dix-huit ans, en 1864, les Bavarois accueillent avec joie et enthousiasme ce jeune roi à la beauté fascinante, mesurant un mètre quatre-vingt-douze, superbement sanglé dans son uniforme d'apparat. Dès le début de son règne, il doit se frotter à une réalité qui le répugne : défendre l'indépendance de la Bavière face à la politique audacieuse et impérialiste du chancelier prussien, Otto von Bismarck. Son propre chancelier, Ludwig von der Pfordten, range la Bavière aux côtés de l'Autriche, vaincue à la bataille de Sadowa, en 1866. Dès lors, il ne pourra plus empêcher l'intégration de son état dans l'Empire allemand naissant. Son nouveau chancelier, Hohenlohe-Schillingsfürst, mène une politique résolument pro-prussienne, et, lorsque la Bavière se range aux côtés de la Prusse lors de la guerre de 1870, le roi Louis II est profondément blessé de devoir engager ses armées contre la France, qu'il admire. À contrecœur, il signe la lettre proposant au roi de Prusse la couronne impériale en décembre 1870, mais se tient à l'écart des autres rois, grands-ducs et princes allemands lors de la cérémonie d'unification de l'Allemagne dans la galerie des Glaces à Versailles. Pour lui, il s'agit d'un sacrilège dans le château de son modèle Louis XIV ! Il se coupe lui-même de la politique, cherchant refuge dans ses châteaux,

Sophie Charlotte de Bavière de Wittelsbach, duchesse d'Alençon.

qu'il fait bâtir à grands frais, et dans la musique de Richard Wagner, qu'il entretient, en généreux mécène. Il se retranche de la réalité pour vivre dans ses rêves. Est-ce là, comme on l'a prétendu, un signe de sa folie, sceau héréditaire des Wittelsbach ? Quoi qu'il en soit, son retrait de la vie publique autant que son comportement jugé étrange pèseront lourd dans le complot que va ourdir le gouvernement contre lui. Il s'est coupé déjà en partie de son peuple lorsqu'en 1867 il a rompu brutalement ses fiançailles avec sa cousine et sœur de Sissi, la duchesse Sophie en Bavière, qui connaîtra elle aussi un sort tragique puisque, devenue princesse d'Orléans et duchesse d'Alençon, elle périra dans l'incendie du Bazar de la Charité, à Paris, en 1897...

Fou pour certains, génial pour d'autres, il reste dans l'Histoire comme un protecteur des arts et un bâtisseur de châteaux extraordinaires tels que Neuschwanstein, où il peut revivre le monde idéalisé de Tannhaüser, Herrenchiemsee, imitant Versailles, Linderhof... Pour Verlaine, Louis II était le « seul vrai roi de ce siècle ». Il a fui la réalité pour s'enfermer dans un monde imaginaire, celui de l'exaltation des mythes germaniques mis en musique par Wagner. Pour son chef de gouvernement, von Lutz, il y a urgence : il faut écarter Louis II du pouvoir car il devient gênant. Le roi dépense sans compter pour bâtir son royaume imaginaire, les châteaux coûtent de plus en plus cher. Le Premier ministre lui refuse de nouveaux crédits. Louis II menace alors d'en appeler directement au Parlement bavarois où le souverain reste très populaire. Von Lutz se décide alors à agir. Il fait grossir les rumeurs de la démence du roi pour pouvoir le déposer et installer une régence. Comment prouver que le roi est fou ? On sert habilement quelques arguments héréditaires, en insistant sur la folie de son frère cadet, Othon, qui vivra aliéné quarante ans, jusqu'à sa mort, en 1916. Le journal intime de Louis II fait office de pièce à conviction : s'y révèle le combat entre ses penchants homosexuels et sa foi expiatrice, preuve du dédoublement de sa personnalité. L'annulation brutale de son mariage s'ajoute comme élément à charge. Mieux, on demande au directeur de l'asile psychiatrique de Munich, Bernhard von Gudden, de donner une caution médicale. Une commission d'experts se réunit sous son autorité, interroge tous les témoins avant de conclure à un cas de paranoïa (même si aujourd'hui, on parlerait plus volontiers de schizophrénie). N'a-t-il pas, devant témoins, annoncé qu'il devait dîner un soir avec Louis XVI et Marie-Antoinette ? Le plus extraordinaire, c'est que von Gudden n'a jamais ausculté directement le roi. Louis II est déclaré fou et déposé, la régence de son oncle Luitpold est proclamée le 10 juin 1886. Mais il faut arrêter le souverain à Neuschwanstein. Sous prétexte de lui donner la clé de la tour, von Gudden l'attend en embuscade et le monarque est saisi avant d'être transféré au château de Berg, où il avait passé son enfance. Le roi est vieilli, il n'est plus que l'ombre de lui-même. Il a fortement épaissi, ses dents sont gâtées à force de manger des sucreries et de boire du champagne, il souffre tant qu'il a recours à la morphine pour apaiser sa douleur. « J'accepte que l'on m'interdise de régner, mais pas qu'on me déclare fou », écrit Louis II dans une lettre à son peuple. Trois jours plus tard, il meurt dans des circonstances jamais élucidées.

Le 13 juin 1886, vers 6 heures du soir, le roi – qui se montre calme, raisonnable, mais passe des heures à regarder par la fenêtre du château – demande à faire une promenade. « Nous serons rentrés pour le dîner », prévient son geôlier-psychiatre von Gudden, qui, étrangement, écarte l'escorte policière. On ne les reverra jamais vivants. Tard dans la nuit, on retrouvera les corps aux abords du lac de Starnberg. De nombreuses hypothèses sont avancées. D'après la thèse officielle, qui reste la seule présentée par la maison des Wittelsbach, le roi, pris d'un accès de folie, a étranglé le médecin et s'est suicidé ensuite car il préférait la mort à une fin de reclus. Pour Philippe Collas, auteur de *Louis II de Bavière et Élisabeth d'Autriche*, « la thèse officielle ne tient pas. Louis II a été retrouvé en bas du sen-

Bernhard von Gudden, psychiatre allemand.

tier qu'il était censé prendre pour sa promenade; comment faire croire qu'il a fallu des heures pour retrouver les corps? Forcément, il y a eu une mise en scène». De fait, il y a des éléments troublants. Pourquoi le médecin veut-il se promener seul avec le roi s'il le croit fou au point de le faire interner? Plus étonnants encore, les procès-verbaux qui attestent de la noyade du roi : pourquoi, dans ce cas, ne retrouve-t-on pas d'eau dans ses poumons? Si l'on explore la thèse de l'assassinat, le mobile est clair : même vivant, Louis II restait un danger pour le gouvernement en place. S'il s'était échappé, avec la complicité d'un peuple auprès de qui le roi restait populaire, il aurait pu réussir un coup d'état en se présentant devant le parlement bavarois, où la régence n'était reconductible que d'année en année. Chacun aurait pu se rendre compte que le roi, certes fantasque, avait toute sa raison. Le plus simple, pour le régent Luitpold comme pour von Lutz était de s'en débarrasser, quitte à éliminer un témoin gênant, von Gudden. Récemment, un historien allemand a travaillé sur des témoignages inédits attestant de l'assassinat du roi, et ses arguments se sont révélés assez convaincants pour que des voix nombreuses demandent aux Wittelsbach d'autoriser l'autopsie de Louis II, embaumé dans l'église Saint-Michel à Munich. En effet, un banquier de soixante ans, Detlev Utermöhle a témoigné sous serment qu'à l'âge de dix ans il a assisté avec sa mère à une scène troublante lors d'un thé chez la comtesse Joséphine von Wrbna-Kaunitz, qui était dépositaire d'effets personnels de la famille royale bavaroise : «Je vais vous montrer le manteau que portait le roi le jour de sa mort», leur avait-elle dit en sortant d'une malle un loden gris sur lequel étaient encore visibles, dans le dos, deux trous autour desquels le tissu était brûlé, indiquant que des coups de feu avaient été tirés de très près. Malheureusement, le manteau disparut dans un incendie en 1973, dans lequel ont péri le comte et la comtesse von Wrbna-Kaunitz. Ce témoignage a aussitôt été confirmé par un historien d'art bavarois, Siegfried Wichmann, spécialiste de la peinture du XIXe siècle, qui prit un cliché d'un tableau réalisé quelques heures à peine après la mort du roi… sur lequel apparaît du sang, à la commissure des lèvres. Sans être une preuve irréfutable, ce tableau indiquerait néanmoins clairement que le roi n'est pas mort noyé. Par ailleurs, des pêcheurs, présents ce soir-là au milieu du lac, affirment avoir entendu des coups de feu tirés sur la berge… Selon l'écrivain allemand Peter Glowasz, deux tueurs à la solde du gouvernement bavarois étaient cachés dans le petit garage à bateaux et, quand le roi s'est approché de la rive, ils ont tiré sur lui à bout portant. Ils auraient ensuite éliminé von Gudden. Ce dernier était-il complice en refusant une escorte policière avant de devenir également une victime ? Selon les médecins légistes, von Gudden est mort noyé après avoir été assommé par un coup derrière la nuque. Des questions restent en suspens. Pourquoi les montres du roi et du médecin se sont-elles arrêtées à des heures bien différentes ? D'où proviennent les nombreuses traces de pas sur la rive sablonneuse et les signes de lutte sur le sol ? Le roi a-t-il cherché à s'enfuir avec la complicité de von Gudden, avant d'être abattu pas des tueurs embusqués ?

Une chose paraît pourtant certaine aujourd'hui. Le roi Louis II de Bavière ne se serait pas suicidé dans un accès de démence. Tous les experts qui se sont penchés sur les procès-verbaux doutent fortement de la thèse officielle. Mieux : récemment,

Le château de Neuschwanstein construit par Louis II de Bavière, 1996.

un psychiatre, Hans Förstl, a consulté les archives secrètes et familiales des Wittelsbach. Il est tombé sur un document incroyable : dès sa jeunesse, Louis II souffrait d'une atrophie du lobe frontal provoquant une dégénérescence frontotemporale qui expliquerait le comportement parfois bizarre du monarque, ses crises de dépression, son besoin de s'isoler… mais en aucun cas ne pourrait s'apparenter à une folie réveillant des instincts suicidaires. Si le roi Louis II n'était pas fou, il était néanmoins génial. C'est ainsi que les Bavarois aiment aujourd'hui se souvenir de lui. D'autant que, s'il fut déposé parce qu'il ruinait les caisses de l'état en construisant des châteaux fous, dignes des contes de fées, ce sont ces mêmes monuments qui attirent aujourd'hui en Bavière les touristes du monde entier et sont, de ce fait, remboursés au centuple pour la fortune du Trésor bavarois. Chaque année, le 13 juin, les Bavarois reconnaissants viennent fleurir la croix plantée près de la rive du lac de Starnberg et qui indique l'endroit où périt Louis II, un roi dont le seul crime fut de se prendre pour Louis XIV à l'heure de la révolution industrielle.

RODOLPHE
LE FILS DE SISSI A-T-IL ÉTÉ ASSASSINÉ ?

Plus de cent vingt ans après les faits, le drame qui s'est joué le 30 janvier 1889 à Mayerling continue de susciter bien des interrogations. Ce jour-là, dans ce village de la banlieue de Vienne, sont retrouvés morts l'héritier du trône impérial des Habsbourg, l'archiduc Rodolphe, unique fils de l'empereur François-Joseph et de l'impératrice Élisabeth dite Sissi, ainsi que sa maîtresse la baronne Marie Vetsera. S'agit-il d'un double suicide, comme l'indique la thèse officielle, reprise par les films romantiques tel *Mayerling*, de Terence Young avec Catherine Deneuve et Omar Sharif ? Ou d'un assassinat politique, comme l'affirma la dernière impératrice d'Autriche, Zita, à l'écrivain Jean des Cars ? Si ce mystère a tant passionné les historiens, c'est qu'il est annonciateur de la fin de l'Empire autrichien ; privé d'héritier direct, le trône des Habsbourg doit revenir à l'archiduc François-Ferdinand, celui qui sera assassiné en juin 1914 à Sarajevo, entraînant l'Europe dans l'une des pires tragédies de son histoire.

Que de pages écrites sur ce drame qui reste l'une des énigmes les plus incroyables de l'Histoire tant il est vrai que les circonstances tragiques de la mort de l'archiduc Rodolphe de

L'archiduc Rodolphe d'Autriche, XXe siècle.
Bibliothèque des Arts décoratifs, Paris.

Habsbourg, héritier de la double couronne d'Autriche-Hongrie, ont été rendues encore plus obscures par des communiqués contradictoires et confus du palais impérial. Que s'est-il réellement passé cette nuit-là dans le pavillon de chasse de Mayerling, acheté deux ans plus tôt par l'archiduc Rodolphe et où il s'était rendu avec son beau-frère le prince Philippe de Saxe-Cobourg, et l'un de ses amis, le comte Joseph Hoyos. Il est 7 heures 50 minutes ce matin du 30 janvier quand le fidèle valet du prince, Loschek, frappe à la porte de la chambre de l'archiduc Rodolphe. Aucune réponse ne lui parvient. Il s'inquiète car la porte est verrouillée de l'intérieur. Il court chercher le comte Hoyos, avec lequel il force la serrure. Ils découvrent une scène insoutenable. Deux corps gisent sur le lit, présentant des impacts de balles. D'un côté l'archiduc Rodolphe, et de l'autre sa maîtresse, la jeune baronne Marie Vetsera, dont le cadavre est recouvert de fleurs ; un oreiller est posé sur le crâne fracassé par un coup de feu. Il faudra quelques heures pour que la nouvelle arrive à Vienne chez l'empereur François-Joseph, informé par l'impératrice Élisabeth, lesquels préviendront l'épouse de Rodolphe, née princesse Stéphanie de Belgique. Dès les premières heures, des versions contradictoires sont diffusées, et la thèse officielle elle-même prête à sourire. Il y est question de « crise cardiaque » ou d'« apoplexie » alors que l'impératrice Sissi, pour sa part, se déclare persuadée que son fils a été empoisonné.

La baronne Marie Vetsera, 1880.

Les éléments du drame familial et politique qui se joue à la cour impériale semblent se mettre en place comme les pièces d'un puzzle fatal à la soirée qu'offre l'ambassadeur d'Allemagne, le 27 janvier, en l'honneur de l'anniversaire du Kaiser, Guillaume II. L'empereur François-Joseph y assiste sans être accompagné de l'impératrice, laquelle, refusant de « se harnacher », a demandé à sa belle-fille, Stéphanie, de la représenter : d'autant que cette dernière, jalouse de ses prérogatives royales et impériales, aime recevoir les hommages qui lui sont dus. Ce n'est pas un secret à la cour que ses rapports sont difficiles avec son époux, l'archiduc Rodolphe, même si elle a abandonné, de guerre lasse, ses crises de jalousie alors que celui-ci passe ses nuits dans les bras de dames viennoises de petite vertu, comme la danseuse Mitzi Kaspar. Passant outre l'avis paternel, il a même écrit au pape Léon XIII pour lui demander d'annuler son union car il n'a pas d'héritier mâle – seulement une fille, Erzsi – avec la princesse Stéphanie, à qui, dit-on, il a transmis la syphilis, dont il souffre lui-même, ce qui perturbe son fragile équilibre mental et rend son caractère difficile. Retrouve-t-on ici, selon l'expression de Célia Bertin, le « destin fatal des Wittelsbach », la famille maudite des princes de Bavière, dont Rodolphe est issu par sa mère, Sissi ? Avili par l'alcool, la drogue et la débauche, l'héritier du trône souffre visiblement de troubles nerveux, que chacun remarque ce soir-là. D'autant qu'une scène de ménage publique est observée par l'assistance. L'archiduchesse Stéphanie est ulcérée : la jeune baronne Marie Vetsera, maîtresse de son époux, a osé paraître au bal au côté de sa mère, l'intrigante baronne Hélène, et s'est permis de toiser la princesse sans ployer le genou devant elle. Quant aux rapports de l'archiduc Rodolphe et de son père, ils sont frais, pour le moins. Ils ont échangé une poignée de main virile, un peu plus longue qu'à leur habitude, et quelques mots. Ont-ils parlé de l'incroyable initiative prise par l'archiduc de soutenir le comte hongrois Étienne Karoly, qui tente – en vain – de se rebeller contre un projet de loi prévoyant la germanisation forcée de l'armée pluriculturelle des Habsbourg ? Pour beaucoup, l'archiduc a comploté contre son père...

Pour l'heure, la version officielle se met en place : trois jours plus tard, dans le pavillon de chasse de Mayerling, l'archiduc Rodolphe aurait convaincu sa maîtresse Marie Vetsera, éprise d'absolu de l'accompagner dans la mort, seule issue pour lui. Il la tue d'un coup de pistolet dans la tempe avant de retourner l'arme contre lui. Le palais impérial – qui tente dans un premier temps de dissimuler la présence de Marie Vetsera – est prisonnier d'une terrible contradiction : accréditer la thèse du suicide, mais obtenir du pape une licence pour inhumer religieusement le prince dans la crypte des Capucins. Sait-on ce qui, dans les télégrammes de François-Joseph, a fini par convaincre Léon XIII de délivrer l'autorisation ?

La nouvelle thèse officielle parlera de « suicide dans un moment d'aliénation » ! Ces communiqués contradictoires vont finalement faire le jeu d'une nouvelle hypothèse, celle d'un assassinat politique. Selon des témoignages de l'époque, émanant de ceux qui virent le corps de l'archiduc aussitôt après son décès, on relève des éléments troublants : le mobilier de la chambre de l'archiduc a été renversé et cassé comme s'il y avait eu une bagarre et le corps de Rodolphe présentait des signes de lutte ; selon sa propre sœur Gisèle, il avait les mains tellement abîmées qu'on les avait cachées sous des gants noirs. Comment expliquer aussi qu'une fenêtre ait été défoncée de l'extérieur ? Et à qui appartenait le revolver qui a tué l'archiduc ? – car ce n'était pas le sien. Toutes sortes de thèses sont nées pour chercher l'origine du bras armé qui aurait fait assassiner le prince. À qui aurait pu profiter le crime ? En premier lieu à l'Allemagne et à Bismarck, qui s'inquiétait à raison de la francophilie de l'archiduc. Mais aussi aux milieux ultra-conservateurs, qui redoutaient une libéralisation excessive du régime impérial et les amitiés de Rodolphe pour les milieux progressistes et radicaux. Un coup de tonnerre survient en 1982 lorsque la dernière impé-

Château de Mayerling, pavillon de chasse impérial.

ratrice d'Autriche, Zita, rentre enfin à Vienne. Elle fera à Jean des Cars des révélations saisissantes qui éclairent d'un jour nouveau le drame de Mayerling et réduisent en lambeaux la thèse romantique du double suicide. En effet, François-Joseph a pris la peine de faire jurer à tous ses proches de garder le silence absolu sur les détails du drame pour cacher un secret. « Je n'ai pas pu faire autrement, l'existence de la monarchie était en jeu », confia-t-il. Selon l'impératrice Zita, il s'agit ni plus ni moins d'un assassinat politique : on a éliminé Rodolphe parce qu'il n'avait pas voulu, malgré ses révoltes contre l'autorité de son père et leurs divergences de vues sur l'Empire, soutenir un complot qui visait à le détrôner. Pour la dernière impératrice, il faut y voir la main de... Georges Clemenceau, qui avait écrit à propos des Habsbourg : « Entre ces gens-là et nous, il y a une guerre à mort. » Sans doute avait-il échafaudé un plan pour renverser les alliances et rompre l'union entre l'Autriche et l'Allemagne, avec laquelle il voulait en découdre. Prophétique, Rodolphe avait dit à son oncle Charles-Louis : « Il y a beaucoup à critiquer dans la politique de mon père, mais la critique a ses limites. Je suis un fils loyal de l'empereur. Je dévoilerais sans scrupules cette conspiration, mais si je le fais on me tuera. » Beaucoup de documents ont disparu mystérieusement mais il n'en demeure pas moins que le drame de Mayerling apparaît de plus en plus clairement comme un assassinat politique maquillé en suicide. Avec la volonté manifeste, dès 1889, de déstabiliser l'empire des Habsbourg sur lequel reposait l'équilibre de l'Europe.

ALÉSIA
LE MYSTÈRE DE LA BATAILLE

Si l'on en croit l'histoire officielle et le chœur unanime des universitaires, l'épisode fondateur de l'Histoire de France que fut le siège et la bataille d'Alésia en 52 avant Jésus-Christ, lorsque les légions romaines de Jules César ont écrasé la fière armée du héros gaulois Vercingétorix, aurait eu pour cadre l'*oppidum* bourguignon du mont Auxois, au-dessus d'Alise-Sainte-Reine, en Côte d'Or. Depuis Napoléon III, qui y a fait ériger une statue au chef gaulois, les historiens et les archéologues n'en démordent pas. Mieux, plusieurs dizaines de millions d'euros sont actuellement engagés pour y édifier un vaste « muséo parc » Alésia. Mais pourquoi, dans ce cas, vouloir faire taire ceux qui constatent que le lieu ne correspond en rien à la description précise qu'en fit Jules César lui-même dans *La guerre des Gaules* ?

La bataille d'experts vient, par chance, de rebondir en France avec un documentaire de la série « Spécial investigation », diffusée sur Canal plus, sur le thème « Alésia : la bataille continue ». Des éléments troublants plaident aujourd'hui en faveur d'un réexamen de cette « certitude historique » et devraient amener les autorités compétentes à autoriser les fouilles sur un autre site, celui de Chaux-des-Crotenay, dans le Jura, et dont la topographie des lieux correspond exactement au texte de Jules César !

Vercingétorix, chef gaulois des Arvernes.

En 52 avant Jésus-Christ, Jules César, alors proconsul en charge de la province romaine cisalpine, joue son avenir politique : lui qui a entamé six ans plus tôt, en 58, la conquête des Gaules, doit faire face à de fortes résistances. César est à Ravenne lorsqu'on l'informe d'une nouvelle révolte menée par le jeune chef arverne Vercingétorix. Il se met aussitôt en marche vers le pays des Arvernes (l'Auvergne actuelle). Choisissant de pratiquer la tactique de la terre brûlée, Vercingétorix bat en retraite et se réfugie dans sa capitale de Gergovie. Mais il y résiste victorieusement à l'assaillant, et César doit s'incliner. Il n'a d'autre choix que de reculer et cherche le chemin de la retraite via le pays des Lingons (Champagne), restés fidèles à Rome, et celui des Séquanes, avant de gagner Genève et le Sud...

Mais Vercingétorix veut en finir avec les légions romaines. Une bataille décisive va finalement s'engager autour du nouveau quartier général où Vercingétorix s'est replié, « Alésia, ville des Mandubiens », dont on sait peu de choses sinon qu'elle fut un foyer religieux. Pour ce qui est de la bataille et du lieu où elle se déroula, il faut se reporter à la seule source fiable, celle constituée par Jules César lui-même dans ses *Commentaires sur la guerre des Gaules* : « La ville proprement dite était au sommet d'une colline, à une grande altitude, en sorte qu'on voyait bien qu'il était impossible de la prendre autrement que par un siège en règle. Le pied de la colline était de deux côtés baigné par des cours d'eau. En avant de la ville, une plaine s'étendait sur une longueur d'environ trois mille pas ; de tous les autres côtés, la colline était entourée à peu de distance de hauteurs dont l'altitude égalait la sienne. » Voilà donc pour le décor de la bataille d'Alésia.

C'est l'empereur Napoléon III – qui publia une *Histoire de Jules César* et s'identifia à la figure idéalisée du héros gaulois – qui confia aux archéologues et aux historiens le soin de déterminer le site d'Alésia. Après quelques recherches, l'arbitrage impérial dut trancher entre deux communes aux noms évocateurs de l'événement : Alaise, en Franche-Comté, et Alise, en Bourgogne. Le président de la commission impériale, Caignart de Saulcy appuya le choix d'Alise-Sainte-Reine, étayé par de faibles arguments : une tradition locale et la découverte en 1839 d'une table de marbre sur laquelle apparaît lisiblement le nom

Monnaie gauloise en or a l'effigie de Vercingétorix Ier siècle avant J-C.

d'Alisiia... ce qui n'a guère convaincu alors les latinistes, qui se demandaient comment le « e » d'*Alesia* avait bien pu se transformer en « ii » ! Quant aux fouilles entreprises dès 1861, elles suscitèrent d'emblée des interrogations et des voix éminentes se firent alors entendre pour dénoncer la « mise en scène archéologique d'Alise-Sainte-Reine ». Car comment appeler autrement les agissements de l'agent impérial Stoffel, semant sur le site des quantités de pièces de monnaie romaines et gauloises : la statère (monnaie d'or) de Vercingétorix brandie alors comme une preuve irréfutable... avait été achetée en vente publique le 6 mai 1867 !

Mais, derrière la farce impériale, il y eut bien à Alise des fouilles archéologiques qui mirent au jour indiscutablement une cité gallo-romaine... mais plus tardive que la bataille d'Alésia.

Il est enfin un argument qui aurait dû alerter les historiens : la topographie du mont Auxois ne correspond d'aucune manière au récit de Jules César. Comme le rapporte justement l'historien Franck Ferrand dans son excellent livre *L'Histoire interdite* (Tallandier), « au mont Auxois, la superficie du plateau est de quatre-vingt-dix-sept hectares, pour un périmètre d'environ quatre mille cinq cents mètres. Or, ce n'est pas moins de quatre-vingt mille fantassins et douze à quinze mille cavaliers – avec leurs montures – que Vercingétorix est censé avoir logés dans ce petit espace. Soit au bas mot mille huit cents hommes à l'hectare… ». Tout cela n'est pas réaliste, d'autant qu'il fallait nourrir les hommes et les bêtes, les alimenter en eau… Cela n'a pas dérangé le moins du monde Michel Reddé, qui mena une campagne de fouilles de 1991 à 1997 et publia un ouvrage dans lequel il asséna cette vérité définitive : « Si un tel site n'est pas l'Alésia césarienne, c'est vraiment que le hasard fait mal les choses et qu'il faut renoncer à tout jamais à faire de l'archéologie. » Tiendra-t-il parole ?

Car enfin, derrière la vérité officielle voulue par Napoléon III et à laquelle tous s'accrochent en faisant fi des incongruités, il existe d'autres hypothèses que des chercheurs sérieux ont étudiées, mais qui ont été reléguées dans l'ombre par la moquerie des voix autorisées. C'est l'archéologue André Berthier, découvreur de la ville antique de Tiddis, en Algérie, qui eut l'idée de chercher dans l'ancienne Gaule un site qui pût correspondre parfaitement à la description qu'en fit Jules César. Il utilise pour cela des cartes d'état-major, recense les possibles *oppidums* et les compare avec son portrait-robot. En suivant mot à mot tous les indices donnés par César, il va finir par mettre le doigt sur un site inexploré : entre les villages de Syam et de Chaux-des-Crotenay, dans le Haut-Jura ! Tout coïncide à merveille. L'*oppidum*, qui s'étend sur 1000 hectares culmine à 822 mètres au-dessus d'une plaine qui s'élève à environ 530 mètres d'altitude, soit un dénivelé de plus de 250 mètres ; des falaises quasi verticales d'une centaine de mètres rendent impossible une attaque frontale. Tout lecteur des *Commentaires sur la guerre des Gaules* pourra, livre en main, constater *in situ* que

Vercingétorix rendant les armes devant l'empereur César à Alésia, 1899.
Lionel-Noël Royer (1852-1926),
musée Crozatier, Le Puy-en-Velay.

tous les épisodes de la sanglante bataille ont enfin retrouvé leur décor d'origine, qui, par miracle, n'a guère changé avec les siècles.

Une suggestion, peut-être, en direction du ministère de la Culture : pourquoi ne pas autoriser enfin des fouilles à Chaux-des-Crotenay, même modestes, plutôt que d'engloutir à Alise-Sainte-Reine des millions d'euros pour bétonner un mensonge d'état béni par les élus politiques locaux et que le collège universitaire couvre de son bel habit d'arlequin ?

LA POMPADOUR
A-T-ELLE MENÉ LOUIS XV À SA PERTE ?

Des nombreuses favorites de Louis XV, l'histoire a surtout retenu le nom de Madame de Pompadour. Née Jeanne-Antoinette Poisson, la future marquise est la fille d'une femme de petite noblesse et, c'est le cas de le dire, d'un drôle de Poisson, un petit escroc, condamné à l'exil pour faux et usage de faux. La mère de Jeanne-Antoinette, ruinée par les frasques de son mari, prend pour amant un très riche fermier général, Monsieur Le Normant de Tournehem, providentiel ! Car il remarque vite les dispositions de la fille de sa maîtresse ; il la sort du couvent et veille à ce qu'elle reçoive une éducation de grande qualité. Puis il la propose en mariage à son neveu, Charles Lenormant d'Étioles, lequel n'espérait pas épouser si adorable créature.

À la beauté s'ajoute désormais la richesse, mais cela ne suffit pas à contenter Jeanne-Antoinette. Depuis sa plus tendre enfance, elle a entendu sa mère lui dire qu'elle était « un morceau de roi ». Et aussi, ce qui résonne comme un conseil prémonitoire : « Si je devais tromper mon mari, ce ne serait qu'avec le roi ». Le roi, c'est Jeanne-Antoinette qui va le rencontrer. L'événement se produit dans la forêt de Sénart. De retour d'une partie de chasse, Louis XV croise une calèche, à la fenêtre de

Portrait de Jeanne-Antoinette Poisson, marquise de Pompadour.
Maurice Quentin de La Tour (1704-1788),
musée du Louvre, Paris.

laquelle se penche la délicieuse Madame d'Étioles... Cette rencontre fut-elle le fait du hasard ou un doux piège ourdi par la mère de Jeanne-Antoinette, au fait des déplacements du roi ?

En 1745, Louis XV est à un tournant de sa vie. Vingt ans plus tôt, à quinze ans, il s'est marié avec Marie Leszczynska, de sept ans son aînée et fille du roi détrôné de Pologne, Stanislas Ier. Malgré l'écart d'âge, Louis vécut d'abord des années heureuses aux côtés de cette femme au physique pas très avenant mais qui lui est sincèrement dévouée au point de supporter avec abnégation des grossesses à répétition. Mais en 1734, la reine se plaint à son père des infidélités du roi. Louis tombe successivement amoureux de quatre des cinq sœurs de Mailly, les filles du marquis de Nesle. En 1744, quand la troisième sœur, la duchesse de Châteauroux, meurt, probablement empoisonnée, le roi est inconsolable. La quatrième sœur, Adélaïde, tente en vain de sortir le roi de la neurasthénie qui l'accable, mais Louis demeure inconsolable. D'une nature inquiète, Louis XV est un grand dépressif. Cette mélancolie remonte à son enfance, quand il a vu disparaître tous les membres de sa famille.

Mais la future marquise de Pompadour surgit dans la vie de Louis. Entre cette beauté de vingt-trois ans et le roi qui en a trente-quatre se noue une liaison passionnée. Tout d'abord clandestin, cet amour va rapidement se révéler aux yeux de tous. La cour bruisse de rumeurs. On épie les retours du carrosse royal au petit matin. Cela jusqu'à un événement resté célèbre, le « bal des ifs », ainsi nommé car le roi avait choisi de se déguiser en if, ainsi que sept gentilshommes de sa suite. Quand un des arbres s'éclipsa avec Madame d'Étioles, on comprit qu'il s'agissait du roi et que la jeune femme était bien la nouvelle favorite. La nouvelle fit scandale. Comment une femme aussi mal née que cette Poisson pouvait-elle prétendre entrer dans le cercle très fermé de la cour ? Sans rang ni titre, flanquée, tant du côté paternel que du côté maternel, d'une généalogie peu

Portrait en pied de Louis XV en costume de sacre, 1761. Louis-Michel Van Loo (1707-1771), musée du château de Versailles.

reluisante, la nouvelle élue ne pouvait qu'être rejetée par ces aristocrates qui méprisaient tout ce qu'elle pouvait incarner. Les ragots sur sa mère vont bon train : Jeanne-Antoinette est accusée d'avoir couché utile, comme sa maman ! Mais la jeune femme a un atout dont sont dépourvues beaucoup de femmes de la cour : sa bonne éducation. Elle a beaucoup lu, et sa conversation est plaisante. Elle chante, elle danse. Elle est parfaite ! Étape suivante : paraître à la cour ! Premier cadeau d'une longue liste de présents considérables, le roi accorde à sa maîtresse, le titre de marquise. Mais aucune femme ne veut se compromettre en servant de marraine à une roturière. C'est donc la vieille duchesse de Conti qui se dévoue. Couverte de dettes, elle va ainsi se remplumer un peu. À un abbé qui l'interrogeait crûment : « Qui sera la pute qui acceptera ? », elle répondit : « N'insistez pas, l'abbé, ce sera moi ! »

Voilà la marquise logée dans les appartements du roi, presque mitoyens de ceux de la reine. Un incident cocasse donne une idée de la tension qui règne entre les deux femmes. Croyant opportun d'apporter des fleurs à la reine, Madame de Pompadour assemble un bouquet en pillant les parterres du parc. Dédaignant les fleurs, la reine lui lance : « Vous qui chantez si bien, allez-y ! » La Pompadour hésite un moment et chante : « Enfin, il est dans ma puissance, ce fatal ennemi, ce superbe vainqueur... »

Finalement, les deux femmes sont assez fines pour renoncer à toute querelle. Peu à peu, la marquise se fait accepter par la cour et reçoit les personnages les plus influents du royaume qui se pressent le matin à sa toilette, bientôt beaucoup plus courue que celle de la reine. L'ascension de la marquise se poursuit. En 1752, elle est faite duchesse, un titre auquel est associé le privilège de pouvoir rester assise en présence du roi. Mais il lui faut de plus en plus d'argent. Elle aurait dépensé l'équivalent de cent millions d'euros pour pouvoir tenir son rang et accueillir le roi et sa suite dans des conditions fastueuses. Cette fortune se dilapide en châteaux décorés et meublés avec raffinement. Ses propriétés se comptent par dizaines : le château de Ménart, l'ermitage du parc de Fontainebleau, ceux de Compiègne et de Versailles, l'hôtel des Réservoirs. Et surtout Bellevue, construit sur la colline de Meudon, en 1750, pour la bagatelle de deux millions cinq cent mille livres ! En 1753, à Paris, elle achète l'hôtel d'Évreux, par la suite rebaptisé palais de l'Élysée, où elle

Mozart et Madame de Pompadour.
Vincent De Paredes (1845-1903).

donne de fastueuses réceptions. C'est là qu'est reçu le jeune Mozart, lors de son passage à Paris, en 1764. Mais tout cela ne va pas sans déplaire au peuple. Ainsi, pour agrandir le jardin, la marquise fait abattre des arbres des Champs-Élysées sans se soucier de l'avis des Parisiens qui profitaient de leur ombrage.

Qui veut la peau de la marquise ? À Versailles, la cour se scinde en deux camps. D'un côté, elle est adulée par les courtisans qui veulent entrer dans les bonnes grâces de Louis XV, de l'autre, elle est haïe. Les enfants du roi ne lui font aucun cadeau, d'ailleurs ils l'appellent tous « maman putain ». Le parti dévot, au nom de la morale, se range derrière la famille royale. Sans oublier les jaloux. Car la marquise obtient des avantages pour ses proches, par exemple, pour son frère Abel, qui est fait marquis de Marigny. Mais ce qui continue d'exposer la favorite à la haine de nombreux aristocrates, ce sont encore et toujours ses origines sociales et sa proximité avec les milieux de la finance. Une détestation dont font écho les chansons entonnées dans les rues par les gens du peuple. Parmi les poissonnades écrites contre elle, on compte celles de Maurepas, ministre du roi et langue de vipère. Il divertissait le roi, jusqu'au jour où l'amuseur dépassa les bornes et reçut une lettre de cachet qui l'envoyait en exil. D'autres ministres deviennent des ennemis féroces de la Pompadour. Parmi eux, le duc de Richelieu, ministre chargé du théâtre.

À la cour, le théâtre et la musique occupent une place fondamentale. Madame de Pompadour entendant bien, là aussi, exercer son influence et faire valoir ses goûts, crée à Versailles le théâtre des Petits Appartements qui concurrence le théâtre officiel. D'où une lutte sans merci avec le duc de Richelieu. Autre raison à cette guerre à couteau tiré : le duc de Richelieu était aussi chargé de pourvoir le roi en maîtresses ! Des rivales d'autant plus dangereuses pour la marquise que celle-ci a une faiblesse secrète : au lit, Madame de Pompadour n'est pas une grande amoureuse, ce qui risque de lasser la libido exigeante du roi. Elle essaie d'ailleurs de nombreux aphrodisiaques. Au fait de ses secrets intimes, sa femme de chambre rapporte dans son journal les confidences de sa maîtresse : « Je suis troublée de la crainte de perdre le cœur du roi. Les hommes mettent, comme vous le savez, beaucoup de prix à certaines choses et j'ai le malheur d'être un tempérament assez froid. »

Mais à la longue, la marquise a l'intelligence de comprendre qu'elle ne satisfait plus les désirs du roi et abandonne le rôle de maîtresse pour celui d'amie nécessaire. Craignant de se voir supplantée par d'autres jeunes femmes, elle organise les plaisirs du roi. Non seulement le théâtre, la musique et les soupers fins, mais aussi la bagatelle. Elle recrute des jouvencelles qui ne risquent pas, à cause de leur jeune âge, de devenir des favorites en titre. Ce système dit « du Parc-aux-cerfs », du nom du domaine versaillais qui abritait les amours du roi, finira par faire scandale. La relation du couple franchit une nouvelle étape. L'escalier reliant les appartements de la marquise à ceux du roi est muré. La marquise commande à son sculpteur favori, Falconet, d'exécuter pour le roi une statue « de l'amitié » qui symboliserait le pacte qui les lie désormais. Si elle a pu résister à toutes les tentatives de ses ennemis pour l'éloigner du roi, c'est parce que Louis XV lui doit de ne

Le Parc-aux-cerfs, XIXe siècle.

pas être retombé dans la mélancolie qui l'avait tant accablé. Dans ce combat permanent pour rester au premier plan, joua-t-elle la comédie ou fut-elle sincère ? Si elle avait agi autrement, la férocité des courtisans l'aurait réduite à néant. Quant au roi, de quelle façon continua-t-il à l'aimer ?

Après 1750, on commence à dire, de Madame de Pompadour, qu'elle fait figure de plus joli Premier ministre de Louis XV. Effectivement, elle va exercer un rôle très important tant sur le plan politique qu'artistique. La marquise déménage du premier étage, celui du roi et de la reine, et s'installe au rez-de-chaussée. Elle y reçoit les ministres, elle y joue aussi de la musique et fait du théâtre pour des amis choisis. Louis XV descend souvent de son étage. Son amie est une conseillère d'autant plus précieuse qu'elle connaît un grand nombre d'artistes. En fréquentant les salons littéraires parisiens, elle a côtoyé les plus beaux esprits de son temps, dont les philosophes des Lumières qu'elle introduit à la cour. Et grâce à son médecin, le docteur Quesnay, elle fait la connaissance de Montesquieu. Mais c'est surtout avec Voltaire qu'elle se lie d'amitié. L'écrivain admire cette femme à qui il trouve du goût et une intelligence subtile. Sensible à cet intérêt qu'il lui porte, la marquise reste prudente : les idées des philosophes ne sont pas en odeur de sainteté à Versailles. Voltaire va d'ailleurs connaître l'exil. *L'Esprit des Lois* de Montesquieu sera jugé comme étant un ouvrage litigieux. Mais c'est la publication de l'*Encyclopédie* qui met le feu aux poudres. Ses auteurs y esquissent les premières critiques du pouvoir monarchique. Par ordre du roi, le livre est saisi et ses auteurs, dont Diderot, sont inquiétés.

Un des mérites de Madame de Pompadour a été de faire entrer un peu de l'air du temps et des idées nouvelles dans l'entourage de Louis XV. Parmi les hommes qu'elle fréquente, partisans d'une monarchie à l'anglaise, se distingue un libéral, Choiseul, qui va se retrouver aux Affaires étrangères. À la culture, Madame de

Pompadour place son propre frère, le marquis de Marigny, à qui l'on doit, avec l'architecte Gabriel, la place Louis XV, aujourd'hui place de la Concorde.

Par choix et par goût, la marquise est aussi à l'origine d'une institution promise à une extraordinaire réussite : la Manufacture de porcelaines de Sèvres. « Fabriqué à Sèvres » est un gage de bon goût et de beauté. La marquise de Pompadour a compris que détenir les secrets de fabrication de la porcelaine était essentiel pour le prestige d'une grande nation aux yeux des autres puissances. Cette nouvelle manufacture royale se situe à mi-chemin entre Paris, Versailles et le château de Bellevue. De toutes les résidences de la marquise de Pompadour, Bellevue est assurément un lieu de pouvoir. C'est là qu'elle négocie en secret un traité avec l'Autriche contre la Prusse et l'Angleterre, sans que le roi ne vienne à ce rendez vous ! Madame de Pompadour devient alors, avec son fidèle conseiller, l'abbé de Bernis, l'émissaire d'une diplomatie parallèle avec Vienne. Mais quand la France se retrouve entraînée par l'Autriche dans la guerre de Sept Ans, tout le monde se retourne contre Madame de Pompadour. Reproche lui est fait d'avoir conduit Louis XV à se lancer dans une guerre hasardeuse, à l'issue de laquelle est signé un des traités les plus désavantageux de toute l'histoire de France. Voici le temps où le roi va devenir aux yeux du peuple : « le Mal-Aimé ».

Hors de Versailles se manifeste une opposition de plus en plus vive. Celle du clergé, mais aussi celle des parlements qui, dans les provinces, sont résolus à disputer au pouvoir royal son caractère absolutiste. La situation politique de la France se dégrade progressivement. À Paris, le peuple mêle sa voix à cette fronde qui agite le pays. Un événement étrange met le feu aux poudres. En mai 1750, Berryer, lieutenant général de police de la capitale, un homme du clan de la Pompadour, aurait diligenté une opération de police qui va secouer l'opinion. Berryer aurait payé des hommes de police, déguisés pour rafler des enfants dans Paris... La rumeur enfle rapidement. La marquise de Pompadour aurait conseillé au roi de se régénérer en buvant le sang frais de jeunes enfants...

Une émeute, surprenante par son ampleur, gagne rapidement toute la ville. Des parents révoltés se rassemblent pour tenter de retrouver des enfants qui seraient emprisonnés à la Bastille. Selon une autre rumeur, ces enfants seraient envoyés en Louisiane, colonie qu'on cherche alors à peupler... Des barricades sont dressées aux carrefours stratégiques de la capitale. Sur le pont Marie, les affrontements font plusieurs morts. Ces journées d'émeute et la répression féroce qui s'en suit entaillent sérieusement la popularité de Louis XV. Mais en janvier 1757, c'est à sa personne physique que l'on porte atteinte. Un homme se jette sur lui et le poignarde. La blessure est sans gravité mais cette tentative de régicide resserre les rangs des dévots qui se précipitent au chevet du roi. Ils réussissent à éloigner Madame de Pompadour, qui reçoit l'ordre de faire ses bagages et de se retirer. Sur les conseils de son frère, Madame de Pompadour reste dans ses appartements où elle passe des semaines dans la plus grande angoisse. Mais un matin, elle a l'heureuse surprise de voir arriver le roi. Encore en bonnet de nuit, il la prend dans ses bras et l'étreint longuement. Encore une fois, Madame de Pompadour a sauvé sa peau. L'attentat commis

Robert François Damiens qui poignarde Louis XV le 5 janvier 1757, XIXe siècle. Vincent De Paredes (1845-1903).

contre Louis XV marque un tournant tragique dans son règne. Le 28 mars 1757, en place de Grève la sentence de mort prise contre le régicide, un dénommé Damiens, est exécutée dans des conditions atroces. Un supplice de plus de deux heures qui s'achève par l'écartèlement du malheureux.

Alors que des femmes du grand monde se pâment, la foule gronde... La marquise de Pompadour ignore-t-elle la montée de ces périls ? Occupée tantôt à des affaires d'État, tantôt à des futilités, elle poursuit cette vie de parade qui la voit consacrer un soin extrême à ses toilettes, en tant qu'ambassadrice du luxe et du bon goût français. Mais ses tenues somptueuses s'assagissent car Madame de Pompadour s'emploie maintenant à donner d'elle un tout autre visage en se tournant vers la religion. À la cour certains médisants rappellent qu'elle est excellente comédienne et considèrent ce revirement comme sa dernière mise en scène. Pourtant la marquise souffre déjà de cette affection pulmonaire qui l'emportera dans sa quarante-troisième année et la mort de sa fille unique, Alexandrine, âgée de dix ans, a entamé définitivement sa joie de vivre.

Mais la marquise doit assumer sa part de responsabilité dans un nouveau scandale et s'expliquer sur son rôle dans l'organisation du système organisé au Parc-aux-cerfs. Le jeune âge de Louise O'Murphy, dite « Morphise », l'une des plus célèbres petites maîtresses royales, ne fera que renforcer la vision de débauche attachée au règne de Louis XV. La Pompadour apparaît comme une femme sans éthique ni morale, guidée seulement par son appétit de pouvoir et sa soif de richesses, comme celle, en outre, qui a plongé le roi dans un bourbier d'immoralité. La marquise fut-elle un pion dans les mains de son royal amant, ou, à l'inverse, fut-elle une femme des Lumières, visionnaire à sa

Portrait en pied de Jeanne-Antoinette Poisson, marquise de Pompadour, 1756.
François Boucher (1703-1770),
Alte Pinakothek, Munich.

façon, qui ne sut pas, hélas, pousser le roi vers une monarchie plus moderne ? Louis XV ne sut pas évoluer, et c'est peut-être là son erreur politique majeure. Une erreur qui engage sa responsabilité dans les prémices bouillonnantes de ce qui va inéluctablement conduire la France à la Révolution de 1789.

CHARLOTTE CORDAY
POURQUOI A-T-ELLE ASSASSINÉ MARAT ?

Le 13 juillet 1793, Jean-Paul Marat, figure majeure de la Révolution française, est poignardé dans sa baignoire. Son assassin n'a que vingt-quatre ans, et il porte un jupon : Charlotte Corday est venue quelques jours plus tôt de Caen à Paris pour tuer cet homme qu'elle tient pour un tyran, responsable des exactions de la Terreur. Comment cette frêle jeune femme tout juste entrée dans l'âge adulte a-t-elle pu passer à l'acte ? L'examen de sa courte vie permet-il de mieux comprendre ce geste retentissant, politique avant d'être criminel ? Découvrons comment une jeune fille anonyme est entrée dans l'histoire de France, en choisissant de se sacrifier pour tenter d'enrayer les dérives criminelles de la Révolution.

De son vrai nom Marie-Anne-Charlotte de Corday d'Armont, la future meurtrière de Marat est la troisième d'une famille de cinq enfants. Elle naît en 1768 à Saint-Saturnin-des-Lignerites, dans le pays d'Auge. Son père descend d'une vieille famille noble de Normandie, mais sa vie est marquée par l'échec : après avoir quitté l'armée pour se marier et s'établir dans une coquette ferme normande, il n'a jamais pu obtenir de sa belle-famille le versement de la confortable dot de sa femme. Toutes ses démarches juridiques restent vaines. Amer, et totalement

Portrait de Marie-Anne-Charlotte Corday, 1793.
Jean-Jacques Hauer (1751-1829),
musée du château de Versailles.

désargenté, Jean-François de Corday d'Armont en est réduit à travailler sa terre lui-même, comme un paysan. Triste condition pour un aristocrate du XVIIIe siècle, même si beaucoup de nobles de province sont alors bien loin de mener la vie fastueuse des courtisans de Versailles.

Charlotte, jolie petite blonde aux yeux bleus, a huit ans quand sa famille vient s'établir dans un faubourg modeste de Caen. Le destin ne s'y montre pas plus doux pour Jean-François de Corday d'Armont, puisqu'en 1782 son épouse meurt en couches. Jean-François est contraint de placer ses enfants. Ses deux filles, Charlotte et Éléonore, prennent la direction du couvent de l'abbaye aux Dames, non loin de la maison familiale. Pour les deux petites filles, c'est un déchirement, mais aussi une chance. Car les sœurs de l'abbaye leur dispensent une éducation soignée. Charlotte se réfugie dans la lecture : Corneille a notamment ses faveurs. Il faut dire que, par son père, elle descend en droite ligne du dramaturge rouennais. Rien ne l'émeut tant que ces héros prêts à se sacrifier pour leurs idées. Des idées, Charlotte commence d'ailleurs à en avoir, à l'approche de son vingtième anniversaire. Car les sœurs, chose admirable autant qu'étonnante, l'autorisent à lire les œuvres sulfureuses des philosophes des Lumières, des livres qu'elle voyait naguère dans les mains de son père.

Aussi, quand, en 1789, les grondements du peuple français finissent par traverser les murs du couvent, Charlotte montre-t-elle beaucoup de bonheur pour cette Révolution qui fait vaciller le trône des Bourbons. Apprenant la chute de la Bastille, ou l'abolition des privilèges, Charlotte pleure chaque fois de joie. Seuls les bains de sang que génère la Révolution tempèrent son enthousiasme : à Caen, même, des aristocrates sont massacrés, et la délicate jeune fille tremble devant tant de violence. Bientôt, les événements parisiens bouleversent le cours de son existence. Car, dès la fin de l'année 1789, les députés de l'Assemblée constituante décrètent la suspension des vœux solennels dans les monastères. Les couvents ferment leurs portes les uns après les autres. Après y avoir passé presque dix années, Charlotte doit quitter l'abbaye aux Dames en mars 1791. Que va-t-elle faire, alors que la perspective de devenir religieuse, qui seule lui garantissait un avenir, se dérobe devant elle ?

Convention du 21 septembre 1792 : Jean Marat à la tribune.
Henri Martin (1860-1943).

N'ayant pas de dot, elle ne peut espérer un beau mariage... Et elle ne peut pas davantage compter sur son père, toujours sans le sou. Heureusement, pour une jeune fille qui sort du couvent, Charlotte ne manque pas de ressource : s'installant chez une vieille cousine qu'elle connaît à peine, Mme de Bretteville, elle se met à donner des leçons de français et de dentellerie à des petites Caennaises. Mais la réelle ambition de cette jeune femme de vingt-deux ans est tout autre : elle rêve de prendre part à cette Révolution qui promet à tous la justice et l'égalité. Monarchiste patentée, Mme de Bretteville blêmit quand elle entend sa jeune cousine vanter la République, quand elle la voit, en septembre 1792, applaudir les députés de la Convention qui viennent d'abolir la royauté. À Caen, la jeune fille s'est très vite fait remarquer. Elle est l'une des rares femmes à participer aux réunions de patriotes locaux, la seule à y parler avec un inflexible aplomb. La belle oratrice fait chavirer bien des cœurs, mais elle repousse fermement tous ses prétendants, car elle n'a que la politique dans la tête et dans le cœur.

Or, au début de 1793, la tournure que prennent les événements l'inquiète. En janvier, l'exécution de Louis XVI lui fait horreur. Hors de France, elle fait de plus culminer la crainte d'une contagion révolutionnaire : toutes les armées européennes se massent bientôt aux frontières. Assiégée, la Convention décrète la levée de trois cent mille hommes, mais bien des Français refusent de mourir pour des idées qui ne sont pas les leurs : en Vendée, les chouans prennent les armes contre la Révolution.

Guerre extérieure, guerre civile, et même guerre au sein de la Convention, car, dans ce climat délétère, les révolutionnaires se déchirent. Les Montagnards sont les plus radicaux. Emmenés par Robespierre et Marat, ils reprochent leur tiédeur aux Girondins, l'autre grand parti de la Convention. Le 31 mai 1793, appuyés par le peuple parisien, les Montagnards chassent de l'Assemblée les députés girondins. Certains sont arrêtés, d'autre parviennent à fuir en province. À Caen arrivent ainsi Pétion, Guadet et Barbaroux, avec une dizaine d'autres députés proscrits, qui tentent bientôt de lever une armée contre les « anarchistes » parisiens. Comme Lyon, Marseille, Bordeaux ou Nantes, Caen se lance dans l'insurrection « fédéraliste » contre les Montagnards parisiens et leur pouvoir toujours plus sanguinaire. Et Charlotte est de ceux qui souhaitent la fin de la Terreur naissante. Elle ne supporte pas le spectacle de la guillotine.

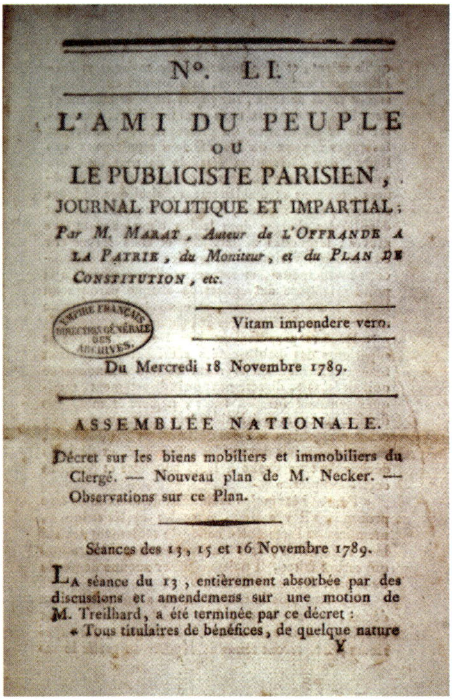
N°. LI.

L'AMI DU PEUPLE
OU
LE PUBLICISTE PARISIEN,
JOURNAL POLITIQUE ET IMPARTIAL;
Par M. Marat, Auteur de l'Offrande a la Patrie, du Moniteur, et du Plan de Constitution, etc.

Vitam impendere vero.

Du Mercredi 18 Novembre 1789.

ASSEMBLÉE NATIONALE.

Décret sur les biens mobiliers et immobiliers du Clergé. — Nouveau plan de M. Necker. — Observations sur ce Plan.

Séances des 13, 15 et 16 Novembre 1789.

La séance du 13, entièrement absorbée par des discussions et amendemens sur une motion de M. Treilhard, a été terminée par ce décret :
« Tous titulaires de bénéfices, de quelque nature
Y

L'Ami du peuple, 18 novembre 1789.
Bibliothèque de France, Paris.

À l'hôtel de l'Intendance, rue des Carmes, tout près de la maison de sa cousine, la jeune fille rencontre fréquemment les députés girondins en ce mois de juin 1793. Elle assiste à leurs réunions, dirigées contre les « anarchistes » qui ont déclenché la guerre civile et compromis la République. Danton, Robespierre et Marat sont les plus détestés. Marat... voilà un nom que Charlotte tient particulièrement en horreur. Né en Suisse, Jean-Paul Marat est un ancien médecin qui s'est fait connaître dès 1789 par un journal qu'il rédige seul. En 1790, il lui donne pour titre *L'Ami du peuple*. Il est vrai que le peuple adore ce tribun radical, dont la plume acérée et rageuse exprime les aspirations des sans-culottes parisiens, et les incite à la violence contre les ennemis de la Révolution. Les massacres de septembre 1792 représentent ainsi le triste point culminant de la carrière du journaliste : dans un Paris à la fois grisé par la chute de Louis XVI, le 10 août, et terrorisé par la nouvelle d'une invasion prussienne dans l'Est de la France, Marat, dans son journal, ne cesse d'appeler au meurtre des partisans de la monarchie qui se trouvent dans les prisons de la capitale. Il obtient satisfaction lorsque, du 2 au 6 septembre, une foule en furie se rue sur les prisons et massacre mille trois cents détenus sans distinction. Parmi eux, de nombreux prêtres, des détenus de droit commun et des femmes...

Marat, que Paris élit bientôt député à la Convention, n'est certes pas le seul responsable de ces exactions. Mais pour Charlotte l'« ami du peuple » est le véritable responsable de tout ce sang versé. Il faut l'arrêter. Or, les Girondins semblent se contenter de beaux discours qui finissent par la lasser. Leur projet de lever une armée pour marcher sur Paris n'est ainsi qu'une agréable chimère : à Caen, seuls dix-sept volontaires répondent à leur appel, au début du mois de juillet... Et puis les députés ne la prennent pas au sérieux, ne voyant au mieux en elle qu'une jeune femme qui se pique de politique. Pourtant, comme les héros de Corneille, comme les grandes figures de la République romaine, qui n'hésitaient pas à tuer et à mourir pour défendre leurs idées, Charlotte est décidée à agir. Rien ne la retient à Caen, rien ne la rattache même à la vie : ses liens avec sa famille sont désormais plus que ténus. Elle n'a ni mari, ni amant, ni vrai ami, aucun véritable projet... Charlotte Corday n'a que sa haine pour Marat. Certains, pour expliquer son geste, seront tentés de voir en elle une royaliste acharnée, une mystique, une illuminée, ou bien encore une jeune fille suicidaire. D'autres avanceront qu'elle était amoureuse de Barbaroux, séduisant député girondin réfugié à Caen, qui se serait servi d'elle. La vérité est à la fois plus simple et plus surprenante. Charlotte, républicaine convaincue, amoureuse de la seule liberté, considère que sa vie et son avenir ne sont d'aucun poids au regard de la mission qu'elle s'est assignée : tuer l'homme qui fait obstacle au bonheur de la France.

Au matin du 9 juillet 1793, Charlotte Corday, qui n'a jamais quitté sa Normandie natale, prend une diligence pour Paris. Elle atteint la capitale après deux jours d'un voyage harassant, sous la canicule. La jeune Caennaise descend à l'hôtel de la Providence, rue des Vieux-Augustins. Dès son arrivée, elle interroge un commis au sujet de Marat. L'« ami du peuple », lui apprend-il, est malade, et il ne siège plus à la Convention depuis le milieu du mois de juin. Souffrant de migraines permanentes et d'une grave maladie de la peau – un eczéma généralisé –, il ne quitte presque plus son domicile de la rue des Cordeliers, où il passe le plus clair de ses journées dans une baignoire sabot. Le tête enrubannée de compresses vinaigrées, Marat, malgré la douleur, continue inlassablement de rédiger les articles de son journal, sur une planche placée en travers de la baignoire.

Charlotte aurait voulu le tuer à la Convention, devant tous les députés. Qu'à cela ne tienne, elle ira l'assassiner chez lui. Reste à accomplir quelques derniers préparatifs. Durant l'après-midi du 12 juillet, elle passe de longues heures à écrire un texte justifiant son geste. Son « Adresse aux Français » s'achève sur ces mots : « Si je ne réussis pas dans mon entreprise, je vous ai montré le chemin. Vous connaissez vos ennemis, levez-vous, marchez, frappez. » Après avoir relu sa prose, Charlotte se couche, la conscience tranquille. Elle sait que le lendemain, samedi 13 juillet, elle va tuer Marat.

Lorsque Charlotte se réveille, la chaleur est déjà étouffante. La jeune fille s'habille avec soin, épinglant dans son corsage son « Adresse aux Français » et son acte de baptême, afin de signer son geste au cas où elle serait tuée aussitôt après avoir donné la mort. Reste à se procurer une arme : Charlotte se dirige vers le Palais-Égalité, anciennement Palais-Royal, dont les arcades sont alors encombrées de boutiques. Chez le coutelier Badin, elle achète un banal couteau de cuisine, afin de ne pas éveiller les soupçons du commerçant. Elle ne fera même pas à Marat l'honneur d'un poignard...

Il s'agit désormais d'entrer chez l' « ami du peuple », au 30 de la rue des Cordeliers. Mais les voisins et les proches du député font bonne garde, car Marat fait régulièrement l'objet de menaces. Charlotte va devoir user d'un stratagème pour se faire recevoir dans l'appartement qu'il occupe au premier étage de l'immeuble. Une première fois, en fin de matinée, elle frappe à sa porte. Une femme lui ouvre, à laquelle Charlotte explique qu'elle a une communication de la plus haute importance à transmettre au citoyen Marat ; on lui réplique qu'il est malade, et la jeune fille se fait fermer la porte au nez. Repassant par son hôtel, Charlotte décide d'envoyer à sa victime une lettre par la petite poste de Paris, qui distribue le courrier plusieurs fois par jour dans la capitale. Elle écrit : « Je viens de Caen. Votre amour pour la Patrie doit vous faire désirer de connaître les complots qu'on y médite. J'attends votre réponse. » Or, les heures passent, et celle-ci ne vient pas. Charlotte écrit une deuxième missive, plus pressante : « Je vous ai écrit, Marat, avez-vous reçu ma lettre, puis-je espérer un moment d'audience, si vous l'avez reçue ? » Elle n'y tient bientôt plus, et décide en fin d'après-midi de retourner frapper à sa porte.

Cette fois, Charlotte a de la chance : elle parvient chez Marat en même temps que l'un de ses collaborateurs. Et, lorsque ce dernier se fait ouvrir la porte, la jeune fille entre avec lui. Dans l'entrée, deux femmes, la concierge et la maîtresse de Marat, essaient de chasser cette élégante mais inopportune visiteuse. Or, Charlotte ne se laisse pas faire. Le ton monte. Depuis la salle de bains, Marat ordonne qu'on la lui amène, comprenant qu'il s'agit de cette citoyenne qui lui a écrit pour dénoncer les comploteurs de Caen. « Combien sont-ils ? Connais-tu leurs noms ? », lui demande-t-il dès qu'elle entre dans la pièce. Le spectacle de cet homme malade, au bord de la mort, surprend sa visiteuse, l'attendrit même, la ferait presque reculer. Mais Marat est toujours aussi enragé. Lorsque la jeune fille lui parle des députés girondins réfugiés à Caen, il s'exclame : « Je vais tous les faire guillotiner ! » Aussitôt, Charlotte, indignée, retrouve ses esprits. Brandissant son couteau, elle vise le cœur. Pour quelqu'un qui ne supporte pas le spectacle du sang, c'est un coup de maître : la lame tranche net l'aorte. Le sang jaillit à

Marat assassiné, 1793.
Louis David (1748-1825),
musées royaux des Beaux-Arts de Bruxelles.

gros jets de la poitrine de Marat, qui a à peine le temps d'appeler sa maîtresse avant de mourir. Charlotte, de son côté, ne cherche pas à fuir. Sans opposer la moindre résistance, elle se laisse maîtriser, molester même, par la concierge et par le collaborateur de Marat, puis arrêter par des gardes nationaux vite accourus. Sa mission est accomplie, et elle sait que sa vie est sur le point de s'achever.

Aussitôt, dans Paris, la rumeur de l'assassinat s'est propagée comme une traînée de poudre. Dans l'appartement de Marat, deux commissaires de police arrivent bientôt, rejoints par des députés de la Convention. Tous interrogent la meurtrière : qui a armé son bras ? Cette jeune fille si joliment vêtue ne serait-elle pas un agent des royalistes ? Charlotte a bien du mal à les convaincre qu'elle a pris cette décision seule. L'interrogatoire s'achève à minuit. À cette heure tardive, une foule dense et menaçante attend toujours devant le domicile de celui qui est désormais un martyr de la Révolution. On craint l'émeute. Le transfert de Charlotte à la prison de l'Abbaye va-t-il tourner au lynchage ? Au milieu de la foule, la jeune fille s'évanouit. Lorsqu'elle se réveille, dans une voiture faisant route dans Paris, elle s'étonne de ne pas avoir été massacrée. La prison où elle arrive bientôt est surpeuplée, mais son crime lui donne droit à une cellule particulière. Tels sont les égards dus à celle qu'on appelle déjà « le monstre ».

Car, dans les rues de la capitale, on ne parle que de la meurtrière, objet de détestation et de fascination mêlées. Nul ne peut croire que c'est une belle jeune femme de vingt-cinq ans, et non une poissarde grasse et vulgaire, qui a rageusement poignardé l'« ami du peuple ». Certains avancent que Marat a en fait été tué par un « homme déguisé en femme ». D'autres affirment que cet assassinat n'est que la première manifestation d'un complot royaliste, ou peut-être girondin. On craint de nouveaux attentats contre les autres chefs montagnards.

Dès le 17 juillet, Charlotte Corday est conduite devant le Tribunal révolutionnaire. Sereine, indifférente à l'idée de sa mort prochaine, la jeune fille oppose son calme et sa bonne foi aux interrogations pressantes de l'accusateur public, Fouquier-Tinville. Celui-ci veut lui faire avouer qu'elle est envoyée par les Girondins : une femme n'aurait pu commettre un tel crime de son propre chef ! Mais Charlotte continue de clamer la « maternité » de son geste. Fixant Fouquier-Tinville, elle finit par lui dire, avec une ironie toute stoïcienne : « Vous êtes surpris de ce que la main d'une femme peut faire là où tant d'hommes ont échoué. Chacun fait son devoir pour la patrie. J'ai fait le mien, faites le vôtre, messieurs. » Le tribunal lui donne très vite satisfaction : à l'unanimité, les douze jurés condamnent à mort la « vierge au couteau ». Charlotte écoute le verdict sans broncher.

À 17 heures, ce 17 juillet 1793, elle est conduite à la mort, vêtue de la chemise rouge des assassins. Tout au long du trajet qui la mène à la guillotine, la jeune fille affronte le regard des Parisiens. Même sur l'échafaud, elle affiche un calme souverain. Jusqu'à la fin, Charlotte Corday se sera montrée digne des héros cornéliens de son adolescence.

Exécution de Charlotte Corday.
Theodor Meyer-Heine (1805-1879).

JEANNE D'ARC
A-T-ELLE ÉTÉ TRAHIE PAR LE ROI ?

Le 30 mai 1431, Jeanne d'Arc meurt brûlée vive à Rouen. L'épopée de la Pucelle d'Orléans aura duré deux ans à peine, mais elle va se transformer en légende. Dans le conflit qui oppose depuis cent ans les Français aux Anglais, cette jeune fille de dix-neuf ans a réussi à inverser le cours de l'Histoire. Après avoir tant servi le roi, voici Jeanne abandonnée de tous. Que s'est-il passé ? Le roi a-t-il soutenu son combat ou l'a-t-il abandonnée aux Anglais ? Six cents ans après sa mort, le destin de la Pucelle d'Orléans suscite encore bien des interrogations. Avant de tenter de lever certains mystères qui entourent la vie et la mort de cette jeune fille devenue héroïne nationale, découvrons qui était réellement Jeanne d'Arc.

Jeanne ressemble à toutes les jeunes filles de son âge ou presque... On la sait sportive et non dénuée d'atouts physiques. De beaux cheveux bruns, une frêle silhouette et, selon le chevalier Mont de Massy, une jolie poitrine. La foi en sa mission religieuse lui confère un charisme certain. Dès l'âge de treize ans, dans le jardin de ses parents, à Domrémy, en Lorraine, elle entend des voix... Fille cadette d'une famille de laboureurs aisés, Jeanne grandit entourée de ses trois frères et de sa sœur. Contrairement à la légende, elle n'a jamais été bergère. Elle est

Jeanne d'Arc en armure devant Orléans.
Jules Eugène Lenepveu (1819-1898),
Panthéon, Paris.

éduquée pour tenir une maison, pour devenir une épouse modèle. Elle consacre une grande partie de son temps à la prière et se rend très souvent à l'église. Certes, à cette époque, cette ferveur religieuse n'est pas inhabituelle, mais Jeanne se fait remarquer par son intense piété.

À l'origine, rien ne prédispose cette petite paysanne à rencontrer le dauphin Charles de France, futur Charles VII, fils de Charles VI que ses ennemis considèrent comme illégitime... À la mort de son père, en 1422, Charles est exclu de la succession en raison de son implication dans l'assassinat du puissant duc de Bourgogne. Son autorité se limite donc à un petit territoire. On le surnomme par dérision le « petit roi de Bourges », le reste du royaume de France ayant entre temps échu au roi d'Angleterre. Charles VII n'a ni argent ni soutiens. L'héritier des Valois est au bord du renoncement quand, le 25 février 1429, à son château de Chinon, il fait une rencontre providentielle. Vêtue

Jeanne d'Arc devant le roi Charles VII à Chinon, 1832.
Gillot Saint-Èvre (1791-1858),
musée du Louvre, Paris.

en homme, Jeanne d'Arc fait son entrée dans la grande salle où se pressent les courtisans. Alors qu'aucun attribut ne distingue le roi des autres hommes, Jeanne fend la foule et vient directement s'agenouiller devant lui. Déconcerté, le monarque accepte de s'entretenir seul avec elle. Personne ne saura la teneur de leur échange, mais le visage du roi a changé d'expression, comme éclairé par une lueur d'espoir. Qu'a pu confier Jeanne à Charles VII ? Pourquoi a-t-il modifié son comportement ? Ces deux êtres qui n'étaient pas faits pour se rencontrer se sont immédiatement entendus. Dans le conflit qui oppose la France à l'Angleterre, Charles joue sa dernière carte et va se servir de cette petite paysanne comme atout. Pour Jeanne, guidée par ses voix, pas de doute, Charles VII est le digne héritier du trône, car telle est la volonté de Dieu. C'est décidé, elle partira elle-même au combat pour libérer le royaume. Quand elle rejoint l'armée royale, elle trouve des soldats démoralisés et vivant de rapines. Des hommes accompagnés dans leurs déplacements par des ribaudes qui vendent leurs charmes. Jeanne remet de l'ordre dans cette armée disloquée. Elle chasse les ivrognes, renverse les tables de jeu et éloigne les filles de joie… tout cela au nom de Dieu. Sa foi déplace des montagnes. Cette reprise en main coïncide avec un redressement moral général. Avant chaque combat, les soldats doivent se confesser. Jeanne galvanise ses troupes et tous la suivent sans sourciller. Dès lors elle force le respect.

29 avril 1429 : Jeanne d'Arc, épaulée par le roi, part délivrer Orléans, ville stratégique pour l'accès au nord de la France. Déjà sept mois que la ville subit un terrible blocus de la part des Anglais. Sa capitulation ne semble qu'une question de jours. Jeanne force le blocus, ravitaille la population et contraint les Anglais à lever le siège. C'est après cette victoire, qu'on la surnomme la « Pucelle d'Orléans ». À seulement dix-sept ans, Jeanne vient d'accomplir l'impossible. S'agit-il d'un miracle ? Dans les rangs de l'armée royale, beaucoup le pensent. Certains

irréductibles en doutent. Ceux-là n'auront aucun scrupule à la lâcher par la suite. Le soutien du roi est ambigu... Certes il lui a offert une armée pour libérer le royaume, cependant il ne pense qu'à tirer son épingle du jeu. Il sait trop bien que son propre sort dépend de cette victoire. Jeanne d'Arc pourra-t-elle encore compter sur lui ? Côté anglais, personne ne croit au miracle. Cette jeune femme est une illuminée. La Pucelle savoure son succès sans se douter que le roi ne joue pas franc jeu avec elle. Il n'a jamais cessé de négocier avec les Bourguignons, alliés des Anglais. Peut-être nourrit-il quelques doutes sur le futur succès de Jeanne d'Arc ? Redoute-t-il qu'elle se montre trop ambitieuse ? Charles VII boude son plaisir, mais cette victoire va pourtant le conduire jusqu'au trône. Orléans libérée, ragaillardie, l'armée française remonte la vallée de la Loire et marche désormais sur Reims. Le 17 juillet 1429, Charles y reçoit le sacre : il devient le vrai roi de France. Dans la cathédrale, Jeanne est à ses côtés. Elle ne se doute pas que leur collaboration doit s'arrêter là. Pour elle, au contraire, l'aventure est loin d'être terminée...

Après le sacre, Jeanne, plus que jamais animée par sa foi, a un objectif. Frapper fort et prendre Paris. Charles VII, conseillé par son entourage, estime que c'est bien trop risqué. Mieux vaut regagner la Loire et attendre. Le roi n'a jamais été un foudre de guerre. Une attaque est menée par Jeanne sur Paris, mais elle est repoussée. Le roi finit par interdire tout nouvel assaut. Dès lors, Charles et Jeanne n'ont plus la même stratégie. Charles VII sent qu'il doit agir pour mettre un terme aux ambitions de Jeanne, qui désormais conduit sa propre troupe. Elle est assignée à résidence au château de Sully. Mais c'est mal connaître la Pucelle. De son propre chef, elle décide de porter secours à ses amis de Compiègne mis en difficultés par les Bourguignons. En désobéissant au roi, elle précipite sa chute. Finalement, le 23 mai 1430, lors d'une sortie aux portes de Compiègne, elle est capturée. Par deux fois, elle tente de s'échapper, mais échoue et se blesse sérieusement en sautant par une fenêtre. Elle est rachetée par les Anglais aux Bourguignons pour dix mille livres et confiée à Pierre Cauchon, évêque de Beauvais et allié des Anglais. Ceux-ci préfèrent lui faire un procès au nom de la religion, alors que le motif est politique. Charles VII ne réagit pas, ou du moins ne se mobilise pas suffisamment pour venir en aide à celle qui l'a hissé sur le trône. Il aurait pu intercéder auprès du duc de Bourgogne en lui proposant une grosse rançon et il aurait pu aussi intervenir auprès du pape.

Jeanne d'Arc interrogée par les juges.
Émile Deshayes (1875-1946),
musée des Beaux-Arts, Rouen.

Le procès de Jeanne d'Arc s'ouvre en février 1431, à Rouen, devant un tribunal ecclésiastique où elle va répondre d'au moins soixante-dix chefs d'inculpation. Présidé par Cauchon, ce procès dure trois mois. Jeanne d'Arc se retrouve seule, sans l'aide du roi ni celle de ses anciens compagnons d'armes. On lui reproche d'abord de s'habiller en homme et de porter les cheveux courts. Ce comportement qui fait d'elle une féministe avant l'heure est alors éminemment suspect. Mais surtout il lui est reproché de s'en remettre systématiquement au jugement de Dieu plutôt qu'à celui de l'« Église militante », c'est-à-dire l'autorité ecclésiastique terrestre. Les juges estiment que ses « voix » sont en fait inspirées par le démon. Le tribunal rend son avis : Jeanne est schismatique, apostate, menteuse, devineresse, suspectée d'hérésie... Dans cette accusation d'hérésie, Charles VII trouve un prétexte pour abandonner lâchement Jeanne d'Arc. Car, s'il la soutient, il est passible du même crime, et risque d'être poursuivi par l'Inquisition. Ni le roi ni personne ne peut donc plus agir pour la sauver. Même s'il est absent du procès, il est tout de même beaucoup question de Charles. Puisqu'en France, et dans le monde entier, l'opinion prétend que Jeanne d'Arc est une fabulatrice égarée par des voix, on risque aussi de dire que le roi est son complice ou qu'il s'est laissé entraîner par une sorcière. Aussi, pour se défendre de ces accusations, Charles va tout de même essayer de venir en aide à Jeanne d'Arc. Il tente d'influencer le duc de Bourgogne et place aussi une garnison à Louviers, tout près de Rouen, en terrain ennemi. C'est d'ailleurs à Louviers qu'il restera, jusqu'à la mort de la Pucelle. Malgré ces ultimes tentatives pour la sauver, Jeanne d'Arc n'échappe pas au bûcher. Plutôt que de l'abandonner entièrement, Charles VII laisse Jeanne d'Arc accomplir son destin. Quant à elle, elle savait qu'elle courait à sa perte. Pendant la semaine sainte, à Melun, des voix lui avaient prédit sa capture. Continuant le combat, elle préfère mourir en martyre que de rebrousser chemin. Dans les mentalités médiévales, profondément empreintes de valeurs religieuses, les notions de passion et de rédemption sont très importantes. Jeanne d'Arc est condamnée à périr sur le bûcher. Sur la place du Marché, à Rouen, huit cents hommes armés encerclent les lieux afin éviter tout mouvement de foule. Les autorités anglaises craignent les réactions d'une population que le courage de la Pucelle n'a pas laissé indifférente. Même si la crémation va durer plusieurs heures, le calvaire de Jeanne d'Arc est relativement court. Parmi les gens qui ont assisté au supplice, beaucoup ont été bouleversés. Les Anglais veillent à ce qu'aucune relique de Jeanne d'Arc ne puisse être emportée, afin de ne pas laisser s'installer un culte populaire. Les cendres sont ramassées et jetées dans la Seine. Mais l'« affaire Jeanne d'Arc » ne s'arrête pas là. Le bûcher à peine éteint, déjà les témoignages les plus surprenants circulent dans la ville. Jeanne d'Arc n'est pas morte, c'est une autre femme qui a été brûlée à sa place ! D'ailleurs, sur le bûcher, son visage était masqué. Le mythe est en marche. Cette rumeur donne lieu à l'apparition de « fausses » Jeanne d'Arc. C'est ainsi que, dans les années qui suivent, des jeunes filles qui se disent investies d'une mission divine vont prétendre être la vraie Jeanne d'Arc. Et certaines vont avoir un assez grand succès, comme la Dame des Armoises, qui arrivera à se faire reconnaître par la famille de Jeanne d'Arc. Pierre et Petit Jean, ses frères, la reconnaissent, ainsi que beaucoup de seigneurs qui lui font des cadeaux. Cette Jeanne a le même physique, les mêmes intonations, la même gestuelle. Elle s'exprime par paraboles et reconnaît les gens censés l'avoir connue...

Le journaliste Marcel Gay, auteur de *L'Affaire Jeanne d'Arc*, prétend même que Jeanne était une princesse royale et un agent secret au service de l'entourage du roi. Il avance qu'elle avait subi un entraînement sévère pour affronter les Anglais, et que sa présence était un stratagème visant à redonner confiance aux troupes françaises affaiblies. Cette thèse de Jeanne d'Arc agent secret, dont on parlait déjà au XVIIIe siècle, fait sourire un grand nombre d'historiens, preuve que cette épopée extraordinaire intrigue toujours.

Un personnage singulier aurait joué un rôle majeur dans l'épopée de Jeanne d'Arc : Yolande, duchesse d'Anjou. Un de ses fils, René d'Anjou est marié avec Isabelle, la fille du duc de Lorraine. Elle s'occupe aussi de l'éducation du dauphin Charles, et quand celui-ci est déchu de tous ses titres au profit de Henri V d'Angleterre, elle va tout faire pour ne pas laisser la couronne de France aux Anglais. Pour vaincre militairement les Anglais, il faut un chef de guerre. Yolande d'Anjou, présente à Chinon, le jour de la venue de Jeanne, soutient sa requête. Quelle armée, si puissante soit-elle pourrait s'opposer à une envoyée de Dieu ? Yolande supervise l'examen intime de Jeanne, visant à établir sa virginité. C'est encore elle qui rassemble et finance les troupes dont Jeanne prend la tête. De là à penser qu'elle a monté depuis le tout début ce que Marcel Senzig appelle, « l'opération Pucelle », il n'y a qu'un pas.

Près de six siècles après sa fin tragique, la Pucelle continue d'alimenter tous les fantasmes. Vingt-six chercheurs viennent d'étudier des restes attribués au bûcher de Jeanne d'Arc. Un bocal retrouvé à Paris en 1867 dans le grenier d'un apothicaire a été ouvert et soumis à l'odorat de deux célèbres « nez » de Guerlain et de Jean Patou. Tous deux ont humé ces restes avant toute étude scientifique. Ils ont remarqué une odeur qui n'est pas celle des restes d'un individu qui aurait péri brûlé. Ils ont senti un parfum très ténu de vanilline, odeur produite pendant la putréfaction et la décomposition d'un organisme, ce qui signifierait que ce corps n'a pas été brûlé. Diagnostic : la côte humaine n'appartenait pas à Jeanne d'Arc, mais à une momie égyptienne ! Ce bocal était sans doute une mauvaise blague de laborantin.

En 1456, Jeanne d'Arc est réhabilitée par Charles VII. Une façon de reconnaître le rôle déterminant de la Pucelle dans l'issue de la guerre de Cent Ans. En laissant Jeanne d'Arc monter au bûcher, le roi a finalement lui aussi participé à l'élaboration du mythe. Jeanne d'Arc, la Pucelle d'Orléans, aura combattu les Anglais pour la grandeur de la France. Accusée d'hérésie, elle a finalement été réhabilitée avant d'être canonisée par l'église en 1920. Son exécution était-elle donc nécessaire ? L'église a fait de Jeanne d'Arc une de ses plus grandes saintes, et l'histoire de France, une de ses plus illustres figures.

Jeanne d'Arc sur le bûcher à Rouen.
Jules Eugène Lenepveu (1819-1898).

MADAME ROYALE
LA MYSTÉRIEUSE COMTESSE DES TÉNÈBRES

L'autre volet, méconnu, de la célèbre affaire Louis XVII met en scène sa sœur aînée, Madame Royale, au cœur d'une énigme jamais résolue, mais dont les livres d'histoire ne parlent jamais. Pourtant, des éléments troublants attestent que la princesse Marie-Thérèse de France, dite Mousseline ou Madame Royale, fille de Louis XVI et de Marie-Antoinette, ne pouvait d'aucune manière être la même personne que celle qui, remise en 1795 par les révolutionnaires aux Autrichiens, fut mariée à son cousin le duc d'Angoulême et devint la figure emblématique de la Restauration des Bourbons. En revanche, au même moment, de l'autre côté du Rhin, au château d'Eishausen en Saxe-Hildburghausen, est attestée la présence d'une dame de qualité, retirée du monde, se protégeant du regard d'autrui sous un épais voile noir, mais dont tout le monde prétend qu'elle est la véritable fille aînée de la reine Marie-Antoinette, comme semble l'indiquer son linge fleurdelisé et les protections dont elle jouit. Qui, dans ce cas, jouait aux Tuileries le rôle de « l'orpheline du Temple » ? Et pourquoi aurait-on instrumentalisé cette substitution au lendemain de la Révolution ?

Tout commence avec la mort, le 28 novembre 1837, de la mystérieuse comtesse des Ténèbres au château d'Eishausen en

Marie-Thérèse duchesse d'Angoulême.
Antoine-Jean Baron Gros (1771-1835),
musée du château de Versailles.

Saxe-Hildburghausen, duché intégré en 1826 au grand-duché de Saxe-Meiningen. Nul ne connaît alors sa véritable identité. Mais elle doit son surnom de « Dunkelgräfin » à sa tenue vestimentaire puisqu'elle porte invariablement des vêtements noirs, d'épais voiles noirs et des gants noirs. Les autorités de police comme le voisinage s'interrogent sur la véritable identité de cette dame recluse. Et la protection dont elle jouit autant que l'intervention discrète et efficace de la famille de la duchesse Charlotte de Saxe-Meiningen-Hildburghausen, faisant en sorte que sa mort et sa succession ne donnent lieu à aucune publicité intempestive, ne font que conforter la conviction de ceux qui soupçonnent un secret d'État. C'est en juin 1803 que la dame apparaît en Allemagne, escortée d'un compagnon qui se présente comme le comte Vavel de Versay. Ce nom d'emprunt cache une autre identité : Leonardus Cornelius Van der Valck, âgé de trente-quatre ans, est hollandais mais – ce détail aura son importance – il a occupé les fonctions de secrétaire à l'ambassade de Hollande à Paris de juillet 1798 à avril 1799. Le couple s'installe dans un premier temps à Ingelfingen, sur les terres des princes de Hohenlohe, puis au Wurtemberg, avant de prendre pension en février 1807 au pavillon ducal chez la conseillère Radefeld sur l'intervention des souverains locaux, le duc Frédéric Ier de Saxe-Hildburghausen et son épouse née Charlotte de Mecklembourg-Strelitz, sœur de la reine Louise de Prusse et dont la mère, une princesse de Hesse-Darmstadt, était une amie d'enfance de Marie-Antoinette. À partir de 1810, la couronne ducale ayant hérité du château d'Eishausen, la propriété est louée au comte Vavel de Versay. Là, le couple vit totalement retiré du monde mais, comme en témoignera la cuisinière Johanna Weber, sur un train princier – on y sert les mets les plus fins, les vins les plus précieux – même si le personnel se limitait à elle et au valet et cocher, Philippe Scharre, un Helvète dont on disait qu'il avait appartenu aux gardes suisses de Versailles avant la Révolution... Lui seul était autorisé à voir la Dame sans ses voiles. C'est Johanna Weber, renvoyée en février 1836 parce que son fils, qu'elle avait introduit au château, avait bavardé dans le village sur la Dame, qui raconta que la comtesse des Ténèbres avait le linge le plus précieux brodé de l'insigne des Bourbons, la fleur de lys, et que le comte Vavel de Versay témoignait à la Dame un respect que seul pouvait inspirer la présence d'une personne de sang royal...

À la mort de la mystérieuse Dame, le 28 novembre 1837, inhumée dans la plus grande discrétion, les langues se délient et les rumeurs se propagent. Les autorités de police interrogent le comte. « Nulle puissance terrestre ne m'arracherait mon secret, je l'emporterai avec moi au tombeau », répond-il. Il confie seulement qu'elle « n'était pas son épouse ». En juillet 1891 pourtant, pour faire taire les légendes tenaces qui prétendaient qu'on avait inhumé un mannequin, le docteur Lommler est chargé de pratiquer une autopsie. Il décrit le corps d'une femme, âgée d'une soixantaine d'années, dont le visage, intact, présente une ressemblance frappante avec la reine Marie-Antoinette. Une similitude que devait aussi révéler l'employé de la librairie Kesselring à Hildburghausen, car il avait, par accident, été mis en présence de la Dame. Dans son livre publié en 1954, *L'Énigme de Madame Royale*, le prince Frédéric de Saxe-Altenbourg écrit que « cette courte entrevue avait suffi pour persuader le jeune homme que la Dame offrait une ressemblance frappante avec la reine Marie-Antoinette dont les portraits étaient à l'époque très répandus ». Comme maigre indice, à la mort, en 1845, du comte Vavel de Versay, on trouve dans ses papiers le nom de la Dame : Sophie Botta, originaire de Westphalie. En dépit de toutes les recherches, cette identité ne conduit sur aucune piste, Sophie Botta n'existe pas dans les registres de Westphalie !

Qui était donc la comtesse des Ténèbres ? Était-ce vraiment la princesse Marie-Thérèse de Bourbon, fille de Louis XVI ? Et, dans ce cas, qui jouait aux Tuileries le rôle de la jeune Marie-Thérèse puis à Frohsdorf, en exil, celui de la duchesse d'Angoulême ? Car rappelons tout de même, comme le raconte l'historien Philippe Delorme dans *Les Princes du malheur* que l'infortunée Mousseline, née à Versailles le 19 décembre 1778, fut emprisonnée avec les siens à la prison du Temple, après la journée du 10 août 1792. Séparée de ses parents, elle ne saura pas, pendant sa captivité, qu'ils ont été guillotinés, le 21 janvier 1793 pour le roi, et le 16 octobre de la même année pour la reine ; elle reste avec sa tante, Madame Élisabeth, tandis que son frère, le dauphin, se trouve dans une autre cellule. La sœur de Louis XVI est à son tour guillotinée le 10 mai 1794 et son frère meurt des mauvais traitements subis le 8 juin 1795. Tandis que les conditions de son emprisonnement s'améliorent grâce à son nouveau geôlier, Gomin, elle est finalement libérée le jour de ses dix-sept ans pour être échangée contre des prisonniers retenus par les Autrichiens, dont Jean-Baptiste Drouet, le maître de poste de Sainte-Ménehould qui avait reconnu la famille royale lors de sa fuite à Varennes en 1791. Envoyée à Vienne dans la famille impériale qu'elle considère comme responsable de la mort de sa mère, elle devient aigrie, froide et maussade, elle refuse d'épouser son cousin, l'archiduc Charles-Louis de Habsbourg, préférant, en 1799, unir son destin malheureux à un autre cousin, Louis-Antoine, duc d'Angoulême et fils du comte d'Artois, futur Charles X. Elle deviendra la figure vivante du « martyre de la Révolution », un reproche permanent pour ceux qui envoyèrent ses parents à l'échafaud. Elle vivra la

Les adieux de Louis XVI *à sa famille à la prison du Temple le 20 janvier 1793.* Jean-Jacques Hauer (1751-1829), musée Carnavalet, Paris.

Restauration de son oncle Louis XVIII en 1815, puis le règne de son oncle et beau-père Charles X, avant l'exil en 1830 à Frohsdorf où elle mourra en 1851.

Et pourtant, cette biographie officielle ne contente pas tous les historiens. Si la jeune Madame Royale et la comtesse des Ténèbres ressemblaient à Marie-Antoinette, ce n'était pas le cas de la duchesse d'Angoulême qui avait le physique de Louis XVI. Il subsiste la même contradiction dans les ressemblances psychologiques et l'on peut difficilement se contenter de la thèse officielle selon laquelle « son caractère s'était modifié après les épreuves terribles qu'elle avait endurées ». Plus étonnant encore, l'attitude de la duchesse d'Angoulême pendant la Révolution qui choquait les survivants de l'Ancien Régime : elle refusait d'honorer la mémoire de la défunte reine Marie-Antoinette et rejetait hors de son entourage toute personne l'ayant connue enfant. Même opinion de la part des graphologues qui attestent que la princesse Marie-Thérèse et la duchesse d'Angoulême, au vu de leur écriture, sont deux personnes différentes !

Qui, dans ce cas, occupait la place de Marie-Thérèse à Paris et pourquoi ? La réponse se trouve dans les récits de l'échange avec les autorités autrichiennes. Aux côtés de Madame Royale se trouve une autre jeune fille de son âge, sa sœur de lait qui fut éduquée avec elle et reçut les mêmes traitements, enfant, à Versailles : Ernestine Lambriquet, fille d'un valet de chambre de Madame Élisabeth, Jean Lambriquet, qui sera guillotiné. On trouve dans les Archives nationales des documents attestant d'une rente versée par le roi Louis XVI à Marie-Philippine Lambriquet à partir de la naissance de sa fille le 31 juillet 1778, laquelle sera élevée avec Marie-Thérèse à la mort de sa mère, dix ans plus tard. Tout porte à croire qu'Ernestine serait la fille naturelle de Louis XVI et de la dame Lambriquet. Après son opération d'un phimosis, Louis XVI aurait effectué un essai pour constater qu'il n'était ni impuissant ni stérile. Avec l'accord de la reine, le roi aurait donc fait ses premières armes avec une dame de confiance au service de la famille royale... Six mois après la naissance d'Ernestine, la reine accouchait de la princesse Marie-Thérèse. D'après les mémorialistes, la première ressemblait au roi et à sa sœur, la seconde à sa mère Marie-Antoinette. Reste à comprendre pourquoi l'on aurait substitué les deux jeunes filles en décembre 1795 dans une auberge de Huningue, à la frontière franco-germano-suisse, alors que Marie-Thérèse, libérée, voyage dans la berline aux rideaux baissés avec sa sœur de lait habillée en servante ? Pour la petite histoire, lorsqu'en février 1796, le très ému comte Axel de Fersen veut être reçu par la fille de celle qu'il a tant aimée, Marie-Thérèse, à moins que ce ne fût Ernestine, refuse de le recevoir ! Étrange refus à un témoin essentiel des derniers moments de la monarchie.... Les thèses les plus folles circulent. Selon certains, Madame Royale souffrait au sortir du Temple de graves déséquilibres psychologiques qui nécessitaient qu'elle fût recluse du monde. Mais son oncle Louis XVIII avait absolument besoin de cette carte maîtresse dans sa manche pour préparer les esprits à la Restauration et pour que « l'orpheline du Temple » joue le rôle de victime expiatoire. Le prince de Condé aurait été chargé de mener à bien la substitution des deux jeunes filles. D'autres, plus farfelus, soutiennent l'idée selon laquelle les deux oncles, Louis XVIII et le futur Charles X, voulurent éloigner une nièce qui croyait dur comme fer que son frère Louis XVII avait survécu et leur reprocherait éternellement leur « usurpation ». Difficile de conclure. La science, pourtant, pourrait se mettre au service de l'Histoire. Il suffirait d'analyser une mèche de cheveux de Madame Royale après la Révolution, lorsqu'elle est duchesse d'Angoulême, pour en comparer l'ADN avec celui de sa mère, la reine Marie-Antoinette. Seule une preuve scientifique pourrait clore ce chapitre ô combien romanesque de la tragédie des derniers Bourbons.

Marie-Thérèse de France ici à cheval.

LE CHEVALIER D'ÉON
ÉTAIT-IL UNE ESPIONNE ?

Homme ou femme ? Deux siècles après sa disparition, Charles-Geneviève-Louis-Auguste-André-Timothée d'Éon de Beaumont suscite encore bien des interrogations quant à son sexe : le chevalier est en effet resté célèbre comme l'espion du roi de France qui s'habillait en femme. Un mystère sur lequel se penchent bien des historiens et qui fit même chanter à Mylène Farmer en 1987 dans « Sans contrefaçon » : « Un mouchoir au creux du pantalon, je suis chevalier d'Éon... » Voici le portrait de ce héros aux deux visages.

Voltaire avait vu juste : « Cela fera un beau problème dans l'Histoire », écrivait-il depuis Ferney, parlant de « cet animal amphibie qui n'est ni fille ni garçon ». Le sexe du chevalier d'Éon ne cesse d'intriguer en France et en Angleterre au XVIIIe siècle, et le personnage a cultivé le paradoxe et l'ambiguïté jusqu'à s'y perdre lui-même. Remarquablement intelligent, prodigieusement cultivé, aventurier et espion, toute sa vie il a brouillé les pistes. Agent double – au propre comme au figuré – entré au service du roi Louis XV dans ce qu'on appelle alors le « Secret du Roi », ancêtre des services spéciaux, il reste l'un des personnages les plus mystérieux de notre histoire.

La chevalière d'Éon.
John Conde (1680-1764).

J. Condé Delin.t et Sculp.t

Né à Tonnerre, en Bourgogne, le 5 octobre 1728 dans une famille de petite noblesse, Charles-Geneviève-Louis-Auguste-André-Timothée d'Éon de Beaumont est un garçon gracile aux traits fins et délicats, presque androgyne. Excellent élève, il est envoyé au prestigieux collège Mazarin, à Paris, d'où il sort avec un diplôme en droit civil et droit canon en 1749. Il n'a toujours pas de barbe.

Portrait en pied de Louis XV en costume de sacre, 1761.
Louis-Michel Van Loo (1707-1771), musée du château de Versailles.

Inscrit comme avocat au parlement de Paris, il s'illustre par quelques écrits et savantes considérations qui attirent l'attention du roi Louis XV, lequel le nomme « censeur royal pour l'histoire et les belles-lettres ». C'est lui qui signe le Nihil obstat pour accorder l'imprimatur... Repéré pour son intelligence vive, le chevalier d'Éon va vite être sollicité pour entrer au « Secret du Roi », ce cabinet parallèle dirigé par le prince de Conti pour préserver le domaine réservé du roi, notamment en politique étrangère, tandis que les diplomates officiels obéissaient au secrétaire d'État aux Affaires étrangères, sous l'influence de la marquise de Pompadour...

En 1756, le chevalier est envoyé en Russie pour obtenir de la tsarine Élisabeth une alliance stratégique avec la France. Il racontera plus tard – et les nombreuses légendes étayées par

Frédéric Gaillardet, dramaturge de Tonnerre, s'en nourriront – qu'il est devenu « lectrice » de la tsarine sous le nom de Lia de Beaumont. Mais rien ne permet de le confirmer.

En revanche, tout laisse à penser qu'il a dû se travestir pour la première fois en femme pour traverser les frontières et atteindre sans périls la Russie. Il sait aussi manier l'art de travestir la vérité. Il ira jusqu'à prétendre que c'est lui, simple secrétaire d'ambassade et espion du roi de France, qui a réussi l'exploit de retourner les alliances pour convaincre la tsarine d'entrer en guerre contre l'Angleterre aux côtés de la France. Ce qui, en revanche, ne saurait être contesté, c'est sa bravoure au combat pendant la guerre de Sept Ans, durant laquelle il se bat comme capitaine de dragons de 1760 à 1762, ce qui lui vaut la reconnaissance du roi et l'attribution de la croix de Saint-Louis, privilège rare.

Fort de la faveur royale, le chevalier d'Éon, alors âgé de trente-cinq ans, retourne servir Louis XV en Angleterre comme secrétaire d'ambassade sous les ordres d'un homme qu'il méprise et qui deviendra son pire ennemi, le comte de Guerchy. Parallèlement, il est chargé d'une mission ultra-secrète : reconnaître les côtes d'Angleterre et du pays de Galles, noter les mouvements des marées et d'autres détails précieux pour rédiger un plan de débarquement en Angleterre. Mais, ne supportant pas les remarques de son supérieur et menant grand train quand il doit le remplacer pendant quelques mois, le chevalier d'Éon se révèle mégalomane, affabulateur, tout en devenant dans le même temps, l'homme incontournable de Londres.

Il est l'objet d'un véritable engouement. L'aristocratie se livre à des paris sur le genre de son sexe et, même, il échappe à une tentative d'enlèvement pour le vérifier. On le dit fou, puis on le prétend hermaphrodite ou même femme. C'est de ce séjour à Londres que datent les dessins et caricatures qui le montrent mi-homme mi-femme. On lui fait des procès, qu'il gagne, mais les tribunaux statuent qu'il est une femme ! Criblé de dettes, il exerce un terrible chantage sur la couronne de France, voulant monnayer la correspondance secrète de la main de Louis XV. Nul ne veut que soient rendues publiques les demandes royales d'un plan de débarquement en Angleterre qui mettraient le feu aux poudres !

Le monarque envoie alors à Londres un émissaire de talent, Pierre Caron de Beaumarchais. Un jeu de séduction s'établit entre les deux. Beaumarchais envoie à Éon des missives enflammées, demandant même la « chevalière » en mariage, avant que leurs rapports ne s'enveniment. Finalement, un protocole d'accord est trouvé ; le chevalier remet l'intégralité des documents en échange de quoi il reçoit une rente à la condition expresse qu'il ne quitte plus jamais ses vêtements féminins.

Pour la petite histoire, le chevalier d'Éon voulut se présenter à la cour du nouveau roi Louis XVI en tenue de capitaine de dragons. Mais le roi, par ordonnance, lui demande de « reprendre les habits de son sexe avec défense de paraître dans le royaume sous d'autres habillements que ceux convenables aux femmes ».

Selon Michel de Decker, « on l'embastille dans le costume féminin ». Pourquoi le chevalier sombre-t-il dans la dépression et la conversion

The Chevalier d'Éon as a Dragoon, 1779.
P. Jean-Baptiste Bradel (1768-1783),
bibliothèque de France, Paris.

Mme le Chevalier d'Éon lors d'un duel à l'épée, 1905. George Paston (1860-1936).

mystique s'il se pensait depuis longtemps comme une femme, et se prenait pour l'incarnation de la « reine des amazones » ou de la « pucelle de Tonnerre » comme il l'écrit lui-même ? Sa liberté, sans doute, était de changer d'identité à sa guise et de ne souffrir aucune contrainte de son « genre ». Après un exil à Tonnerre, il retourne en Angleterre, où, malgré son âge et ses vêtements féminins, il propose des exhibitions de duel à l'épée. Mais, après une blessure, sans revenus (la Révolution française a mis fin à sa rente, et ses biens ont été vendus aux enchères), il arrête en 1796 sa carrière de duelliste.

Il vivra dans une relative misère et sera même emprisonné pour dettes. Il sera recueilli par Miss Mary Cole, chez qui il mourra le 21 mai 1810. Une autopsie est aussitôt pratiquée à Londres par le docteur Copeland, chirurgien légiste. « Je certifie que j'ai examiné et disséqué le corps du chevalier d'Éon et que j'ai trouvé les organes mâles de la génération parfaitement formés sous tous les rapports. » On ne saurait être plus clair. Le baron Séguier, consul de France à Londres, notera : « Aucune bizarrerie de la nature n'a protégé le rôle qu'il s'est plu à jouer si longtemps. »

Ironie de l'histoire, il est enterré dans le Middlesex, lui qui a passé la moitié de sa vie en homme et l'autre moitié en femme… Quel est donc le secret du chevalier d'Éon, à qui on ne connaît aucune aventure, féminine ou masculine ? Selon Évelyne Lever, l'hypothèse la plus vraisemblable serait qu'il est resté chaste car il n'éprouvait aucun désir charnel. Certains assurent qu'il représente un cas d'hermaphrodisme pur. Quoi qu'il en soit, sa vie, qu'il décrivait lui-même comme « sans queue ni tête », pose clairement la question de l'identité de genre et de la transsexualité – une association anglaise soutenant les transsexuels, la Beaumont Society, l'a d'ailleurs choisi comme emblème.

Mademoiselle de Beaumont ou Le Chevalier d'Éon, XVIIIe siècle.
Westminster Archive Centrer, Londres.

CATHERINE II

NUITS BLANCHES À SAINT-PÉTERSBOURG

L'histoire de la Russie est l'une des plus passionnantes qui soit. La cour des tsars est le théâtre de trahisons, de meurtres, de coups d'État et de sombres débauches. Dans un pays où ont cours toutes les extravagances, une tsarine, Catherine II, la Grande Catherine, se distingua pourtant par des excès mémorables, à commencer par le meurtre de son mari qui lui permit de régner seule pendant trente-deux ans. Obstinée, cette femme à la poigne de fer ne recule devant rien pour arriver à ses fins. Mais cultivée, férue de culture française, confidente de Diderot et de Voltaire, la tsarine fera profondément évoluer les mentalités de son époque et bouleversera les institutions. On dit que ses appétits charnels étaient insatiables...

La nuit du 27 juin 1762, Catherine dort dans le pavillon Monplaisir, situé dans le parc du palais de Peterhof, tandis que son époux, le tsar Pierre III, est resté dans le Grand Palais. Le couple ne se parle plus depuis longtemps, et l'avenir de Catherine est de plus en plus compromis. Pierre menace de l'enfermer et de mettre sa maîtresse sur le trône. Pour sauver sa peau, Catherine a échafaudé un plan machiavélique. Aidée par son amant, Grigori Orlov, elle tente le tout pour le tout en faisant jeter son mari en prison et songe alors à l'exiler. Mais en pleine nuit, l'impensable se

Portrait de Catherine II en habits militaires.
Vigilius Erichsen (1722-1782),
musée des Beaux-Arts, Chartres.

produit. Orlov vient se jeter aux pieds de l'impératrice. Un drame affreux est arrivé... Selon une thèse officielle, le tsar est mort de coliques hémorroïdales. Tout le monde comprend qu'il a été assassiné. Un règne commence alors, qui va marquer l'histoire de la Russie.

Catherine est la fille d'un couple princier allemand : son père, le prince d'Anhalt-Zerbst, est officier du roi de Prusse, et sa mère une princesse éprise de mode et de bijoux. Ses parents attendaient un garçon, aussi la petite fille se sent-elle délaissée. Enfant, elle trouve refuge dans la lecture et devient bientôt plus mature que ses camarades de jeu. Catherine a quinze ans lorsque sa mère reçoit une lettre inouïe : l'impératrice Élisabeth de Russie demande si Catherine accepterait de devenir l'épouse de Pierre III, le futur tsar. Choisie pour son intelligence et supposée docile, Catherine ne devrait pas chercher à s'accaparer une partie du pouvoir... Le 3 février 1744, après trois semaines de voyage dans le froid et la neige, la jeune fille et sa mère arrivent au palais de Peterhof, le Versailles russe. Le jour même, les présentations sont faites. Ce garçon, à peine plus âgé qu'elle – il a seize ans, elle en a quinze – obtus et quasi idiot, joue encore à la poupée, aime la chasse et sent très mauvais. Tout de suite, Catherine ressent du dégoût pour ce benêt, mais elle est prête à toutes les

Portrait de Pierre III Fiodorovitch, tsar de Russie, XVIIIe siècle.
École russe,
musée de l'Ermitage, Saint-Pétersbourg.

concessions pour devenir impératrice. Condition requise pour épouser le futur tsar, sa conversion à la religion orthodoxe n'est qu'une simple formalité. Le mariage a lieu à Saint-Pétersbourg le 21 août 1745. Un cortège de cent vingt carrosses suit celui des jeunes époux, tiré par huit chevaux blancs. Pour Catherine, c'est le début de l'enfer. Indifférent à son charme, Pierre ne s'intéresse pas à elle et la brutalise à l'occasion. Il gratte un violon sans savoir en jouer, réveillant le palais en pleine nuit. Dès le matin il s'enivre, s'amuse à égorger des rats devant sa femme, exige que l'on tire des coups de canon en plein Saint-Pétersbourg pour simuler l'état de siège. Les membres de la cour sont excédés et Catherine s'inquiète de devoir subir cet homme dangereux. Au bout de huit ans de mariage, elle n'a toujours pas d'héritier. L'impératrice Élisabeth décide alors de jeter sa bru dans les bras d'un homme réputé pour sa virilité, un jeune officier nommé Saltykov. Après huit ans d'abstinence forcée, Catherine découvre les plaisirs de la chair. Le stratagème de l'impératrice porte ses fruits : Catherine met au monde Paul Ier, l'héritier du trône de Russie.

Portrait de Paul Ier, empereur de Russie.
Alexander Roslin (1718-1793),
musée de l'Ermitage, Saint-Pétersbourg.

La cour est ravie, mais le plaisir de la jeune mère est de courte durée. Quelques secondes après l'accouchement, son enfant lui est retiré et elle ne le verra que quarante jours plus tard. Mère et fils ne s'entendront jamais. Parvenue sur le trône, l'impératrice Catherine II se méfiera toujours de ce garçon qui constitue une menace pour son pouvoir. Elle décidera donc de l'écarter de la cour en l'envoyant voyager longtemps en Europe. Loin de la Russie, accueilli partout en souverain, Paul est moins dangereux. À la cour de France, Louis XVI et Marie-Antoinette deviennent ses amis et le couvrent de cadeaux somptueux.

À son rôle de mère, Catherine II préfère les plaisirs liés à son statut de chef d'État. Profitant de l'absence de son fils, elle se prend d'une fureur de bâtir qui durera toute sa vie. Elle supervise la construction du palais de Pavlovsk, assistée de Cameron, un architecte écossais. L'impératrice gouverne seule et consacre la majeure partie de ses journées aux affaires de l'État. Vers 7 heures du matin, seule dans son cabinet de travail, après s'être préparé elle-même son café, elle lit des rapports,

Vue du palais de Pavlovsk.
Karl Ferdinand von Kügelgen (1772-1832),
palais de Gatchina, Saint-Pétersbourg.

rédige ses mémoires et entretient une correspondance avec les plus grands philosophes et écrivains étrangers. Elle travaille énormément. Pour écrire plus commodément lors de ses déplacements, elle commande une trousse unique, qui contient des plumes en argent, un tube encrier en cristal, un autre tube de sable fin pour faire sécher l'encre et un autre tube rempli de sels aromatisés... Cette trousse contient aussi une petite cuillère pour se nettoyer les oreilles ! À 9 heures, la cour s'éveille, c'est le moment pour la tsarine de recevoir les membres de son gouvernement. À midi, elle achève sa toilette et fait coiffer ses longs cheveux, qui descendent jusqu'à terre quand elle est assise. Après le « petit lever » de Sa Majesté, la cour se met à table. Les goûts de Catherine sont simples : elle adore le bœuf bouilli et les concombres salés, et boit de l'eau mêlée à du sirop de cassis. Curieuse et un brin provocatrice, c'est elle qui, la première en Russie, mange une pomme de terre. Elle en ordonne même la culture sur les terres des paysans russes, qui voient d'un mauvais œil ce qu'ils considèrent alors comme l'herbe du diable. Il faudra l'aide de l'armée pour protéger les plantations.

Catherine II se soucie peu de ce qu'elle mange, mais elle accorde en revanche une attention très particulière aux arts de la table. Elle donne un coup de fouet décisif au développement de la Manufacture impériale de porcelaine, à qui elle va commander sans compter des services de plus de mille pièces. Par coquetterie et pour faire mieux que les autres souverains d'Europe, l'impératrice commande régulièrement des pièces uniques. La touche apportée jadis par Catherine II se fait toujours sentir dans les créations de la Manufacture... L'après-midi, Catherine II reçoit les courtisans dans ses salons. Grande joueuse, elle aime perdre des sommes folles aux cartes et elle se montre habile au billard, exigeant une table entièrement recouverte de nacre et incrustée d'or dans tous ses appartements pour y jouer après le dîner. La tsarine réaménage de fond en comble les résidences impériales, ordonne que toutes soient richement meublées et passe des commandes considérables aux plus grands ébénistes français. Elle se couche vers 22 heures, et ses soirées sont consacrées aux spectacles. À chaque jour de la semaine correspond un divertissement. Le lundi : comédie française ; le mardi : comédie russe ; le mercredi : c'est tragédie ; le jeudi : opéra. La fin de la semaine est réservée aux bals traditionnels ou aux bals masqués. Pour ses robes de soirée la démesure est aussi de mise. L'impératrice ne porte jamais deux fois la même robe et va jusqu'à changer trois fois de tenue au cours d'un bal. À la fin de l'année, c'est un millier de robes qui est recyclé en rideaux ! Femme, mais chef d'État avant tout, Catherine II adopte pour les cérémonies officielles des tenues militaires ajustées de manière plus féminine par des couturiers français. Car la cour accueille aussi des étrangers qui introduisent la mode, les tissus et les coupes de leurs pays. D'où les influences variées dans la garde-robe de la tsarine. Le seul vêtement inimitable est le manteau impérial, avec son encolure ornée de queues d'hermine uniques au monde par leur taille.

Dans sa datcha, sa maison de campagne d'Oranienbaum, à une heure de Saint-Pétersbourg et loin du protocole, Catherine II invente un nouveau jeu qui depuis s'est largement développé dans le monde entier : les montagnes russes, immenses toboggans où l'on glisse comme sur une luge. En Russie, le rituel du bain est incontournable et Catherine II se rend plusieurs fois par semaine dans ses bains privés, où seules ses dames de compagnies et des hommes choisis par elle sont admis. Dans son palais préféré, Tsarskoïe Selo, elle fait construire un pavillon de bains froids au sein d'un vaste complexe thermal de style gréco-romain. Clou de ces bains d'un luxe inouï, les chambres d'Agate, du nom de la pierre supposée recouvrir les murs, mais il s'agit en fait de jaspe.

Curieuse et novatrice dans de nombreux domaines, Catherine II demeure l'impératrice de toutes les révolutions artistiques et culturelles, et l'architecture est une de ses passions... Au début du XVIIIe siècle, le tsar Pierre le Grand avait fait le rêve fou de bâtir une ville sur la Baltique afin d'assurer une ouverture sur le monde et de permettre des échanges commerciaux avec l'Europe. Le chantier se déroula dans des conditions inhumaines : en trois ans, près de deux mille personnes périrent dans les marécages de l'Ouest de la Russie pour réaliser son rêve. C'est ainsi qu'en 1703 est né Saint-Pétersbourg... Catherine se pose en continuatrice de l'œuvre de Pierre le Grand. Dès 1762, elle modernise la ville et lance une politique de grands travaux. Soucieuse de se démarquer de ses prédécesseurs et de laisser une trace impérissable de son règne, elle s'entoure de jeunes architectes et renvoie le protégé de l'impératrice Élisabeth, l'Italien Rastrelli. Elle voit plus grand que les tsars précédents. La ville devient alors le terrain de jeu de sa folie. Aujourd'hui encore, Saint-Pétersbourg offre une diversité de style unique, où néoclassique et baroque se côtoient. En 1764, Catherine II crée l'Académie des beaux-arts à Saint-Pétersbourg qui n'admet que des élèves issus de milieux modestes, car elle souhaite former une élite au sein de la jeunesse russe. Depuis plus de deux siècles et demi, l'institution et ses huit cents élèves suivent toujours le programme instauré par l'impératrice. Les plus jeunes élèves avaient alors entre cinq et six ans. La durée de l'enseignement s'étalait sur quinze années et les étudiants étaient coupés du monde extérieur, protégés des mauvaises influences. Sans crainte de choquer, la tsarine impose les premiers cours d'anatomie. Des modèles parfois entièrement nus posent pour les élèves, une pratique jusque-là impensable.

Souhaitant ce qu'il y a de mieux pour ses élèves, la tsarine ordonne ce que l'on appelle alors « un tour du monde des chefs-d'œuvre ». Ses meilleurs artistes sont envoyés dans les plus grandes capitales et elle commande des copies des plus belles œuvres du moment. Grâce à Catherine II, l'Académie possède une collection unique au monde. Pour chaque projet de construction, l'impératrice exige des architectes qu'ils lui présentent des maquettes dont les détails sont impressionnants de réalisme. L'extérieur comme l'intérieur, tout doit être la réplique miniature de ce que la tsarine souhaite voir construit en grand. Chaque architecte met alors près d'un an pour réaliser un seul projet... Perfectionniste et capricieuse, la tsarine peut le renvoyer d'un seul coup d'œil ! Ambitieuse et créative, Catherine II laisse à Saint-Pétersbourg d'autres marques de son génie. Au palais de Tsarskoïe Selo, on peut admirer la fameuse salle d'Ambre, appelée aussi « la huitième merveille du monde ». Six tonnes d'ambre, matière particulièrement fragile (en fait de la résine très sensible aux écarts de température) ont été nécessaires pour construire cette pièce. Catherine aimait particulièrement cet endroit qu'elle considérait comme magique parce qu'elle y ressentait un réel bien-être sans vraiment l'expliquer. Aujourd'hui, on sait que l'ambre a des vertus médicinales. Une vingtaine d'artisans assuraient l'entretien et la restauration quotidienne de la salle. Cet atelier est toujours en activité.

La correspondance qu'entretient Catherine II avec Voltaire reflète l'amour que porte l'impératrice à la culture et à la langue françaises. Un amour inculqué dès son plus jeune âge grâce à sa gouvernante française Babet Cardel. Voltaire et Diderot sont à la fois ses confidents intellectuels et ses conseillers avisés dans le domaine artistique. En mai 1773, et malgré ses soixante ans, Diderot fait le voyage jusqu'en Russie pour remercier sa bienfaitrice. Lorsque Voltaire meurt en 1778 à l'âge de quatre-vingt-quatre ans, l'impératrice rachète sans hésiter l'intégralité de la bibliothèque de son ami. Un trésor aujourd'hui conservé à Saint-Pétersbourg, dans une pièce surveillée vingt-quatre heures sur vingt-quatre, à la Bibliothèque nationale de Russie. Le premier souci de l'impératrice est de récupérer les lettres très personnelles qu'elle a envoyées à Voltaire. Mais elle se constitue aussi, à cette occasion, une collection unique au

Portrait de Voltaire.
Jacques Pajou (1766-1828),
Comédie-Française, Paris.

monde de plus de sept mille ouvrages, tous annotés de la main de l'écrivain. En souvenir de ce fidèle correspondant qu'elle n'a jamais rencontré, Catherine II commande une statue de Voltaire au célèbre sculpteur Houdon. En impératrice généreuse qui souhaite partager sa passion des arts avec son peuple, elle constitue une collection d'œuvres variées, rassemblées dans son palais d'Hiver, sur les bords de la Néva. Comme elle se définit elle-même plus comme une gloutonne que comme une amatrice, ses collections s'enrichissent considérablement et elle fait construire une annexe baptisée l'Ermitage. À la mort de l'impératrice, en 1796, l'Ermitage compte près de quatre mille œuvres. Aujourd'hui, le musée en possède plus de trois millions. Mais faute de place, il ne peut en exposer que soixante mille.

C'est grâce à la curiosité de la tsarine que les ballets et la danse sont arrivés en Russie. Catherine II maintient le budget de l'Académie de danse qu'elle modernise en encourageant de nouvelles chorégraphies, par les meilleurs maîtres de ballets étrangers. Les ballets existaient en France depuis 1661, et les écoles françaises et italiennes étaient déjà très célèbres en Europe. Pour l'Académie de danse également, elle souhaite ce qu'il y a de mieux, avec l'ambition que l'école soit reconnue dans le monde entier, et la Russie devient bientôt un grand pays de ballets. L'impératrice ne se doutait pas que deux siècles plus tard, les plus grandes étoiles allaient sortir de son école, comme Nijinski, Noureïev ou Barychnikov. Aujourd'hui encore, comme l'avait décidé l'impératrice, les plus jeunes élèves doivent avoir dix ans et ils sont inscrits pour neuf années. Depuis sa création, l'école est gratuite pour les étudiants russes.

Dans ses relations amoureuses, Catherine II faisait aussi des folies. À la cour, l'appétit de l'impératrice pour les hommes n'est un secret pour personne. Adolescente, la jeune Catherine passait déjà des nuits très agitées, sautant pendant des heures sur son lit, un oreiller coincé entre les cuisses, jusqu'à épuisement. Dans le cœur et dans le lit de l'impératrice, les favoris occupent donc une place de choix. Certains marqueront l'histoire de la Russie, tandis que d'autres ne feront que passer. Nous l'avons vu, son premier amant est Saltykov, l'amant dont certains disent qu'il est le père de Paul Ier... Au contact de Saltykov, qui ne prend pas cette relation au sérieux, Catherine apprend aussi à se méfier des hommes. A-t-elle été amoureuse de l'ambassadeur de Saxe et futur roi de Pologne Stanislas Poniatowski ? Difficile de le dire. En tout cas, c'est elle qui lui fit découvrir le sexe. Poniatowski était un très bel homme avec un charme exceptionnel. Pourtant, très vite, Catherine se lasse du jeune homme dont elle apprécie davantage la conversation que les étreintes. Elle se tourne alors vers un jeune militaire de vingt-cinq ans, Grigori Orlov. Une force de la nature dont les prouesses amoureuses sont à l'image de ses exploits guerriers. Devenue impératrice, Catherine II garde auprès d'elle cet amant vigoureux. Mais le militaire s'ennuie et rêve de batailles. L'impératrice ne tarde pas à le remplacer. La séparation est douloureuse mais Catherine se montre très généreuse, lui faisant construire un palais en marbre. À quarante-cinq ans, elle jette son dévolu sur un autre militaire, de trente-cinq ans, Potemkine. Grand, borgne, le jeune homme se trouve laid. Mais il a un très grand charisme, de l'humour et de l'esprit. C'est d'ailleurs le frère

Portrait du prince Grigori Aleksandrovitch Potemkine.
Musée historique d'État, Moscou.

d'Orlov, le précédent favori qui l'avait éborgné avec une queue de billard! Chaque soir, c'est entièrement nu sous sa robe de chambre, qu'il rejoint les appartements de Catherine II. Potemkine est le premier favori à discuter de certains dossiers politiques avec l'impératrice. Joueur invétéré, il accumule des dettes que Catherine II efface aussitôt. Pour calmer ses crises d'angoisse, elle le couvre d'habits brodés de fil d'or. Après deux ans de passion, les deux amants se font plus distants. La séparation est proche. Pour éloigner Potemkine de la cour, Catherine lui offre le palais Tauride à Saint-Pétersbourg… Pendant les trente-deux années de son règne, Catherine II aurait déboursé environ quatre-vingt-douze millions de roubles pour ses favoris. À l'époque, le budget annuel de l'État était de soixante-dix millions de roubles. Pour garder du pouvoir sur l'impératrice, Potemkine choisit lui-même son remplaçant. Qui mieux que lui connaît les penchants de Catherine II? Il établit alors des règles strictes pour choisir le favori de l'impératrice. Le candidat est examiné par un médecin. Puis une comtesse teste la culture du prétendant, dont elle valide ensuite les performances sexuelles… Celle qu'on appelle « l'essayeuse » ou « l'éprouveuse » fait ensuite son rapport à l'impératrice. Une fois choisi, le favori devient un personnage incontournable à la cour. Il dîne toujours en compagnie de la tsarine, se tient à ses côtés lors de ses déplacements et pendant les cérémonies officielles…

Le temps passe. À quarante-cinq ans, même affaiblie, Catherine II conserve un appétit sexuel étonnant. Mais il lui faut désormais un fauteuil roulant pour se promener dans le parc de Tsarskoïe Selo. Son architecte va même jusqu'à lui fabriquer un escalier en pente douce pour qu'elle puisse descendre plus facilement vers les jardins. Le jeune Alexandre Lanskoï, vingt-cinq ans, qu'elle surnomme Sacha, devient son favori. Elle se comporte avec lui tantôt comme une mère, tantôt comme une maîtresse insatiable. Pour ne pas la décevoir, le jeune homme, prend alors des aphrodisiaques avant chacun de leurs rapports. De santé fragile, il meurt à vingt-six ans. Serait-ce la prise massive d'excitants qui l'aurait tué ou serait-ce Potemkine, jaloux, qui l'aurait empoisonné ? Catherine II pleure toutes les larmes de son corps. Pour atténuer son chagrin, elle fait installer à Tsarskoïe Selo le parquet du château de Lanskoï. Le dernier amant de l'impératrice, Platon Zubov, n'a que vingt-deux ans... Les historiens se demandent encore aujourd'hui, s'il y avait vraiment, au palais de Tsarskoïe Selo, un appartement exclusivement réservé aux plaisirs de l'impératrice. Selon cette légende tenace des objets uniques – *sex toys* avant la lettre – lui permettaient d'assouvir les fantasmes sexuels les plus incroyables.

Victime d'un malaise cardiaque dont elle ne se remettra pas, Catherine II meurt le 6 novembre 1796, à soixante-sept ans, au terme du règne le plus long de l'histoire de la Russie. Deux cents ans plus tard, Catherine II reste la tsarine la plus aimée d'un peuple qui célèbre toujours sa mémoire. Plus que jamais, elle reste Catherine la Grande !

Portrait de l'impératrice Catherine II de Russie.
Fedor Rokotov (1736-1808),
Musée historique d'État, Moscou.

HENRI VIII
UN AMOUR DE TYRAN

Il eut six femmes et en fit décapiter deux. Voilà ce qu'a retenu la légende du règne d'Henri VIII, le « Barbe-Bleue de Hampton Court ». Il convient de rappeler que le second souverain Tudor ne fut pas seulement un tyran conjugal. Femmes, mais aussi châteaux, vêtements, nourriture… Henri VIII aimait la démesure et ne se refusait rien. Mais il était également un homme politique redoutable, comme le pape et les autres souverains européens l'apprirent à leurs dépens.

Comment ce prince de la Renaissance, séduisant jeune homme, aux innombrables talents, s'est-il peu à peu transformé en un monarque obèse et repoussant ? Pourquoi cet homme aux colères redoutables, ce tyran incapable de supporter la moindre critique, fut-il aussi un roi déterminant dans l'histoire de l'Angleterre, qu'il fit entrer dans l'ère moderne, jetant les bases de sa puissance ? Se pencher sur la vie et le règne d'Henri VIII, c'est se frotter à une personnalité hors du commun, marquée par le talent autant que par l'excès, par la violence autant que par le raffinement.

Lorsqu'il hérite, en 1509, à seulement dix-sept ans, de la couronne d'Angleterre, Henri n'a pourtant pas été préparé à régner.

Portrait d'Henri VIII, roi d'Angleterre.
Hans Holbein le Jeune (1497-1543),
Royal Armouries Museum, Leeds.

Il appartient à la dynastie des Tudors, encore mal affermie sur le trône anglais, car son père, Henri VII, est le premier souverain de la lignée. Cet aristocrate est devenu roi en mettant fin à la guerre des Deux-Roses, interminable conflit dynastique pour la possession du trône d'Angleterre : en 1485, à Bosworth, Henri Tudor arrache la couronne à la famille des Yorks en triomphant de Richard III qui, comme le racontera Shakespeare un siècle plus tard, perd dans la bataille son cheval, son royaume, et même la vie.

Catherine d'Aragon, reine d'Angleterre.
Kunsthistorisches Museum, Vienne.

Précision importante, le futur Henri VIII n'est que le second fils du premier roi Tudor. C'est son frère aîné Arthur qui aurait dû régner à sa place ; il a reçu une éducation soignée tandis que celle du petit Henri, destiné par son père à entrer dans les ordres, a été quelque peu négligée. Las, le prince Arthur est de santé fragile. En 1502, il meurt d'un coup de froid. En même temps que de son titre de prince de Galles, Henri hérite curieusement de sa jeune épouse, Catherine d'Aragon, fille des rois catholiques Isabelle et Ferdinand d'Espagne : Henri VII ne veut pas que la mort de son aîné remette en cause l'alliance conclue par ce mariage entre l'Angleterre et l'Espagne ; il n'a surtout pas l'intention de restituer la dot non négligeable de la princesse ibérique. Alors, au risque de choquer, Henri épousera sa belle-sœur. Ainsi en a décidé le roi son père. Le pape rechigne plusieurs années à cautionner ce mariage qu'il considère comme incestueux, même si l'union entre les jeunes Arthur et Catherine n'a pas été consommée. Une autre mort aura finalement raison des réserves pontificales. En 1509, Henri VII s'éteint à son tour. Devenu roi, Henri VIII finit par obtenir du pape la dispense qui lui permet d'épouser Catherine.

Il n'a que dix-sept ans lorsqu'il se retrouve marié à une femme de six ans son ainée, et qu'il devient roi d'Angleterre ! Beaucoup à sa place auraient eu du mal à assumer ce destin inattendu. Le jeune Henri, au cours des premières années de son règne, va pourtant faire l'enchantement de tous ses sujets, et même des ambassadeurs étrangers.

Car l'adolescent effacé se transforme subitement en un prince paré de toutes les vertus. Sa beauté est la plus évidente. Henri VIII a tout d'un jeune premier, bien loin du roi obèse qu'il deviendra à l'âge adulte, celui auquel nous pensons tout d'abord, car c'est ainsi que l'immortalisera pour la postérité son portraitiste allemand, le peintre Hans Holbein le Jeune. À dix-huit ans, son visage est encore délicat, sa peau joliment rosée ; et le jeune roi est de grande taille, large d'épaules, bien bâti. Il faut dire qu'il est, depuis l'enfance, grand amateur de sport. Même après son accession au trône, il continue chaque jour d'entretenir son corps d'athlète en s'illustrant dans de nombreuses disciplines. Habile joueur de paume, robuste lanceur de poutre, chasseur infatigable, Henri VIII est aussi un archer émérite, qui bat à chaque fois les archers de sa garde lors des concours de tir à l'arc. Mais rien ne lui plaît tant que la joute équestre, héritée des tournois chevaleresques du Moyen Âge : le jeune souverain Tudor remporte tous les tournois auxquels il participe.

Ce corps vigoureux qui fait l'admiration de tous les courtisans, Henri sait le mettre en valeur. En une seule année, au début de son règne, il commande deux cent soixante-dix-sept tenues et cent vingt paires de souliers. Sa garde-robe est un festival de soies, de velours, de satins, de cols de fourrure, de chemises brodées de fils d'or, de pourpoints ruisselant de diamants et de rubis. Et comme si cela ne suffisait pas, le roi se couvre de bijoux, de riches colliers d'or et d'énormes bagues serties de pierres précieuses : il en porte bien souvent trois ou quatre à chaque main! Pour parachever ce portrait, il ne faudrait pas omettre de souligner qu'en vrai prince de la Renaissance, Henri est aussi un intellectuel raffiné, qui correspond notamment avec Érasme, le prince des humanistes, et se fait le mécène de nombreux artistes. Son éducation l'avait surtout initié à la théologie; devenu roi, il se pique de mathématiques, d'astronomie, et surtout de musique, faisant venir à prix d'or les plus belles voix d'Europe pour chanter dans le chœur de sa chapelle. Lui-même chante joliment, s'accompagnant au luth.

Existe-t-il monarque plus accompli que le jeune Henri VIII ? Seule ombre au tableau : la politique ne figure pas encore parmi ses passions... Durant la première partie de son règne, totalement absorbé par ses plaisirs, il se désintéresse du gouvernement qu'il confie à son aumônier, Thomas Wolsey, un fils de boucher, brillant et ambitieux, auquel la faveur royale finira par offrir un chapeau de cardinal. Pour sa part, le jeune Henri se consacre surtout à faire de sa vie une fête ininterrompue. De 1509, date de son avènement, à 1513, la moindre fête religieuse ou civile, Nouvel An, Épiphanie ou Mardi gras, sert de prétexte à des banquets et à des tournois interminables. Ces quatre années lui suffisent à dilapider intégralement le trésor de 1 300 000 livres que son père avait patiemment amassé tout au long de son règne. Qu'à cela ne tienne, le roi d'Angleterre est jeune, il est le plus beau, le plus fort, le plus riche. Il est le maître et bien décidé à le montrer. Sa réputation ne doit d'ailleurs pas rester confinée dans les limites de son île. Wolsey lui souffle bien souvent qu'il pourrait, s'il le souhaitait, devenir l'arbitre des affaires européennes... En 1513, Henri finit par franchir le pas : reniant là encore l'héritage de son père qui avait su construire une paix solide avec les puissances du continent, il renoue avec la tradition anglaise des expéditions dans le nord de la France, qui date de la guerre de Cent Ans. Pour la première fois, Henri quitte la cour et ses fêtes incessantes; après avoir prouvé sa valeur dans les tournois, le premier chevalier d'Angleterre rêve de la gloire des champs de bataille.

Ses premières batailles sont victorieuses; mais bientôt, les événements contribuent à rabattre la superbe juvénile d'Henri VIII. Ses premiers alliés – son beau-père Ferdinand d'Aragon et l'empereur Maximilien – ne considèrent pas l'ambitieux jeune homme comme leur égal. Il y a plus grave : à partir de 1515, il doit assister, impuissant, à l'émergence de deux géants. Le roi de France François Ier et l'empereur Charles Quint sont des souverains plus puissants que lui, dont les luttes incessantes en Italie vont reléguer l'Angleterre aux marges de la géopolitique européenne. Henri VIII est, bien malgré lui, contraint de se contenter du rôle de troisième homme. Il reste cependant un allié de poids, assidûment courtisé par les nouveaux maîtres de l'Europe. Le roi d'Angleterre se sent sans doute plus proche

Entrevue de François Ier et d'Henri VIII au « camp du drap d'or », 1845.
Friedrich Bouterwerk (1806-1867),
château de Versailles.

de François Ier. Le jeune Valois n'est-il pas, lui aussi, grand, fort, jouteur émérite et humaniste patenté ?

Les deux hommes se rencontrent pour la première fois le 7 juin 1520 près de Calais. L'entrevue se déroule dans ce que les historiens ont baptisé le « camp du drap d'or ». Car les cours de France et d'Angleterre n'ont rien négligé pour donner à l'événement la magnificence qu'il mérite. Côté anglais, Wolsey a fait sortir de terre, au beau milieu de la campagne flandrienne, un éphémère palais d'été, fait de briques et de bois, abritant une immense salle de banquet, mais aussi une chapelle et des cuisines. François Ier, pour sa part, a fait dresser une tente de trente mètres de hauteur, recouverte de draps d'or. À travers les festins, les danses et les tournois qui ne cessent pas durant les trois semaines de l'entrevue, c'est en fait un concours de luxe et de raffinement qui se joue entre les deux cours. Les deux souverains, dépensant sans compter, font assaut de faste ; les deux colosses en viennent même amicalement aux mains en disputant un combat de lutte. Il est aisément remporté par le roi de France. Est-ce la raison pour laquelle, deux ans plus tard, Henri VIII s'alliera avec Charles Quint ? Les relations entre les rois de France et d'Angleterre, deux hommes qui se ressemblent trop, balanceront toujours entre fascination et rivalité.

Les premières interventions d'Henri en Europe ne sont donc pas de francs succès. En 1527, le roi d'Angleterre n'a de toute façon plus vraiment la tête à la guerre. Il ne pense plus qu'à une seule chose : rompre son mariage avec Catherine d'Aragon. Le cœur autant que la raison le lui impose. La raison tout d'abord : même si la couronne anglaise admet les règnes féminins, Henri veut un fils. Or, des six enfants que lui a donnés Catherine, seule une fille, Marie, a survécu ; et la reine a déjà quarante-deux ans... Et puis Henri est amoureux : il a jusqu'alors eu quelques maîtresses, dans des proportions décentes, toutefois, pour un monarque que rien n'oblige à réfréner ses désirs. Parmi elles figure

Anne Boleyn.
Hans Holbein le Jeune (1497-1543), National Portrait Gallery, Londres.

notamment Mary Boleyn, fille d'un de ses conseillers, mais le roi s'est vite lassé de sa beauté blonde. Or la sœur de Mary, Anne Boleyn, qu'il rencontre en 1525, va, quant à elle, parvenir à pénétrer son cœur. Anne n'est pourtant pas une beauté : outre ses longs cheveux noirs, son principal atout est sa personnalité. Certains de ses contemporains évoquent même un visage bizarrement allongé, un teint jaune, une dent de travers, ou encore un kyste sous le menton... Grande charmeuse, Anne sait avant tout se faire désirer : elle fait lanterner le roi pendant sept ans, ne consentant à se donner à lui que s'il l'épouse. Elle est la première femme à lui dire non... et la curiosité d'Henri n'en est que davantage piquée. Il lui écrit de tendres messages sur ses livres de prière pendant la messe. Et il se met en tête de l'épouser. Le divorce n'existant pas à l'époque, Henri n'a pour seule ressource que de demander au pape d'annuler son mariage avec Catherine d'Aragon. Or Clément VII, le souverain pontife, s'y refuse absolument : il craint trop les représailles de Charles Quint, neveu de Catherine, dont les armées occupent l'Italie.

Pourtant, Henri s'entête. L'annulation de son mariage devient une idée fixe. Suivant ses instructions, le cardinal Wolsey mobilise des armées de théologiens qui s'attellent à démontrer au pape que le mariage entre Henri et sa belle-sœur était contraire à la Bible. Mais rien n'y fait et, en 1529, cet échec suffit à provoquer la disgrâce du conseiller. Elle est brutale, car Henri VIII révèle à cette occasion un tempérament particulièrement violent qui ne se démentira plus : jeté en prison, le fils du boucher trouve la mort dans des conditions obscures. Au passage, le roi s'empare de tous ses biens, et notamment de la plus belle demeure du cardinal, Hampton Court, sur les bords de la Tamise, qui devient très vite son palais favori. En 1533, après sept ans de vaines demandes auprès du pape, Henri VIII décide de rompre avec Rome. C'est le tournant du règne et l'acte le plus symbolique de la démesure du personnage : le roi d'Angleterre décide alors de fonder une nouvelle Église, dont il sera le seul chef. Henri peut ainsi braver l'autorité du pape pour annuler son mariage, bannir Catherine, et épouser Anne Boleyn, ce qu'il fait le 1er juin 1533.

Rarement une affaire de mœurs aura eu des conséquences aussi considérables et durables : tout à sa volonté acharnée de se remarier, Henri a tout simplement donné naissance à l'Église anglicane ! Percevant un dixième des revenus ecclésiastiques, le roi devient la principale autorité pour toutes les questions religieuses, y compris doctrinales. Son pouvoir est plus absolu que jamais. Grisé par sa toute-puissance, le roi ne supporte plus la moindre critique, il devient capricieux, sujet à de terribles colères. Plus rien désormais ne doit s'opposer aux volontés d'Henri, dont le règne prend un tour de plus en plus tyrannique et brutal. Quand, en 1535, l'évêque John Fisher et le brillant philosophe Thomas More, qui fut un temps son chancelier à la suite de Wolsey, lui tiennent tête en dénonçant sa mainmise sur l'Église d'Angleterre, Henri VIII, sans autre forme de procès, les envoie à la tour de Londres, où ils seront décapités.

Malgré ce climat de terreur, la vie à la cour continue d'être rythmée par des fêtes coûteuses. Et c'est le perpétuel besoin d'argent qui explique l'offensive lancée par le roi en 1536 contre les monastères du royaume. En quatre ans, durant lesquels bien des abbés sont pendus, la totalité des établissements religieux

Château de Hampton Court.
Wenceslas Hollar (1607-1677).

est fermée et leurs biens saisis par l'État, qui fond le bronze des cloches et revend terres et bâtiments. Henri profite de cet afflux de richesses pour donner libre cours à ses ambitions de bâtisseur. Ne se contentant pas d'embellir ses résidences, déjà nombreuses, il lance de nouveaux chantiers de palais. Son chef-d'œuvre architectural, de taille, espère-t-il, à en remontrer au Chambord de François Ier, il le fera bâtir non loin de Hampton Court ; le palais de Nonsuch (« Sans pareil »), débauche de richesses et de raffinement, ne sera cependant pas achevé à sa mort. Il sera d'ailleurs détruit à la fin du XVIIe siècle.

Toujours plus de pouvoir, d'argent, de châteaux, d'exécutions… mais aussi toujours plus de femmes. C'est alors qu'entre en piste Henri Barbe-Bleue. Car Anne Boleyn, après avoir déclenché l'insatiable appétit du roi d'Angleterre, ne lui résiste pas longtemps. Elle tombe enceinte peu de temps après son mariage royal, mais l'enfant est une fille, Élisabeth, et les relations entre les époux se dégradent très vite. Anne, très jalouse, fait d'incessants reproches au roi, et multiplie les fausses couches. Un complot dirigé contre la reine, peu aimée de ses sujets, parvient bientôt à convaincre Henri qu'elle est coupable d'adultère, et même d'inceste avec l'un de ses frères. Devenue reine, Anne n'avait certes pas renoncé à se faire courtiser, mais les accusations sont mensongères. Toutefois, Henri n'est pas difficile à persuader : Anne est décapitée en mai 1536.

Jeanne Seymour, qui lui succède dans le lit du roi, est blonde et effacée : c'est tout le contraire d'Anne Boleyn. Loin de tenir tête à Henri, elle ne veut que lui faire plaisir : ce qu'elle fait en donnant naissance à un fils, Édouard, en octobre 1537. La douce Jeanne meurt cependant douze jours plus tard des suites de l'accouchement. Vite consolé, Henri recherche aussitôt une nouvelle épouse dans les cours européennes. Mais sa peu flatteuse réputation de mari le précède et les candidates sont peu nombreuses. Plusieurs princesses françaises se dérobent ainsi l'une après l'autre. Thomas Cromwell, le nouveau conseiller du roi, vante alors les mérites d'une princesse allemande, Anne de Clèves, qui présenterait l'avantage d'offrir en dot à son époux l'alliance des princes luthériens d'Allemagne. Le portrait de la jeune femme que reçoit Henri ne lui déplaît pas. Va pour un quatrième mariage… Mais lorsque Anne arrive à Londres, c'est une terrible déception pour le roi. Il trouve une princesse timide, dépourvue d'esprit, et au nez insupportablement long. Et s'il l'épouse, c'est pour mieux la renvoyer quelques jours plus tard, avant de faire annuler son mariage. Tant pis pour l'alliance allemande. Et tant

Portrait d'Anne de Clèves.
Hans Holbein le Jeune (1497-1543), musée du Louvre, Paris.

pis aussi pour Thomas Cromwell, qui est pourtant alors son plus proche et son meilleur conseiller : l'entremetteur, qui a eu le tort de proposer au roi une épouse indigne de lui, est aussitôt décapité.

Henri, qui atteint la cinquantaine, est lui-même devenu franchement répugnant : à force d'engloutir des repas pantagruéliques, il approche les cent cinquante kilos; ses jambes sont par ailleurs couvertes d'ulcères purulents. Mais il est toujours épris de jeunesse et de beauté, qualités qu'il retrouve en la personne de Catherine Howard, nièce du puissant duc de Norfolk. À son mariage, qui a lieu quelques mois après la répudiation d'Anne de Clèves, la jeune fille n'est pas vierge. Et elle possède un tempérament certain : peu satisfaite de son mari, elle entame bientôt une liaison avec un homme de la cour. Rapidement mis au courant, Henri refuse pendant de longs mois de croire à ces dénonciations qu'il tient pour des calomnies. Mais il finit par céder à ses conseillers : après Anne Boleyn, Catherine Howard est la seconde de ses épouses qu'il fait décapiter pour adultère, en 1542.

Après avoir sombré dans la dépression durant quelques mois, Henri repart une dernière fois en quête d'une femme. Or son ultime choix matrimonial sera de loin le meilleur. En 1543, il épouse une simple fille de chevalier, Catherine Parr, femme d'expérience, déjà deux fois veuve, espérant qu'elle prendra soin de lui et supportera ses accès de colère. Ses vœux seront comblés : cette femme admirable jouera auprès du roi davantage le rôle d'une infirmière que celui d'une amante.

Car, épuisé par ses excès, Henri VIII sent déjà approcher l'ombre de la mort. Ce roi à bout de forces voit de plus échouer toutes ses initiatives. Au nord de la Tweed River, une victoire écrasante de ses armées contre les troupes écossaises semble un temps rendre possible l'annexion du royaume celte. Mais la précipitation d'Henri et son sens limité de la diplomatie retardent finalement le projet de quelques décennies. Son ultime intervention sur le continent tourne également court. Débarqué avec plus de quarante mille hommes à Calais en 1544, après avoir conclu avec Charles Quint un traité contre la France, le vieux roi obèse, qui doit être hissé par plusieurs valets pour pouvoir monter à cheval, a à peine le temps de prendre Boulogne que l'empereur et François Ier se réconcilient déjà derrière son dos. Le retour en Angleterre est teinté d'une profonde amertume.

Pourtant, lorsque Henri, presque incapable de se mouvoir, perclus de goutte, finit par s'éteindre, le 28 janvier 1547, le destin de l'Angleterre moderne est déjà en marche : les excès de cet homme violent, polygame et malade d'orgueil ne doivent pas occulter le bilan de son règne. Son pouvoir sans limite a paradoxalement contribué à renforcer l'État, tandis que sa rupture avec Rome a permis l'affirmation de l'identité nationale anglaise. Sur les traces de son père, le roi Tudor a enfin encouragé le développement militaire et commercial de la marine anglaise. Le Barbe-Bleue anglais fut donc également le refondateur majeur d'une Albion déjà sûre de sa puissance future.

Le roi d'Angleterre Henri VIII avec sa sixième femme, Catherine Parr.
Robert Smirke (1752-1845).

SISSI
POURQUOI L'IMPÉRATRICE D'AUTRICHE A-T-ELLE ÉTÉ ASSASSINÉE ?

En septembre 1898, l'impératrice d'Autriche est poignardée sur un quai genevois par un anarchiste italien. Cet assassinat émeut l'Europe entière. On se demande pour quelles raisons le meurtrier a pris pour cible cette impératrice de soixante ans, figure des plus originales, des plus modernes et des plus populaires sans doute parmi les têtes couronnées de l'époque... Mettons pour une fois de côté l'image déformée d'icône romantique, imposée à force de crinoline et de kitsch par Romy Schneider à la fin des années 1950, et penchons-nous plutôt sur le parcours de la vraie Sissi. Une histoire marquée par la souffrance, qui s'achève de façon particulièrement tragique.

La future impératrice d'Autriche naît Élisabeth Amélie Eugénie de Wittelsbach le 25 décembre 1837 à Munich, avec le rang de duchesse, car son père, le duc Maximilien, est le chef de la branche cadette de la famille qui règne alors sur la Bavière. Les Wittelsbach sont des originaux, des déséquilibrés même, selon les mauvaises langues, qui rappellent qu'une folie congénitale touche à chaque génération de nombreux membres de la famille. La vie que mène le roi Louis II de Bavière, le cousin d'Élisabeth, n'arrangera pas cette réputation... Elle-même fille d'un excentrique, grand voyageur qui aime notamment jouer

Élisabeth de Wittelsbach dite Sissi, 1865.
Franz Xaver Winterhalter (1805-1873).

Portrait de l'empereur François-Joseph Ier, 1850.
Anton Einsle (1801-1871),
castello di Miramare, Trieste.

de la cithare au sommet des pyramides, la jeune Élisabeth se distingue avant tout par son goût de la nature et son refus des conventions ; d'où ce surnom tout sauf prétentieux de « Sissi », qui lui est donné dès sa naissance, sobriquet populaire qui détonne dans l'univers feutré des cours européennes. Aux hivers munichois, la jeune Sissi préfère de loin les étés passés en famille dans le petit château de Possenhofen, au cours desquels elle s'adonne à d'interminables promenades à cheval. Or la mère d'Élisabeth a pour ses filles de sérieuses ambitions matrimoniales. En 1853, elle parvient à arranger le mariage de son aînée, Hélène, avec nul autre que le jeune empereur François-Joseph d'Autriche. Avec toute sa famille, Sissi se rend donc à la cour des Habsbourg. Or lorsqu'il rencontre les deux sœurs, François-Joseph n'a d'yeux que pour la cadette, qui n'a pourtant que quinze ans. Dès le lendemain, à la grande surprise de sa mère, il annonce son intention de l'épouser. Et lors du mariage impérial, qui a lieu le 24 avril 1854, ce sont près de cent mille curieux qui se pressent devant l'église des Augustins, pour apercevoir cette si jolie jeune femme qui a mis l'empereur en émoi. On a d'ailleurs prévu un carrosse aux parois de verre pour permettre à la foule d'apercevoir les charmants mariés. S'il existe une facette romantique à l'histoire d'Élisabeth, c'est bien ce coup de foudre qui fait basculer son destin : sur ce point, en tout cas, Ernst Marischka, réalisateur et scénariste des fameux films consacrés à l'impératrice autrichienne, n'a rien exagéré. Mais ce choix du cœur et ce mariage inespéré ne vont pas vraiment faire le bonheur de Sissi. La duchesse devenue impératrice ne sera en effet jamais acceptée par sa belle-mère, qui critique son accent bavarois, sa mise relâchée, ses manières paysannes. C'est plus largement toute la bonne société viennoise qui la rejette bientôt : cette femme grande, mince, au tempérament affirmé, ne correspond pas aux canons féminins de l'époque. Sissi, vite délaissée par un mari que la politique occupe à plein temps, se sent prisonnière dans les palais des Habsbourg, où la vie semble figée par une étiquette écrasante. La jeune femme ne tarde pas à tomber dans une dépression dont elle ne parviendra jamais à se défaire.

Sissi ne possède pas un corps tout en rondeurs comme beaucoup de ses contemporaines, car elle est anorexique. Pendant presque toute sa vie, elle pèse moins de cinquante kilos pour un mètre soixante-douze. Sa taille de guêpe, dont le tour ne dépasse pas cinquante centimètres, devient vite une véritable obsession. Sissi se pèse trois fois par jour. Elle choisit des corsets ridiculement étroits, que ses dames de compagnie mettent plus d'une heure à lacer. Et pour pouvoir les enfiler, elle s'assigne des régimes draconiens se nourrissant presque uniquement d'oranges, d'œufs arrosés de lait frais ou de jus de viande crue, aliments nourrissants mais peu caloriques. Deux heures de sport chaque jour, pratiqué dans les salles de gymnastique qu'elle a fait aménager dans chacune des résidences impériales, l'aident également à conserver sa ligne extravagante. Des barres, des anneaux et autres agrès sont dissimulés dans les recoins des palais. Autre obsession quasi névrotique : sa brune chevelure et les soins qu'elle lui prodigue, trois kilos de cheveux qui lui tombent jusqu'aux chevilles et qu'il convient de tresser en nattes savantes... « Mes cheveux, c'est ma vraie couronne », a coutume de dire l'impératrice. Il faut un jour entier pour les laver : Élisabeth s'applique alors un masque capillaire de sa composition, constitué de trente jaunes d'œufs mélangés à du cognac. À peine couronnée, l'impératrice, à laquelle la tradition ne réserve qu'un rôle purement décoratif, a cherché un temps, pour tromper son ennui et son malaise, à se mêler de politique. À une époque où commencent à s'exprimer de nombreux tiraillements au sein de l'empire multinational des Habsbourg, elle se rêve diplomate, ralliant tous les peuples d'Europe centrale à la couronne de son mari. Mais lors de son premier voyage officiel, à Venise, en 1857, l'accueil de la population est glacial : l'Italie du Nord, alors province autrichienne, rêve d'indépendance. Le soir venu, l'aristocratie locale boude la représentation donnée en l'honneur du couple impérial à la Fenice. Il en va de même à la Scala de Milan, où les rares spectateurs entonnent l'air de la liberté de Verdi. Sissi commence à appréhender les difficultés de la politique, mais elle s'entête et décide bientôt de partir pour la Hongrie, autre province aux velléités sécessionnistes. Or le voyage tourne au drame : Sophie, l'aînée de ses deux filles, qu'elle a tenu à emmener avec elle pour attendrir les foules magyares, meurt au cours du séjour. Sa belle-mère ne cessera de le lui reprocher, et Sissi ne n'en remettra jamais vraiment. Entre dépressions et bronchites chroniques, la santé de l'impératrice vacille : ses médecins, pour conjurer une toux incessante, l'envoient en 1860 se soigner à Madère. Dans l'île portugaise, l'impératrice ne trouve qu'un soulagement temporaire à ses maux; mais elle se découvre un goût pour les voyages, qu'elle va dès lors assouvir sans la moindre modération. Délaissant son mari, ses enfants et ses devoirs de souveraine, Sissi passe son temps loin de Vienne, ce qui lui vaudra un jour cette amère saillie d'un journal de la capitale : « Nous remercions Votre Majesté d'avoir daigné passer quatre jours à Vienne cette année ! ». Peu aimée de ses sujets autrichiens, l'impératrice se passionne au cours de ses voyages pour les autres provinces de son Empire, et notamment pour la Hongrie, dont elle apprend l'histoire et la langue; bientôt, elle ne choisit plus ses dames de compagnie qu'au sein de l'aristocratie hongroise. L'affection des Magyars pour celle qu'ils appellent « Erzsébet » joue d'ailleurs un rôle décisif dans la conclusion, en 1867, d'un « compromis » entre l'Autriche et la Hongrie, qui permet de conjurer la sécession de cette dernière. Couronnée la même année reine de Hongrie aux côtés de son mari, Sissi se voit offrir par le peuple hongrois le château de Gödöllö, non loin de Budapest. Elle y séjournera dès lors très souvent, car cette résidence baroque est le seul endroit où cette nomade, qui se surnomme elle-même « la mouette des mers », se sente vraiment chez elle.

Ce réconfort hongrois est toutefois de peu de poids face aux drames qui s'accumulent autour de l'impératrice. En 1886, son cousin, le roi Louis II de Bavière, dont elle est très proche, meurt accidentellement dans les eaux du lac de Starnberg ; trois ans plus tard, la mort mystérieuse de son fils unique, l'archiduc Rodolphe, la laisse plus abattue que jamais. En 1897, la disparition tragique de sa sœur Sophie-Charlotte, duchesse d'Alençon, dans l'incendie du Bazar de la Charité, est un nouveau coup dur... Depuis plusieurs années, Sissi a décidé de ne plus s'habiller qu'en noir, pour porter le deuil de ses proches. Ayant presque définitivement rompu ses liens avec la cour de Vienne, elle erre telle une ombre meurtrie à travers l'Europe. En septembre 1898, Sissi descend ainsi à l'hôtel Beau-Rivage, situé au bord du lac Léman, afin d'y suivre une énième cure thermale pour soulager ses insomnies, ses crises nerveuses et les anémies provoquées par son régime éreintant. Inscrite sous un faux nom au registre de l'hôtel, l'impératrice, accompagnée seulement de quelques

Luigi Luccheni, anarchiste italien.

dames de compagnie, ne bénéficie d'aucune protection. Elle pense voyager incognito. Pourtant, peu de temps avant la fin de son séjour, prévue pour le 10 septembre, un homme la reconnaît : Luigi Luccheni, un Italien misérable venu chercher du travail en Suisse, qui a déjà eu l'occasion d'apercevoir l'impératrice, quatre ans plus tôt, lors d'un bref séjour à Budapest. Luccheni est un pauvre diable, enfant de l'assistance publique, plusieurs fois arrêté pour vagabondage. En Suisse, parmi les émigrés italiens qu'il s'est mis à fréquenter, il a fait la connaissance de plusieurs militants anarchistes. Ceux-ci l'ont-ils vraiment converti au socialisme révolutionnaire ? Le 18 août, Luccheni a certes été arrêté en possession de tracts compromettants. Mais si l'anarchisme l'impressionne, c'est avant tout pour la notoriété qu'il confère à ses militants les plus fervents, qui commettent alors de sanglants attentats à travers l'Europe, tel en France le célèbre Ravachol. Moins par conviction que par ambition de se « faire un nom », ainsi qu'il l'affirmera aux policiers lors de son interrogatoire, l'anonyme Luccheni décide alors de commettre à son tour un attentat contre une tête couronnée. À la fin du mois d'août, il achète une lime chez un armurier de Lausanne, pensant alors s'en prendre au duc d'Orléans, dont la visite est annoncée par la presse ; mais ce dernier écourte son séjour et Luccheni doit rechercher une nouvelle cible. C'est alors seulement qu'il pense à Sissi, qu'il a croisée quelques semaines plus tôt, et dont il se fait confirmer la présence par des informateurs à Genève. Dès lors, il la guette. Il la repère et surveille toutes ses allées et venues. Le 10 septembre, Sissi doit quitter Genève en début d'après-midi. Alors qu'elle s'approche de l'embarcadère pour prendre le bateau, Luccheni surgit et la poignarde au cœur. L'impératrice se relève, monte en titubant sur le bateau, mais elle finit par tomber. C'est à l'hôtel Beau-Rivage, où on la transporte aussitôt, qu'elle rend son dernier soupir.

Mort de l'impératrice d'Autriche Sissi à Genève.
Le Petit Journal n° 410 du 25 septembre 1898.

De son côté, le meurtrier a tenté de prendre la fuite, mais il a été rapidement maîtrisé par des témoins du drame. Durant les interrogatoires, il ne manifeste aucun regret. Au cours d'un procès expéditif, qui ne dure qu'une seule journée, Luccheni révèle seulement que son geste avait pour but de « venger la misère de [sa] vie ». Jeté en prison, il s'y pendra en 1910. Sa « gloire » est alors passée depuis bien longtemps... C'est donc un meurtre particulièrement aveugle et absurde que celui d'Élisabeth d'Autriche. Cette femme moderne, anticonformiste, qui fuyait les mondanités, cette impératrice tellement plus sensible à la misère des peuples que la plupart des têtes couronnées de son époque, se fait assassiner par un anarchiste amateur, qui ne voit en elle qu'une cible « de rechange ». Ultime et noire note d'ironie pour un destin résolument sombre.

LOUIS XVII

LE FILS DE MARIE-ANTOINETTE ET DE LOUIS XVI EST-IL VRAIMENT MORT EN PRISON ?

N'en déplaise à James Bond, on meurt rarement deux fois. C'est pourtant ce qui est arrivé à Louis XVII. N'existe-t-il pas deux stèles funéraires bien distinctes à son nom ? Selon la première, située rue Sainte-Marguerite, à Paris, le fils de Louis XVI et de Marie-Antoinette serait mort à dix ans, en 1795, dans la prison du Temple, des suites des mauvais traitements reçus de ses geôliers sans-culottes. Pourtant, à Delft, aux Pays-Bas, une autre pierre tombale porte bien aussi le nom de ce roi qui n'a jamais régné. Selon les inscriptions qui figurent sur cette seconde stèle, Louis XVII aurait en fait survécu à la Révolution, pour s'éteindre à soixante ans dans un exil batave. Or cette étonnante ubiquité funéraire n'est que l'illustration la plus frappante de l'incertitude qui a longtemps plané sur le destin du petit Bourbon que la Révolution française a rendu orphelin. Depuis le XIXe siècle, un débat sans fin oppose les historiens, tant la version officielle, qui voit Louis XVII mourir en prison en 1795, n'a cessé d'être combattue par les « survivantistes », qui veulent croire, pour leur part, que l'enfant est parvenu à fuir le Paris de la Terreur pour prendre le chemin de l'exil.

Les premières années de la vie du petit prince ne suscitent pas la moindre polémique. Né à Versailles le 27 mars 1785, Louis-

Portrait de Louis XVII à la prison du Temple, 1793.
Joseph-Marie Vien le Jeune (1761-1848),
musée Carnavalet, Paris.

Marie-Antoinette avec ses enfants, 1787.
Élisabeth Louise Vigée-Lebrun (1755-1842),
musée du château de Versailles.

Charles est le deuxième fils de Louis XVI et de Marie-Antoinette ; il devient dauphin lorsque son frère aîné meurt de tuberculose osseuse, en juin 1789. Terrible époque pour hériter d'un tel statut ! La grâce de l'enfant va d'abord servir de bouclier à la famille royale en ces heures critiques : dans un Versailles envahi par la foule parisienne, les 5 et 6 octobre 1789, Marie-Antoinette exhibe au balcon du château ce si joli « petit mitron » pour calmer la fureur des Parisiennes. Lors du retour de Varennes, en juin 1791, bien des colères sont encore désarmées par son charmant sourire, à la portière du carrosse royal. Mais, le 10 août 1792, les assaillants des Tuileries ne sont plus d'humeur à se laisser attendrir par un enfant. Envoyé à la prison du Temple avec le reste de sa famille, il partage d'abord la cellule de son père, car les geôliers ont souhaité séparer leurs royaux détenus selon leur sexe. Pour Louis XVI au moins, Louis-Charles reste toutefois le dauphin de France : l'ambitieux programme éducatif qui avait été concocté pour lui, comme pour tous les héritiers de la couronne, ayant été brutalement interrompu par les événements révolutionnaires, c'est le roi lui-même qui lui fait désormais la leçon, déployant ses connaissances approfondies en histoire, latin, religion, calcul ou encore en botanique. Il prend soin également de faire jouer l'enfant, aux quilles ou au ballon, et de lui offrir chaque jour une promenade de deux heures dans les jardins qui entourent la sombre tour du Temple. Mais lorsque le roi est séparé de sa famille, à l'occasion de son procès, le petit prisonnier est définitivement dépouillé de son statut de dauphin.

Après l'exécution de Louis XVI, le 21 janvier 1793, le garçonnet devient pourtant roi aux yeux des défenseurs de la monarchie. « Le roi est mort, vive le roi ! » : le principe de la continuité dynastique, inscrit dans les lois fondamentales du royaume, veut en effet que le trône ne reste jamais vide. Depuis son exil allemand, le comte de Provence, frère cadet de Louis XVI et futur Louis XVIII, reconnaît ainsi le petit Louis XVII et se proclame lui-même « régent ». Mais le palais de cet enfant roi est la cellule du Temple dans laquelle, après l'avoir un temps confié à sa mère, on le place seul à l'été 1793. Alors que débute la Terreur, le sort de l'enfant, otage si important aux yeux de la République, est confié à la Commune insurrectionnelle, institution aussi radicale qu'influente qui siège à l'Hôtel de ville de Paris. Il ne saurait être éliminé comme ses parents, car la soif de sang révolutionnaire connaît certaines limites. Aussi choisit-on plutôt de procéder à une « rééducation ». Louis-Charles, rebaptisé Charles Capet, est confié à l'officier municipal Simon, cordonnier de profession, qui est chargé de le transformer en bon petit révolutionnaire. Simon est un homme rustre et ignorant, mais, avec sa femme, il prend soin de l'enfant, le lave et le change, lui offre un chien et des canaris ; mais l'« éducation » qui est dispensée à Louis laisse à désirer : en guise de leçons, on lui apprend des chansons révolutionnaires, on l'incite à jurer et à crier, sans doute même à boire. À l'occasion du procès de sa mère, ce véritable lavage de cerveau commence à produire ses effets : lors de l'instruction, interrogé dans sa cellule par le procureur et le maire de Paris, l'enfant confirme docilement l'accusation honteuse de rapports contre nature entre mère et fils dont on n'hésite pas, faute de mieux, à faire l'un des crimes de Marie-Antoinette. On connaît le sort que la reine déchue réservera à cette accusation lors de son procès, le 14 octobre 1793 : « La nature se refuse à une pareille inculpation faite à une mère, répond-elle au président. J'en appelle à toutes celles qui peuvent se trouver ici. » Plaidoyer qui parviendra à émouvoir les redoutables tricoteuses constituant le public du tribunal révolutionnaire, mais ne suffira pas à éviter une condamnation décidée par avance. Finalement, quelques mois après l'exécution de sa mère, le régime du petit Louis XVII est jugé bien trop généreux et onéreux par les jacobins : le 19 janvier 1794, le couple Simon est contraint de quitter la tour du Temple, et leur petit protégé se retrouve livré à lui-même. Après cette date, très peu de personnes le voient, et plus aucun document ne rend compte de l'existence de Louis XVII jusqu'au 9 juin 1795. Ce jour-là, au Temple, on constate la mort d'un enfant, qui, après autopsie, est enterré dans la fosse commune du cimetière Sainte-Marguerite, près du village de Charonne. Que s'est-il passé dans l'intervalle ? La version communément admise par les historiens est sordide : enfermé seul dans une pièce noire, sans la moindre attention ni le moindre soin, Louis tombe très vite dans un abattement profond. Et lorsque, après thermidor et la fin de la Terreur, à l'été 1794, les hommes politiques modérés qui succèdent à Robespierre s'inquiètent de son état, tel le directeur Barras, le petit captif a déjà contracté la tuberculose qui l'emportera moins d'un an plus tard.

Est-ce parce qu'ils ne peuvent accepter qu'un enfant roi ait subi un tel martyre ? Lorsque les Bourbons retrouvent leur trône, sous la Restauration, certains de leurs partisans commencent en tout cas à répandre l'idée que Louis XVII ne serait pas mort au Temple. Les arguments de ces « survivantistes » sont assez minces. Aussitôt après le départ des Simon, Marie-Thérèse, la sœur aînée de Louis, enfermée à l'étage supérieur, aurait subitement cessé d'entendre chanter et crier cet enfant d'ordinaire très volubile ; et même après la chute de Robespierre, lorsque le régime d'incarcération des enfants royaux s'assouplit, on ne l'autorise pas à voir son frère. Par ailleurs, parmi les rares personnes alors introduites dans la cellule du Temple, certaines affirment bien des années plus tard ne pas avoir reconnu Louis XVII… Cela suffit à alimenter la thèse de la substitution de prisonniers. À en croire certains « survivantistes », un « commando » de soldats vendéens, dont la rumeur précise qu'il aurait bénéficié de la complicité de Danton, serait parvenu à faire évader le petit roi ; le Comité de salut public de Robespierre, pour ne pas perdre la face, aurait alors à sa place fait mettre un autre petit prisonnier dans la cellule du Temple. Et c'est ce détenu de substitution qui serait finalement mort de la tuberculose avant d'être enterré dans la fosse de Sainte-Marguerite, en juin 1795. En 1816, pour en avoir le cœur net, Louis XVIII ordonne qu'on recherche le squelette de cet enfant, afin de déterminer s'il est ou non celui de son neveu. Mais, le petit cadavre ayant été négligemment jeté dans une fosse commune, autant rechercher une aiguille dans une botte de foin… Les recherches sont vite suspendues, puis définitivement annulées par le roi.

Cette décision n'est pas vraiment de nature à décourager les rumeurs et les interrogations qui prolifèrent autour du sort de l'enfant du Temple. D'autant moins qu'elle provoque une vague de « faux dauphins », qui assaillent bientôt les cours européennes : une série d'individus, nés comme lui vers 1785, affirment à qui veut bien les croire qu'ils ne sont autres que Louis XVII, échappé de sa prison et parvenu à l'âge adulte. Parmi la centaine de prétendants recensés par les historiens, la plupart ne feront pas carrière, vite démasqués par les approximations et les contradictions de leurs déclarations. Mais l'un d'entre eux a suffisamment marqué les esprits pour conserver aujourd'hui encore quelques partisans.

Cela fait plusieurs années déjà que, dans sa Prusse natale, l'horloger Karl-Wilhelm Naundorff clame être le fils de Louis XVI et de Marie-Antoinette, lorsqu'en 1833 il s'installe à Paris, bien décidé à faire reconnaître son statut royal. Le prétendant a, il est vrai, quelques arguments. Les yeux de Naundorff ressemblent étrangement à ceux du dauphin. Surtout, lorsqu'il est mis en présence des anciens serviteurs de la famille royale, il livre de troublants souvenirs «personnels» de Versailles et de la prison du Temple. La nourrice de Louis XVII elle-même, Mme de Rambaud, affirme bientôt le reconnaître formellement, après s'être longuement entretenue avec lui. Naundorff est-il bien Louis XVII, ou a-t-il seulement parfaitement appris son rôle? Sa sœur supposée, Marie-Thérèse, devenue duchesse d'Angoulême, persuadée pour sa part de la mort de son frère, refuse en tout cas de le recevoir. Alors Naundorff va jusqu'à l'attaquer en justice pour revendiquer l'héritage de la famille royale de France... C'en est trop pour le roi Louis-Philippe, qui, en 1836, fait expulser l'indélicat. Devenu à moitié fou, Naundorff, après avoir notamment tenté en vain de fonder une secte dont il espérait être le messie, parvient tout de même à se faire accueillir quelques années plus tard en tant que fils de Louis XVI à la cour de Hollande. C'est là qu'il meurt, laissant à sa femme et à ses huit enfants le soin de faire inscrire sur sa tombe : «Ici repose Louis XVII, roi de France et de Navarre, né à Versailles le 27 mars 1785, décédé le 10 août 1845.» Aujourd'hui encore, les descendants de Naundorff continuent d'ailleurs de porter le nom de «Bourbon» en guise de patronyme, avec la bienveillance du gouvernement néerlandais. Les progrès de la science ont pourtant ruiné leurs prétentions lorsque, confiant en 1998 des fragments d'humérus de Naundorff à des scientifiques, qui en ont comparé l'ADN avec celui de membres de la famille royale de France, il leur a été répondu que leur ancêtre ne pouvait en aucun cas être Louis XVII... «L'os était trop abîmé, et ces analyses ne sont pas concluantes», continuent d'affirmer les irréductibles «naundorffistes». Le développement de la recherche génétique n'en a pas moins permis ces dernières années de

Louis XVII emprisonné et malade.
Histoire de France, Colart,
collection privée.

lever les derniers voiles qui entouraient « l'énigme Louis XVII ». Pour affirmer que l'enfant mort au Temple était bien le dauphin, les scientifiques se sont appuyés sur une pièce à conviction apparue bien tardivement, au terme d'un parcours rocambolesque. Le cœur dit « de Louis XVII », exposé depuis 1975 à la basilique Saint-Denis, nécropole des rois de France, avait été prélevé par l'homme qui avait procédé à l'autopsie de l'enfant du Temple, le chirurgien Philippe-Jean Pelletan. Conservé pendant des décennies par la famille du docteur, il a ensuite été confié à des princes Bourbon, avant d'être finalement restitué à la France en 1975. Or, les analyses de ce cœur desséché, qui ont eu lieu en 2000 en Belgique et en Allemagne, sont formelles : cet organe, dont l'ADN a été comparé à celui d'une mèche de cheveux de Marie-Antoinette, appartient à un fils de la reine Habsbourg. L'énigme est enfin résolue : l'enfant mort au Temple était bien le fils de Louis XVI et de Marie-Antoinette. Le 8 juin 2004, ce cœur a été inhumé dans la chapelle des Bourbons à la basilique Saint-Denis. Et si avec lui ont été enterrés les derniers espoirs des « survivantistes », Louis XVII, l'enfant martyr de la Révolution, a enfin reçu une sépulture digne d'un roi de France.

CATHERINE DE MÉDICIS
ET LES INTRIGUES DES CHÂTEAUX DE LA LOIRE

Catherine de Médicis est l'une des plus grandes femmes d'État de l'Histoire de France, l'une des plus mystérieuses aussi. Sa personnalité, avec celle de François Ier, domine tout le XVIe siècle. Née princesse florentine, elle est devenue reine de France, puis régente, et elle a donné trois rois à la France : François II, Charles IX et Henri III, qui tous connurent un destin tragique. La légende noire de cette femme de pouvoir, présentée comme une intrigante machiavélique doublée d'une empoisonneuse, s'est forgée à partir des crimes qui alimentent bien des fantasmes depuis plus de quatre cents ans. Le massacre de la Saint-Barthélemy, le 24 août 1572, est à jamais lié à sa personne et il est incontestable que, dans ce carnage, sa responsabilité fut grande. Mais son plus grand crime ne fut-il pas, tout simplement, d'être une étrangère qui osa gouverner la France ?

Voici donc l'histoire d'une vie hors du commun au cours de laquelle les passions amoureuses se mêlent aux intrigues du pouvoir. Reste à savoir qui se cachait vraiment derrière la « veuve noire ». Catherine de Médicis arrive en France en 1533, elle est alors très jeune – elle n'a que quatorze ans –, mais cette héritière d'une famille de banquiers de Florence est aussi très riche. Catherine apporte avec elle une dot considérable de

Portrait de Catherine de Médicis, reine de France.
François Clouet (vers 1515-1572),
musée Condé, Chantilly.

Le pape Clément VII célèbrant le mariage d'Henri II et de Catherine de Médicis, en 1533.
Jacopo Chimenti da Empoli (1554-1640).

cent mille écus d'or et trente mille écus de bijoux. Un mariage qui arrange bien les affaires de François Ier qui tenait à marier son fils, le futur Henri II, à une princesse italienne. En fait, c'est l'admiration que François Ier voue à l'Italie qui lui suggère cette alliance. Catherine arrive accompagnée d'artistes mais elle fait aussi venir de Florence le fameux René, un parfumeur dont on murmure qu'il ne composait pas que des parfums... Quelques années plus tard, des pamphlets décriront Catherine de Médicis comme une empoisonneuse... Depuis le XVIIIe siècle, son bureau est présenté comme le « cabinet des poisons » sur lequel s'ouvrent des portes secrètes et dans lequel elle recèle de quoi faire passer ses ennemis de vie à trépas.

Cette accusation est aujourd'hui contestée. Dans une des périodes les plus troublées de l'Histoire de France, Catherine de Médicis est un bouc émissaire idéal à qui l'on fait endosser tous les malheurs d'un pays au bord du chaos. En 1559, après la mort d'Henri II, Catherine de Médicis devient régente. Les événements la poussent à agir comme un roi. À Amboise, en 1560, son fils François II, alors âgé de seize ans, est victime d'une tentative d'enlèvement ourdie par des chefs protestants. Catherine impose pour la première fois son autorité d'une main de fer. Elle fait pendre les ravisseurs à un des balcons du château. Sans être cruelle, elle sait se montrer implacable quand elle estime sa rancune justifiée. Dans la monarchie française fondée sur la loi salique, difficile pour une femme de se faire accepter en tant que chef politique. Pour exercer le pouvoir, Catherine n'a qu'une solution : se présenter comme la veuve d'Henri II et la continuatrice de sa politique. Apparaissant toujours vêtue de noir, elle réussit à faire de sa condition de femme un atout.

Pour elle, la politique, c'est avant tout la diplomatie. Quand François II meurt, elle se lance dans un long périple afin d'imposer son deuxième fils, le très jeune Charles IX. Ce voyage de quatorze mille kilomètres, en compagnie de plusieurs milliers de courtisans, dure plus de deux ans, dans un pays tiraillé par la guerre civile. Le courage de Catherine impressionne. Il s'agit de rencontrer tous les gens importants de France. Il faut aussi rencontrer les adversaires, et discuter avec eux sans passer par des intermédiaires. À long terme elle veut coûte que coûte préserver l'unité du royaume. Celle que l'on a si souvent dépeinte comme noire et tyrannique croit à la politique de réconciliation et à la cohabitation religieuse, audace alors complètement nouvelle. Catherine se dit aussi que « les gracieusetés et les bonnes manières sont bien souvent plus fortes que les canons. » Les fêtes sont un moyen dont elle va user habilement. Leur coût est certes important, mais ce n'est rien par rapport au financement d'une armée. Elles donnent l'occasion de rassembler différentes factions qui se déchirent et Catherine se réjouit de voir danser ensemble papistes et huguenots, catholiques et protestants.

Chose surprenante, François Ier et Catherine de Médicis avaient des points communs : les arts et la littérature, mais aussi la fauconnerie et la chasse à courre. La fauconnerie était un art extrêmement prisé par la noblesse. Quant à la chasse à courre, la reine pouvait chasser des jours durant derrière un cerf ou un sanglier sans jamais s'épuiser. C'est elle qui a introduit en France la façon de monter en amazone ainsi que les culottes cavalières. Elle avait également le désir secret d'éclipser sa grande rivale, Diane de Poitiers, la maîtresse de son mari Henri II, qui, elle, ne chassait pas. Catherine peut se montrer conciliante, mais quand il faut broyer l'adversaire psychologiquement, elle n'hésite pas. La raison d'État doit triompher et elle use de tous les stratagèmes. La légende raconte qu'elle aurait recruté une escouade de belles espionnes, toutes issues de la haute noblesse, qu'on appelait « l'escadron volant » ! L'espionnage commence alors à acquérir ses lettres de noblesse. Catherine de Médicis affiche sa détermination en allant jusqu'à marier sa propre fille, Marguerite, qui est catholique, à Henri de Navarre, un protestant. Toutes ses tentatives de conciliation échoueront de son vivant. Mais Catherine a laissé à la France le principe de la liberté de culte, qui finira par s'imposer avec Henri IV. En arrivant de Florence, Catherine de Médicis est plutôt dégoûtée par le mode de vie à la cour de France. Alors qu'à Florence l'étiquette est assez stricte, en France n'importe quel courtisan a le droit d'entrer dans les appartements du roi sans se faire annoncer. La cour se déplace de château en château, en fonction des saisons et du gibier des forêts avoisinantes. On va d'Amboise, le château où a grandi François Ier, jusqu'à Blois, sans doute la résidence préférée des rois à la Renaissance. Citons aussi Chambord, Chenonceau, Azay-Le-Rideau, Villandry. Le seul moyen d'avoir les faveurs du roi est de le suivre et les courtisans se sont donc tous installés sur les bords de la Loire, à tel point que cette vallée, inscrite aujourd'hui au patrimoine mondial de l'Unesco compte plus de mille châteaux.

Les débuts de Catherine dans le royaume de France auront pourtant été plus que difficiles, car pendant onze ans après son mariage avec le dauphin Henri, elle ne parvient pas à lui donner d'héritier. Et quand en 1538, au cours d'une campagne militaire française en Italie, une jeune Piémontaise tombe enceinte des oeuvres d'Henri, c'est sur sa seule épouse que retombe la responsabilité de la stérilité du couple. La princesse sait qu'elle risque d'être répudiée si elle ne parvient pas à enfanter, aussi utilise-t-elle toutes les recettes alors censées favoriser la fécondité : elle porte des talismans, absorbe des philtres, consulte des astrologues et des alchimistes. Catherine parcourt aussi les traités des médecins antiques, et conjure le mauvais sort, en évitant notamment de monter à dos de mulet, un animal réputé infécond... Finalement, les conseils plus prosaïques d'un médecin royal, Jean Fernel, se révéleront autrement efficaces. Après avoir constaté une malformation intime inopérable chez le dauphin, celui-ci conseille au jeune couple certaines positions amoureuses aptes à favoriser la conception... Positions qu'Henri et Catherine expérimentent avec zèle. En mai 1543, le miracle tant attendu finit par se produire lorsque la dauphine de France tombe enceinte pour la première fois. Et son union avec Henri II sera dès lors plus que féconde, puisque Catherine donnera au total naissance à dix enfants, qui seront tous élevés comme des princes à l'abri du danger. Une telle progéniture suppose une intendance relativement importante et Amboise, château réputé sain et sûr, est choisi pour être la nurserie royale. Catherine est une mère très attentive, une sorte de *mamma* italienne très préoccupée du devenir de ses enfants et surtout de leur santé. Elle ne peut pas toujours être disponible parce qu'elle a un rôle à tenir, mais elle souhaite avoir toujours sur elle un portrait de ses enfants. Elle en fait dessiner sans cesse, au crayon, c'est plus rapide, ainsi ces portraits sont toujours récents. La collection, conservée au château de Chantilly, est un véritable album de famille, mais qui sera très vite marqué par les querelles et la mort. François, Élisabeth, Claude, Charles IX et les autres... Catherine les verra presque tous mourir. Le premier sur la liste est François II. De son père, il hérite du trône, mais des Médicis une santé fébrile. C'est un gringalet, très maigre, très fragile. Des taches un peu rouges sur la face, l'oreille purulente en permanence. Pas réellement un bellâtre. Roi dix-huit mois seulement, François II meurt à dix-sept ans. Comme un signal, sa disparition rapide annonce la tragédie. Son successeur, Charles IX, n'a alors que dix ans. Les guerres de Religion divisent le pays. La gangrène atteindra bientôt la famille royale. Catherine doit prendre les rênes du pouvoir et gérer sa progéniture.

Ses enfants sont dans des camps différents : Henri III soutient les catholiques, son dernier fils s'allie plus ou moins avec les protestants. Elle essaie de maintenir la paix entre eux, chose extrêmement difficile dans le contexte politique de l'époque. Ce que veut Catherine, c'est sauver la dynastie des Valois et même l'étendre à toutes les cours européennes. Elle marie ainsi sa fille aînée, Élisabeth, au roi d'Espagne Philippe II. Catherine vit dans la déchirure, partagée entre l'affectif et la raison d'État. Mais cette stratégie vise autant à asseoir son pouvoir qu'à éviter les jalousies entre ses enfants. C'est une mère d'une grande humanité, mais il fallait que ses enfants se plient à sa volonté. Marguerite dite Margot, la dernière de ses filles, va en subir les conséquences. Au nom de la concorde entre catholiques et protestants, elle sera sacrifiée et mariée contre son gré à Henri de Navarre. Un mariage qui tournera au drame lors de la Saint-Barthélemy. Amour, haine, passion, la famille royale est dérangée jusqu'à l'inavouable, jusqu'à l'inceste. Margot est tourmentée par ses frères qui la jettent par terre et relèvent ses jupons... L'inceste règne et n'épargne pas cette petite sœur. La dégénérescence menace les Valois.

Mort du roi Charles IX, 1834.
Charles Monvoisin (1790-1870),
musée Fabre, Montpellier.

Après la maladie, les rancœurs et l'inceste, la folie ternit davantage ce sombre tableau. Sous l'emprise de sa mère, Charles IX est resté, pour l'Histoire, un roi faible et hystérique. Le « bourreau de la Saint-Barthélemy » meurt fou, hanté par le remords, à l'âge de vingt-quatre ans seulement. Henri III lui succède. Il représente l'espoir, celui qui pourra peut-être, enfin, sauver l'unité du royaume et de la dynastie des Valois. Henri III est le préféré de Catherine, elle l'appelle « mes yeux », et lui dit : « Si vous mourez, j'irai m'enterrer vivante avec vous. » Grand, beau, éloquent, il semble réunir toutes sortes de qualités mais il a aussi son point faible. D'une personnalité ambiguë, il s'entoure de jeunes nobles, les « mignons ». Efféminé, il adore les beaux tissus, le satin, il porte les robes de sa sœur et c'est lui qui met à la mode les boucles d'oreilles. Henri III, tant qu'il était prince héritier, a correspondu à l'image du prince combattant. Devenu roi, il a radicalement changé, ce qui a attisé les rumeurs et les critiques. C'est son propre frère, François d'Alençon, le seul qui ne sera jamais roi, qui prend alors la tête du « parti des mécontents ». François d'Alençon est incontestablement le plus remuant de la famille. Affligé d'un physique ingrat, il souffre beaucoup du prestige d'Henri III.

Portrait de Diane de Poitiers.
François Clouet (vers 1515-1572), musée du château de Versailles.

Catherine, au début de son mariage avec Henri II, reste en retrait car Diane de Poitiers, que l'on a appelée la « plus que reine », règne déjà sur le cœur du roi. Diane a rencontré le futur Henri II alors que celui-ci n'était encore que le dauphin, bien avant ses fiançailles avec Catherine. De vingt ans son aînée, elle a été chargée de son éducation par François Ier ! Troublé par la beauté de cette femme magnifique, le jeune Henri tombe follement amoureux et le restera jusqu'à sa fin tragique. En amante experte, elle exerce sur ses sens un attrait considérable. Pour rester jeune, elle recourt à un traitement à base de sels d'or. Son hygiène de vie n'a rien à voir avec celle des femmes de son temps. Elle se leve à 6 heures, prend un bain glacé et va chevaucher en forêt. Favorite et quasi-reine, Diane orchestre la politique de balance entre les différentes factions aristocratiques et exerce donc véritablement le pouvoir. Mais Catherine de Médicis, l'épouse bafouée, ne désarme pas. Et cherche par tous les moyens à reconquérir le cœur de son mari qu'elle aime malgré son infidélité. Elle masque sa tristesse, mais malheureuse d'être délaissée, elle va jusqu'à espionner les ébats du roi et de Diane. Très impressionnée, elle confiera qu'ils échangeaient des caresses qu'elle-même, sa légitime épouse, n'avait jamais connues avec lui. Il faut rappeler qu'au départ ces deux femmes sont parentes ! Leurs grands-parents respectifs sont frères et sœurs. Et c'est Diane qui, avec son mari, va convaincre François Ier de marier Henri à cette Médicis, nièce de pape et un peu banquière aux yeux de la cour de France. Et quand Catherine n'arrive pas à donner d'enfant à son mari et que tout le monde à la cour dit qu'il faut la renvoyer de l'autre coté des Alpes, c'est Diane qui la soutient ! Diane se dit qu'il vaut mieux avoir comme rivale cette Catherine de Médicis qui ne lui fait pas d'ombre, plutôt qu'une belle et jeune princesse dont le roi pourrait tomber amoureux. Après la mort accidentelle d'Henri II lors d'un tournoi, le 10 juillet 1559, Catherine chasse Diane la favorite et l'exile au château d'Anet. De plus elle oblige sa rivale à échanger son château de Chenonceau contre celui de Chaumont-sur-Loire qu'elle avait acheté en 1550. Un échange qui a des raisons politiques. La reine Catherine de Médicis veut montrer que le pouvoir a changé de mains. C'est elle qui détient désormais les cartes et peut imposer sa loi à Diane de Poitiers.

Catherine de Médicis eut aussi des rapports très complexes avec sa belle-fille, l'épouse de François II de Valois, la célèbre reine d'Écosse Marie Stuart. Quatre cent quarante ans après sa mort, le souvenir de Marie Stuart est toujours présent dans les esprits. Reine de France et reine d'Écosse, elle était aussi héritière du trône d'Angleterre et croyait pouvoir en déloger sa cousine, la reine Élisabeth. Entre elles, le conflit était inévitable, tout les opposait. Marie Stuart, la catholique, contre Élisabeth « la bâtarde », la protestante. Deux reines pour un seul trône, il y en avait une de trop. La reine d'Angleterre fit emprisonner Marie Stuart. Abandonnée à son sort,

Portrait de François II et de Marie Stuart, XVIe siècle. Manuscrit du *Livre d'heures de Catherine de Médicis*, Bibliothèque nationale de France, Paris.

celle-ci n'a plus rien à espérer, y compris de la France. Car si, d'un côté, Catherine de Médicis fait mine de vouloir la sauver, de l'autre, elle négocie en secret le mariage de l'un de ses fils avec l'ennemi juré de Marie Stuart, la reine Élisabeth d'Angleterre ! La raison d'État l'emporte. Catherine n'allait pas compromettre ses combinaisons politiques. Elle n'a qu'une obsession : transmettre le pouvoir à ses enfants. Mais la malédiction – folie, maladie, assassinat, inceste ou trahison – s'abat sur cette famille marquée par le destin. François II meurt à dix-sept ans d'une otite, Charles IX meurt à moitié fou, et Henri III périt assassiné. Faute d'héritiers, la dynastie des Valois va disparaître.

Pendant la longue période où Catherine de Médicis n'arrive pas à avoir d'enfant, elle ne sait plus à quel saint se vouer. Après avoir tout essayé y compris la magie, elle se tourne vers l'astrologie, sa nouvelle passion. À la Renaissance, on ne fait pas de différence entre science et magie. Catherine, très superstitieuse, a recours à l'astrologie pour gouverner. Dans sa chambre, il y a deux entrées. D'un côté une porte donne sur la chapelle, et de l'autre une autre porte mène à la chambre de Cosimo Ruggieri, son astrologue personnel qui lui dresse des horoscopes quotidiens et qui pratique à l'occasion la cristallomancie, l'art de lire l'avenir dans les miroirs ! Un soir il donne à voir à la reine le visage de ses enfants. D'abord celui du jeune roi François II qui se déplace vers la cheminée, fait le tour de la pièce avant de disparaître. Apparaît ensuite un autre visage, celui de son deuxième fils, Charles (le futur Charles IX). Cette fois le reflet fait plusieurs fois le tour de la chambre, le

Michel de Nostredame, plus connu sous le nom de Nostradamus.

mage expliquant à la reine, que chaque tour représente une année de règne. Après les quatorze tours de Charles, c'est Henri (le futur Henri III) qui fait une quinzaine de tours et puis s'en va! Enfin apparaît le visage d'Henri de Navarre, le futur Henri IV! Cela annonce un changement de dynastie. Après les Valois : les Bourbons! Cet engouement pour les astrologues explique l'ascendant exercé sur Catherine par Michel de Nostredame dit Nostradamus. Dans les *Centuries* qu'il publie en 1555, on retrouve un condensé de ses prédictions. L'une d'entre elles va le rendre célèbre. Le 26 juin 1559, Henri II meurt accidentellement lors d'un tournoi, l'œil droit transpercé par la lance de son adversaire. Il meurt dix jours plus tard dans d'atroces souffrances. Or, quatre ans plus tôt, Nostradamus avait décrit cet événement dans un quatrain d'une incroyable précision qui prédisait la mort d'un roi blessé aux yeux lors d'un duel. La réputation de l'astrologue gagne vite les plus hautes sphères du royaume. La reine Catherine le fait venir à la cour, la légende du mage est en route.

L'époque de Catherine de Médicis est aussi marquée par une incroyable révolution artistique, où l'on voit apparaître des meubles précieux, des tapisseries de luxe, des bijoux extraordinaires, mais aussi une véritable mode vestimentaire. Cette jeune princesse florentine va durant toute sa vie protéger des artistes. Elle est sans doute l'un des plus grands mécènes de son temps. La reine Margot lança les décolletés plongeants. Mais c'est un homme, le roi Henri III, qui révolutionna la mode. Efféminé, frivole, le fils de Catherine de Médicis aime à se travestir, porter des tenues taillées dans de riches étoffes et se parer de bijoux. Posséder de beaux habits coûte alors des fortunes. On les lègue d'ailleurs à ses enfants en héritage comme on le fait aujourd'hui pour une maison.

À Chenonceau, la grande galerie voulue par Catherine de Médicis n'est pas sans rappeler le *Ponte Vecchio* de Florence, sa ville natale. Son trône était placé côté sud. Après avoir fait leurs salutations à la reine, les visiteurs devaient se retirer en marchant à reculons sur soixante mètres tout en s'inclinant respectueusement. Une situation fortement humiliante. Par une petite porte, Catherine de Médicis pouvait quitter son cabinet de travail et entrer directement dans la chapelle pour assister à la messe. À la Renaissance, les codes de la table et les usages culinaires changent également. Arrive la serviette, alors qu'avant, on s'essuyait avec la nappe ! Et c'est grâce à Henri III, après un voyage à Venise, que la fourchette entre en usage en France. L'esprit de curiosité est dans l'air du temps. La gastronomie n'échappe pas à la règle. La multiplication des voyages maritimes rend accessibles des épices de plus en plus diversifiées. Et ce qui était réservé jusque-là aux tables aristocratiques se démocratise relativement : la cannelle, la cardamome et le clou de girofle. De nouveaux produits arrivent, tels l'ananas, les haricots, les courgettes, les asperges. La tomate, purement décorative, ne se consomme pas, de même que l'aubergine, dont la couleur effraye... La reine-claude est appréciée car c'est en fait un cadeau de Soliman le Magnifique. Ces prunes étant appelées ainsi en hommage à la reine Claude, l'épouse de François Ier. Le mets le plus recherché est le sucre dont un gramme vaut alors un gramme d'or ! Considéré comme une épice, le sucre possède, dit-on, des vertus médicinales. La cuisine politique, elle, laisse un goût plus amer !

Jusqu'au bout, Catherine aura tout tenté pour pacifier le pays. C'est dans le sang que se joue le dernier acte de cette tragédie. Henri III, qui cherche à s'émanciper de sa mère, est de plus en plus isolé, mais surtout il est sans enfants. Le duc de Guise, le puissant chef du parti catholique, intrigue alors pour accéder au trône. Henri III décide, avec ses « mignons » de l'assassiner au château de Blois. Quand le duc de Guise entre dans la chambre,

Institution de l'ordre du Saint-Esprit par Henri III.
Louis-Michel Van Loo (1707-1771),
musée de la Légion étrangère, Paris.

les gardes du roi l'y attendent. Il va pour traverser la pièce mais d'autres gardes lui barrent le chemin. Percé de coups de poignard, il s'écroule. Henri III sort du cabinet voisin et s'approche. Il aurait prononcé cette phrase : « Il est encore plus grand mort que vivant ! » À l'étage du dessous, Catherine a tout entendu, tout compris. Sa politique de conciliation a échoué. Elle meurt deux semaines après, à soixante-dix ans. Quelques mois plus tard, Henri III sera assassiné. C'en est fini de la dynastie des Valois.

LES MAÎTRESSES ROYALES
ELLES ONT RÉGNÉ SUR VERSAILLES...

Madame de Maintenon, la Montespan, la du Barry et tant d'autres... Longtemps écrite au masculin, l'Histoire a négligé, voire oublié ces favorites qui partagèrent l'intimité de deux grands rois. Avec ces maîtresses qui furent les vraies souveraines de Versailles, la petite histoire rejoint la grande.

Aujourd'hui, en République, il n'y a de place que pour une seule première dame de France. En revanche sous la monarchie, surtout sous les règnes de Louis XIV et de Louis XV, la maîtresse du roi a souvent supplanté la reine. Car le mariage du roi ne mettait pas un terme aux ambitions féminines. Quand seule l'appartenance à la noblesse était pour une femme un gage de sécurité matérielle, avoir le roi pour amant constituait un formidable tremplin social. Fort curieusement, la vie dissolue du roi n'était pas condamnée par une société pourtant régie par les valeurs du catholicisme, les Français trouvant plutôt flatteur d'avoir des rois galants. Jadis considérées par les historiens comme des créatures soumises au bon plaisir du monarque, les maîtresses royales sont aujourd'hui perçues différemment. Ni victimes, ni oies blanches, elles apparaissent comme des femmes ambitieuses qui prirent leur destin en main.

Portrait en pied du roi de France Louis XIV en costume royal.
Hyacinthe Rigaud (1659-1743),
musée du Louvre, Paris.

La première femme dans la vie de Louis XIV, c'est sa mère! En raison de ses fausses couches et de l'ambiguïté sexuelle de Louis XIII, Anne d'Autriche n'a son premier enfant qu'au bout de vingt-trois années de mariage. C'est dire si elle couve ce fils chéri. Quand il arrive à l'adolescence, c'est elle qui charge une de ses suivantes de le déniaiser. Louis XIV goûte fort cette expérience! La baronne de Beauvais est la première d'une liste de maîtresses qui ne cessera de s'allonger. Mais Louis XIV ne tombe pas amoureux de ses initiatrices. C'est Marie Mancini qui fera battre pour la première fois son cœur. Nièce de Mazarin, venue d'Italie avec ses sœurs, les « mazarinettes », pétillante et fougueuse, elle réveille la cour de France et tombe, après ses sœurs, dans les bras de Louis dont elle sera la première vraie passion. Malgré son « teint de pruneau », elle plaît au roi qui veut à tout prix l'épouser. Mais pour mener à bien son œuvre politique, Mazarin veut sceller la paix avec l'Espagne. Pour cela, Louis doit épouser l'infante Marie-Thérèse d'Autriche. Accablé, mais conscient de ses devoirs, le jeune roi renonce à Marie.

Portrait de Marie Mancini.
Jacob Ferdinand Voet (1639-1700).

Cet amour de jeunesse aura une influence déterminante sur la suite du règne. Désormais, Louis XIV ne se laissera plus dominer par ses passions. Marie-Thérèse d'Autriche est l'infante d'Espagne. Mais d'un physique quelconque, petite et baragouinant le français, elle a du mal à s'intégrer à la vie de cour. Le 9 juin 1660, le couple se marie à Saint-Jean-de-Luz. La nuit de noces est suivie par des observateurs qui attesteront que l'acte a bien été consommé ! Louis XIV honore de manière très satisfaisante son épouse. Mais très vite il va se lasser de cette indolente, qui passe son temps couchée, à se gaver de chocolat.

En 1661, Mazarin disparaît. Louis XIV prend enfin le pouvoir qu'il compte exercer seul, écartant même sa mère. Marie-Thérèse qui tombe alors enceinte s'éloigne de la cour. Sur ce, Henriette d'Angleterre, promise à « Monsieur », le frère du roi, arrive au Louvre et le roi, qui d'abord la trouve trop maigre, tombe ensuite sous le charme. Son frère s'étant écrié « Moi, épouser une femme, quelle horreur ! », Louis XIV entreprend de courtiser la princesse. Ce flirt crée le scandale, d'autant que des relations entre beau-frère et belle-sœur sont jugées incestueuses. Pour cacher leur amour naissant, Louis use du stratagème dit « du paravent » qui consiste à faire croire qu'il courtise une autre femme. Hélas pour Henriette, Louis est pris à son propre jeu et s'éprend de son « paravent », Louise de la Vallière. Henriette ne peut que ravaler sa jalousie. Fluette, Louise n'a pas beaucoup de gorge, mais, sait faire illusion en masquant cette absence d'un foulard... le nœud la Vallière !

Les amants doivent rester discrets pour épargner les deux reines : Anne et Marie-Thérèse. Louise accouche dans le plus grand secret d'un premier garçon puis continue d'être une maîtresse totalement dévouée. Difficile de conserver les apparences, et quand, en 1664, le roi donne une première grande fête à Versailles, la cour comprend que c'est en l'honneur de Louise de la Vallière, première favorite du règne. À la reine qui lui fait des crises de jalousie, Louis promet de s'assagir. Mais en 1666, la reine mère disparaît et Louis XIV n'a plus de scrupules à afficher sa favorite qui partage même le carrosse de la reine. Pourtant quand le roi la nomme duchesse, on murmure que c'est le cadeau d'adieu à cette maîtresse usée par des grossesses successives et dont les dents commencent à se déchausser.

Portrait de Françoise Athénaïs de Rochechouart de Mortemart. Ferdinand Le Jeune (1648-1717), musée du château de Versailles.

Le roi a désormais des vues sur Athénaïs de Montespan. La vingtaine éclatante, Athénaïs est très belle, blonde aux yeux bleus; un magnifique profil et un petit nez aquilin. Elle a surtout de l'esprit et un humour incisif voire cruel. Une femme superbe... mais mariée. Louise de la Vallière va donc retourner à son rôle de « paravent ». Athénaïs a résisté aux avances du roi pendant un an ! Un exploit. Le Roi-Soleil commence à briller de tous ses feux : il remporte des victoires éclatantes et fait construire le château de Versailles. Et il couvre sa seconde favorite de cadeaux : bijoux, terres, châteaux... Rien n'est trop luxueux pour elle. La Montespan est la favorite la plus scandaleuse du règne. Elle n'hésite pas à s'afficher comme la première dame du royaume, mais au prix d'un perpétuel combat. Elle donnera au roi huit enfants qu'il reconnaît et fait venir à la cour, ce qui choque fortement l'opinion publique. Surnommé « le plus grand cocu de France », le mari de la Montespan enrage et fait repeindre en noir son carrosse qu'il orne d'énormes bois de cerf ! Le cœur de Louis XIV est resté sous l'emprise d'Athénaïs de Montespan une dizaine d'années. Mais l'Église mène une guerre acharnée contre cette liaison. En 1775, les dévots arrivent à séparer quelques temps Louis XIV et sa favorite. La quarantaine venue, pris d'une frénésie sensuelle extravagante, Louis XIV se met à courtiser toutes les jolies femmes de la cour. Littéralement polygame, il peut mener quatre à cinq aventures dans la même semaine. Louis XIV s'éprend notamment de Mademoiselle de Fontanges, une provinciale ravissante mais sotte comme un panier. Cette étoile filante s'éteint rapidement à la suite de son premier accouchement. Son trépas, en 1680, coïncide avec l'affaire des Poisons. Le nom de Madame de Montespan est évoqué. Serait-elle allée jusqu'à empoisonner sa rivale ? Peu probable. Mais elle perd définitivement les faveurs du roi et est alors supplantée par la gouvernante de ses propres enfants.

L'ascension de Madame de Maintenon est sans doute une des plus remarquables de l'histoire de France. Elle est la seule maîtresse dont un roi aura osé demander la main. Comment la petite Françoise d'Aubigné, née dans une prison, d'un père truand et d'une mère fille de geôlier, est-elle devenue la célèbre marquise de Maintenon ? Comment cette jeune fille abandonnée, réduite un temps à la mendicité, va-t-elle devenir l'épouse du Roi-Soleil ?

À seize ans, elle consent au sacrifice d'un mariage avec le poète Paul Scarron, qui est paralytique. Malgré ce handicap, Scarron reçoit dans son salon des personnalités qui apprécient son esprit brillant et caustique. La future Madame de Maintenon peut ainsi se faire des relations qui lui seront précieuses après la mort de son vieux mari. C'est ainsi qu'elle rencontre Madame de Montespan. À la recherche d'une personne de confiance pour veiller à l'éducation des enfants qu'elle a eus avec le roi, elle choisit la

Portrait de Françoise d'Aubigné.
Pierre Mignard (1612-1695),
château de Versailles.

veuve Scarron, sans se douter qu'elle introduit la louve dans la bergerie ! Louis XIV est charmé par cette femme qui sait l'écouter, mais pas à la manière obséquieuse des courtisans. Petit à petit, une intimité se crée entre eux. Madame de Maintenon serait tombée dans les bras du Roi-Soleil dès 1674, époque où la Montespan règne encore sur le cœur du roi. Au fil des années, la favorite réalise que la gouvernante de ses enfants bénéficie de l'affection de son amant. Les deux femmes en viennent à se déclarer ouvertement la guerre. La veuve Scarron a un défaut que ses adversaires ne manquent jamais de railler : elle est mal née. Mais le roi efface cela en lui accordant de porter le nom de Maintenon.

Commence la dernière partie du règne de Louis XIV. Le couple mène une paisible vie de famille. Le roi aime prendre du temps pour profiter de ses enfants qui ont été élevés par sa maîtresse. En 1683, la reine meurt d'une septicémie. Veuf, le roi peut se remarier avec une princesse étrangère car il est encore jeune. Cette perspective bouleverse Madame de Maintenon. Louis XIV prend alors une décision unique dans l'histoire de France. Il demande la main de sa maîtresse et l'épouse en secret. À quarante-cinq ans, le roi qui avait été si volage, devient l'homme d'une seule femme. Les époux qui se connaissent depuis dix ans n'ont pas attendu le mariage pour se témoigner leur passion ! Bien qu'épouse du roi, Madame de Maintenon n'est pas pour autant la reine. Son statut est donc ambigu : dans les appartements privés, elle est traitée comme une souveraine… mais dans les cérémonies officielles, elle se retrouve au quatre-vingtième rang ! Si Louis XIV assiste au déclin de son royaume, sa femme, elle, se consacre à sa plus grande œuvre : la création de Saint-Cyr, une école destinée aux jeunes filles de la noblesse désargentée, situation qu'elle connut quelques décennies plus tôt. Un engagement féministe avant l'heure, qui lui permet d'échapper aux obligations de la cour. Victime d'une sombre fatalité, le roi voit s'éteindre avant lui, un à un, tous ses enfants et petits-enfants.

Pendant cette triste période, Madame de Maintenon est un soutien précieux. Le Roi-Soleil, jadis si frivole, aura donc vécu les trente-deux dernières années de sa vie avec la même femme. Une femme qu'il admira et qu'il désira jusqu'au bout. On rapporte qu'à soixante-dix ans, Madame de Maintenon demanda à son confesseur si elle pouvait se dérober à « certaines occasions pénibles »... Ce qui lui fut refusé.

Portrait de Louis XV en armure.
Maurice Quentin de La Tour (1704-1788), musée du Louvre, Paris.

Louis XV va suivre l'exemple de Louis XIV qui a officialisé le rôle de la maîtresse royale. Mais il doit faire seul l'apprentissage de la vie. Une véritable hécatombe a balayé son enfance : tout petit, il perd coup sur coup son grand-père et ses parents, son frère. Un véritable traumatisme. Et très tôt, les obligations du métier de roi pèsent à cet orphelin. Comme il est le dernier survivant des Bourbons, dès ses quinze ans, un véritable casting est organisé à travers toute l'Europe pour lui trouver une reine capable de lui assurer une descendance. Une liste de quatre-vingt-dix-neuf candidates est dressée. Des conseillers commencent à rayer toutes celles qui ne conviennent pas, en raison de leur âge, de leur laideur ou parce qu'elles ne sont pas catholiques. À la fin, reste Marie Leszczynska, fille du roi déchu de Pologne, Stanislas Ier. De sept ans plus âgée que Louis, elle n'est pas très belle et n'a ni fortune, ni appuis politiques. Mais le mariage a lieu le 5 septembre 1725, au château de Fontainebleau. Une révélation pour l'adolescent timide et renfermé qu'est Louis XV.

Voltaire rapporte que le jeune roi se serait vanté d'avoir administré sept « sacrements » à son épouse au cours de leur nuit de noces ! Pour Marie, c'est un mariage d'amour. Louis XV, lui aussi, est amoureux. Pendant sept ans, ils se vouent une fidélité absolue, et la reine met au monde sept enfants.

Mais cet état de grâce ne va pas durer ; le roi s'éloigne peu à peu de Marie, déjà trop vieille à ses yeux. Il la délaisse pour d'autres plaisirs : la chasse, et surtout des soupers galants chez sa très libertine cousine Mademoiselle de Charolais, qui lui fait rencontrer des gens de son âge et des jeunes femmes délurées. Le règne de Louis XIV s'était terminé dans une atmosphère de malheur et de dévotion austère. En réaction, la Régence puis le règne de Louis XV sont des périodes où tous les plaisirs se débrident. L'infidélité du roi, qui n'a que vingt-trois ans, s'inscrit dans ce climat voluptueux. Un soir, il fait la rencontre de Louise de Mailly, l'aînée des cinq sœurs de Mailly. Elle n'est ni une grande beauté, ni une bête de sexe, mais elle répond pendant un certain temps au désir du roi qui s'intéresse ensuite à la seconde sœur, Pauline. Selon des médisants, elle n'est pas jolie et a « des odeurs de singe et un col de grue ». Même royal, l'amour est aveugle : Louis XV en tombe très amoureux et lui fait un enfant. Quand Pauline meurt des suites de cet accouchement, le roi est très affecté. Mais contrairement à son aïeul Louis XIV, il ne reconnaîtra pas son fils, ni aucun de ses bâtards. Mélancolique, et même dépressif, Louis XV recherche, dans le plaisir charnel et dans l'érotisme, l'oubli des angoisses qui le tenaillent. Mais resté très pieux, il craint trop le châtiment divin pour assumer ces preuves vivantes de son péché.

Après Louise et Pauline, deux autres sœurs de Mailly passeront dans son lit : Diane, puis Marie-Anne, la future duchesse de Châteauroux. C'est la plus belle, mais aussi la plus peste des cinq sœurs. Ambitieuse, elle se montre sans pitié envers celles qui lui font obstacle, n'hésitant pas à faire renvoyer son aînée Louise, loin de Versailles, avant de céder aux faveurs du roi. Elle aspire à jouer auprès de celui-ci un rôle politique mais confond caprices et conseils, conseils que Louis XV a parfois la faiblesse de suivre. En 1744, lorsqu'il part diriger ses armées pour la guerre de succession d'Autriche, il emmène la duchesse de Châteauroux et sa sœur Diane. À peine arrivé à Metz, il tombe gravement malade. Se croyant à l'agonie, il fait venir un prêtre à qui il confesse vivre dans l'adultère. Mais Louis échappe miraculeusement à la mort. Exit la crainte de l'enfer ! Rentré à Versailles, furieux d'avoir été obligé de renoncer à ses maîtresses, il rappelle Madame de Châteauroux qui s'apprête à reprendre sa place à la cour. Mais elle meurt subitement, peut-être empoisonnée.

Le roi semble inconsolable jusqu'à ce que, en février 1745, son valet de chambre lui fasse rencontrer Madame d'Étioles, née Jeanne Poisson, la future marquise de Pompadour. Belle et cultivée, elle va occuper une place qu'aucune autre n'a jamais encore tenue auprès du roi. Cependant le scandale est grand car elle n'appartient pas à la noblesse, mais à la bourgeoisie, une bourgeoisie détestée à la cour, celle des financiers. Si la reine a déjà fait le deuil de son couple, la cour, elle, est sans pitié et les enfants du roi haïssent la marquise. Heureusement elle a un allié de taille : le roi, dont elle organise toutes les distractions. Mais le meilleur remède à la mélancolie de Louis, c'est encore le sexe

Madame de Pompadour, 1759.
François Boucher (1703-1770),
Wallace Collection, Londres.

et c'est là que le bât blesse. Car en dépit des aphrodisiaques, Madame de Pompadour n'est pas une amoureuse très ardente. Prête à tout pour conserver son emprise sur le roi, elle se résout à devenir son « amie nécessaire » et continue à régenter la vie sexuelle de son ex-amant qu'elle fournit en jeunes filles, de préférence vierges, pour qu'elles ne transmettent pas de maladie au roi et qu'elles ne soient pas envahissantes. Car aucune ne doit être en mesure de la détrôner ! C'est dans un immeuble de Versailles, dans le quartier du Parc-aux-Cerfs, que sont logées les petites maîtresses du roi. Un lieu mystérieux qui a fait l'objet de tous les fantasmes. Mais les rencontres ont lieu au château, dans l'appartement du premier valet de chambre qui communique par un escalier au cabinet de travail du roi. C'est ainsi que Madame de Pompadour va rester l'égérie et le conseiller politique de Louis XV. Elle finit même par s'imposer aux courtisans, car le roi est inabordable et tous doivent passer par elle. En vingt ans de faveurs royales, on estime les dépenses de la Pompadour à trente-six millions de livres sans compter l'entretien de ses quatorze propriétés : huit châteaux, trois ermitages, trois hôtels particuliers dont le futur palais de l'Élysée et l'hôtel d'Évreux, dont elle fait sa résidence parisienne. La marquise a aussi une grande sensibilité artistique, fait appel aux plus grands artistes, et devient un mécène majeur de son temps. Elle imprime aussi sa marque dans un domaine, qui est un des grands défis du XVIIIe siècle : la porcelaine dure dont seuls les Saxons ont le secret. Elle crée la Manufacture de Sèvres, trouve les chimistes, les ouvriers et, remarquable femme d'affaire, elle dirige cette société jusqu'à sa nationalisation.

La singulière relation de Madame de Pompadour avec le roi a duré vingt ans. Dans cette fulgurante ascension, il ne manquait plus à la Pompadour que d'être épousée. Hélas, usée par la maladie, à quarante-trois ans, elle est déjà une vieille femme. En avril 1764, elle agonise. Hormis les membres de la famille royale, personne ne doit mourir au château. Le roi va lui donner une ultime preuve de son amour en acceptant qu'elle reste dans son appartement. C'est de son balcon que Louis XV lui adresse un dernier adieu en regardant passer le corbillard, car le roi n'assistait jamais aux enterrements.

La Marquise de Pompadour avait su se rendre indispensable... mais pas irremplaçable. Louis XV retrouve une seconde jeunesse avec la future comtesse du Barry. La petite Jeanne Bécu n'était pourtant pas destinée à devenir une favorite royale. Fille d'un moine et d'une domestique, c'est grâce à sa beauté hors du commun qu'elle s'arrache à un milieu modeste. Ce physique exceptionnel décide de son destin et lui ouvre les portes de la galanterie parisienne et elle devient, en quelque sorte, une *escort girl* avant la lettre. C'est ainsi qu'elle rencontre le comte du Barry, un libertin particulièrement « roué » qui va se servir de Jeanne pour éponger ses dettes en tentant de la mettre dans le lit du roi. Dominique Le Bel, premier valet de chambre du roi, est un personnage clé dans ce processus. Homme de confiance de Louis XV, c'est lui qui recrute et teste ses maîtresses. C'est donc à lui que du Barry présente la jeune femme en lui disant « Essayez-la, vous ne serez pas déçu ». Tout le monde y trouve son compte avec l'arrivée de Jeanne Bécu dans le lit de Louis XV, à commencer par le roi à qui Jeanne fait découvrir des voluptés absolument inédites. Comme il s'étonne un

Jeanne Bécu, comtesse du Barry.
Élisabeth Louise Vigée-Lebrun (1755-1842).

jour de ces découvertes, le duc d'Ayen éclate de rire en lui disant : « C'est que Votre Majesté n'est jamais allée au bordel ! »

Malgré la désapprobation générale, le roi décide de présenter sa maîtresse à Versailles. Pour donner un rang à la petite Jeanne, on la marie à la va-vite au frère du comte du Barry. Dans toute l'histoire de la monarchie, jamais une femme issue d'un milieu aussi bas n'a connu une telle ascension. Les origines bourgeoises de la Pompadour avaient déjà fait scandale mais l'installation à Versailles d'une ancienne prostituée est perçue comme un signe de déchéance plus grand encore. La guerre contre la comtesse est ouverte. Des chansons raillent la du Barry, des libelles se multiplient, non seulement pour humilier la favorite mais aussi pour discréditer Louis XV.

En mai 1770, la comtesse se découvre un nouvel adversaire : Marie-Antoinette, la dauphine de France qui vient d'arriver à la cour. Archiduchesse de sang impérial, Marie-Antoinette ne comprend pas qu'une ancienne fille galante soit admise à la table des rois. Méprisante, la dauphine refuse d'adresser la parole à Madame du Barry. Louis XV ne peut laisser passer cette humiliation publique infligée à sa maîtresse et fait pression auprès de l'impératrice d'Autriche pour que Marie-Antoinette daigne adresser la parole à Madame du Barry. Afin que sa maîtresse échappe à la violence de la cour, le roi lui offre le château de Louveciennes, un véritable havre de paix où le roi vient parfois la retrouver. Madame du Barry, contrairement à la marquise de Pompadour, n'a aucune ambition politique. Elle a compris d'emblée que sa mission était d'égayer la vie de Louis XV. Dans le parc de Louveciennes, elle fait construire une folie, pavillon uniquement consacré aux réceptions. C'est là que s'inaugure le style néoclassique, avec l'architecte Claude Nicolas Ledoux.

Façade du château de Louveciennes construit à la fin du XVIIe siècle.

Louis XV retrouve avec la comtesse la joie de vivre et le goût de la fête. Mais il donne l'image d'un roi qui s'occupe davantage de ses plaisirs que des tourments du royaume. Le « Bien-Aimé » devient le « Mal-Aimé ». Louis XV achève son règne détesté par son peuple. En mai 1774, il se meurt. La comtesse du Barry est immédiatement chassée de Versailles. Sur son lit de mort, le roi demande à son valet d'aller la chercher. En entendant son valet répondre « Sire, elle est déjà partie », il éclate en sanglots.

La comtesse du Barry vivra quelques années paisibles à Louveciennes, avec son nouvel amant, le duc de Brissac. Mais le 8 décembre 1793, sous la Terreur, tragique paradoxe, l'ancienne maîtresse royale, née fille du peuple, est guillotinée et périt comme les aristocrates qui la haïssaient.

CLÉOPÂTRE
POURQUOI S'EST-ELLE SUICIDÉE ?

Trente ans avant Jésus-Christ, Cléopâtre, la dernière pharaonne d'Égypte, se donne la mort. Sa disparition bouleverse l'équilibre politique de l'Antiquité qui ne sera plus jamais le même. Quelles raisons ont poussé l'orgueilleuse souveraine égyptienne à ce geste fatal ? La passion amoureuse ? Une ambition démesurée ? Qui était réellement cette reine ? Et avait-elle le nez si long ?

Cléopâtre est une descendante de Ptolémée Ier, un général grec qui, en 323 avant Jésus-Christ, à la mort d'Alexandre le Grand, a reçu l'Égypte en héritage. Grecque, elle n'a pas de sang égyptien. Et la langue parlée sur les bords du Nil n'est pas sa langue maternelle. Douée en littérature, en mathématiques comme dans tous les autres savoirs enseignés à Alexandrie, elle parle couramment sept langues. Jules César aurait davantage été subjugué par son intelligence que par sa grande beauté. Elle sait se mettre en valeur, capter l'attention. Personne ne résiste à cette séductrice. Cléopâtre se sent donc la digne héritière d'une brillante dynastie. Et tout encourage chez elle une ambition hors du commun et sûrement excessive. La ville même où elle vit, Alexandrie, ville rêvée par le grand Alexandre, capitale des Ptolémées, lui donne le sentiment de régner sur le centre du monde. Alexandrie, dans l'Antiquité, est presque aussi

Cléopâtre.
Mosè Bianchi (1840-1904),
Civica Raccolta d'Arte, Milan.

peuplée que Rome qui compte alors quarante mille habitants. C'est un centre religieux très important, une cité dévolue aux sciences et aux lettres qui accueille beaucoup d'écrivains, de poètes et même des brahmanes venus de l'Inde. C'est aussi un centre commercial, à la croisée de l'Orient et de l'Occident. Mais la dynastie dont Cléopâtre est issue a perdu de sa splendeur. Minés par la cupidité et la corruption, les Ptolémées ont sombré dans la décadence, la dégénérescence physique et morale. Le royaume a subi de lourdes pertes et se réduit à l'Égypte. La coutume pharaonique exigeant un mariage consanguin, Cléopâtre, pour devenir reine d'Égypte, doit épouser son frère, Ptolémée XIII, qui n'a que treize ans. Avec la complicité d'une matrone, elle réussit à faire croire qu'elle a perdu sa virginité, en tachant le drap nuptial avec du sang de poulet. Mais comment se débarrasser de ce frère qui, comme le reste de sa famille, est faible et dénué de tout charisme ? Cléopâtre a l'intention de régner seule et de mettre un terme au déclin de sa lignée. Les mésaventures de son père, un être assez abominable et impopulaire, l'ont profondément marquée. Surnommé « le bouffi », « le voleur », il était détesté du peuple qui finit par le chasser d'Alexandrie. Mais les Romains le rétablirent sur le trône en échange d'une énorme somme d'argent. Cléopâtre a à peine dix ans quand elle assiste à cette déchéance, à cette humiliation. De là vient sa volonté de restaurer le royaume dans toute sa puissance tel qu'il était au temps de Ptolémée Ier.

En Égypte, rien n'empêchait une femme d'accéder au pouvoir suprême. Des reines illustres ont précédé Cléopâtre, comme Hatchepsout ou Néfertiti. Les femmes étaient libres de pouvoir choisir leurs maris. Cléopâtre n'a même pas besoin d'éliminer son frère et époux qui meurt noyé au cours d'une bataille contre les Romains. Reste son deuxième frère, Ptolémée XIV. Elle le fait empoisonner. Cléopâtre est enfin seule au pouvoir. Les Romains contrôlent alors toutes les rives de la Méditerranée, à l'exception de l'Égypte, dernier royaume indépendant qu'ils rêvent d'annexer car ils ont besoin des richesses de ce pays, de ses céréales, de son huile et de son or. Tout au long de son règne, Cléopâtre va donc entretenir des relations ambiguës avec Rome, entre passion amoureuse et froid calcul politique. Elle rêve de sceller une alliance entre l'Orient et l'Occident pour devenir un jour reine de Rome. Mais sans avoir à régner dans cette ville car elle prétend faire d'Alexandrie la capitale du monde. Il s'agit pour elle de restaurer le royaume de ses ancêtres. Et c'est dans ce but qu'elle est amenée à négocier avec César.

Il a cinquante-deux ans, elle en a vingt. Il admire surtout sa magnifique intelligence et son tempérament guerrier. C'est le coup de foudre. Tous deux se jaugent. Il a besoin d'elle, elle de lui. Ils passent une sorte de marché. Un marché qui ira jusqu'à la conception d'un enfant, Césarion, en qui Cléopâtre voit l'héritier de César, et qui un jour, peut-être, règnera sur Rome et Alexandrie. Cette liaison sert au mieux le dessein de Cléopâtre : sauvegarder l'indépendance de l'Égypte. Mais avec l'assassinat de César, sa stratégie s'effondre. Il lui faut tout reconstruire, sans se tromper dans ses choix stratégiques. Deux hommes s'affrontent pour succéder au grand César. Octave, son petit-neveu, dont il a fait son héritier légal, et Marc Antoine, son principal lieutenant. Marc Antoine s'occupe de l'Orient. C'est donc avec lui que Cléopâtre devra désormais traiter, dans l'espoir de nouer une alliance aussi profitable qu'avec César. Marc Antoine est un colosse qui a séduit de nombreuses femmes partout où il est passé, de la Gaule jusqu'à la Syrie. « Jouir sans entraves » est sa devise. Adepte des orgies, il se dit fils de Dionysos : dieu du vin, de la vigne et de l'amour. Cléopâtre s'éprend follement de lui car c'est un amant exceptionnel. Pour le retenir, elle crée la société de la Vie inimitable : au cours de torrides bacchanales, le vin coule à flot et on fait l'amour sans retenue. Mais ces orgies sont ponctuées d'entretiens philosophiques et de conversations relevées. Issu de la plèbe, Marc Antoine aspire à être divinisé.

Rencontre d'Antoine et de Cléopâtre.
Sébastien Bourdon (1616-1671),
musée du Louvre, Paris.

Cléopâtre et Marc Antoine s'identifient aux dieux protecteurs grecs et égyptiens, aux divinités des arts, de l'amour et de la fertilité. Osiris et Apollon pour lui; Isis et Aphrodite pour elle. Dans un élan mystique, ils ont le sentiment de former un couple divin, régnant sur un nouvel empire qui relie Orient et Occident. Ce rêve ne va pas durer. À Rome, Octave, entouré d'écrivains et d'hommes de lettres qui l'encensent, orchestre une campagne de calomnies contre son rival : « Marc Antoine est un traître à sa patrie, vendu à l'Égyptienne ; ébloui par la courtisane du Nil, il a oublié Rome, il est devenu un satrape oriental ; sous la coupe de l'étrangère, il a perdu son âme de Romain et s'est orientalisé. » Bien que Marc Antoine ait toujours défendu clairement les intérêts de Rome, il est déchu de sa citoyenneté. Octave trouve l'arme décisive contre les deux amants : il fait voler le testament de Marc Antoine et révèle au Sénat le contenu de ce document secret : Marc Antoine, lorsqu'il mourra, demande à être enterré à Alexandrie, aux côtés de Cléopâtre. Loin de Rome, loin de sa patrie. Cette révélation déclenche la colère des Romains. Marc Antoine perd ses derniers alliés, Octave peut lui déclarer la guerre. Fort habilement, Octave réussit à transformer une guerre civile en guerre étrangère. Le 2 septembre 31 avant Jésus-Christ, au large de la ville d'Actium, à l'ouest de la Grèce, la bataille navale qui s'engage tourne très vite au désastre pour la flotte de Marc Antoine et de Cléopâtre. Celle-ci fuit vers Alexandrie avec les navires qui lui restent, abandonnant Marc Antoine à sa défaite. Le couple vient de vivre un tournant fatal de son existence.

Marc Antoine comprend assez vite qu'il ne pourra plus compter que sur les forces de l'Égypte seule, car tous ses alliés ont fait allégeance à Octave. Il n'est plus que l'amant de Cléopâtre. Les relations du couple dont les intérêts divergent vont se dégrader assez vite. Des scènes de ménage de plus en plus violentes éclatent pour des raisons politiques ! Désormais seul maître en Méditerranée, Octave a gagné. Le rêve de Cléopâtre est brisé. Déjà les légions romaines sont aux portes d'Alexandrie. Acculés, les amants n'ont plus de stratégie commune face à un échec imminent. Cléopâtre veut sauvegarder son royaume et tente de négocier avec Octave, ce qui affecte Marc Antoine. Abattu, il se prépare au suicide. Dans la Rome antique, le suicide est très bien accepté. Jusqu'au milieu du Ier siècle de notre ère, il n'est pas perçu comme un acte lâche, mais bien au contraire comme une façon digne de mettre fin à son existence. Cléopâtre qui ne veut pas perdre Marc Antoine, trouve un moyen de le ramener à elle en fondant un deuxième cercle : la société des Amants de la mort, où, avec dix autres amis choisis, ils se préparent à la meilleure façon de se donner la mort. Avec cet engagement : si l'un meurt, l'autre l'imitera aussitôt. Au cours de repas lugubres sont évoquées toutes les formes de suicides possibles. La reine teste sur des condamnés différents types de poisons... Cléopâtre n'avait pas l'intention de mourir avec Marc-Antoine, mais elle lui fait pourtant parvenir un étrange message lui annonçant sa mort, alors qu'elle s'est enfermée dans son mausolée. Fidèle à leur engagement réciproque, il se transperce le corps d'un coup d'épée. Grâce à ce terrible mensonge, Cléopâtre a-t-elle voulu se débarrasser d'un pion devenu inutile sur l'échiquier de ses négociations avec Octave, qui avait d'ailleurs exigé la mise à l'écart de son rival ? Mais comment croire que Cléopâtre ait pu trahir son serment ? Quand elle apprend ce suicide, elle fait immédiatement porter le corps de son amant dans le mausolée. Marc Antoine expire dans ses bras et elle se lacère le visage de désespoir.

La voici seule face à Octave. Déchirée entre sa fidélité au souvenir de Marc Antoine et le désir de sauver son royaume, elle tente de se rapprocher d'Octave et même de le séduire. Mais ses avances sont rejetées. La fin de la dynastie est inéluctable. L'humiliation suprême pour Cléopâtre serait de se retrouver enchaînée et traînée en reine vaincue derrière le char d'Octave lors du triomphe de celui-ci à Rome. Retenue prisonnière dans une aile de son propre palais, elle n'a qu'une idée en tête : se tuer. Étroitement surveillée, mais prête à tout, elle se souvient avoir fait condamner à mort une femme infanticide en la faisant piquer par des aspics. Il faut plusieurs morsures de ces serpents pour que la mort soit rapide et pas trop douloureuse. Elle réussit donc à se procurer six aspics... Cette version de sa mort, si romanesque soit-elle, est peu vraisemblable. Il est plus probable qu'elle se soit empoisonnée. Mais comment du poison a-t-il pu lui être fourni alors qu'elle était l'objet d'une surveillance étroite ? Une hypothèse : la nourriture était surveillée, mais pas sa garde-robe. Cléopâtre avait demandé ses vêtements d'apparat. Dans ces lourds brocards aurait été dissimulée une fiole qu'elle se serait administrée. Portant sur elle tous les insignes de sa fonction, la septième et dernière reine d'Égypte, une dernière fois maîtresse de son destin, meurt sur un coup d'éclat qui parfait sa légende. Cléopâtre avait rêvé de voir Césarion, le

Mort de Cléopâtre, 1874.
Jean-André Rixens (1846-1925),
musée des Augustins, Toulouse.

fils qu'elle avait eu avec César, lui succéder à la tête d'un vaste empire, de Rome à Alexandrie. Mais Octave ne peut supporter l'existence de ce rival potentiel et il le fait assassiner. L'Égypte n'a plus de pharaon et ce royaume mythique passe sous domination romaine. Le culte mortuaire de Cléopâtre a très vite été interdit, et nul ne sait où se trouve son tombeau, ni ce qui est advenu de son corps. Elle est pourtant le personnage féminin de l'Antiquité qui hante le plus l'imaginaire des foules. Son mythe est éternel et n'a pas fini de fasciner les femmes et de faire fantasmer les hommes. Pour Virgile et Horace, elle n'est qu'une infâme putain qui s'est prostituée à des fins politiques. Mais son destin et sa mort tragiques ont par la suite inspiré les peintres, enflammé l'imagination des écrivains, comme Shakespeare. Au cinéma, cette créature mythique a été incarnée par les plus grandes stars.

Mais qu'en est-il de son nez réputé si long ? L'histoire du nez est amusante, car on ne dispose pas de portrait de Cléopâtre et aucun auteur ancien ne mentionne ce nez ! Le premier à l'évoquer est en fait Pascal qui écrivit : « Le nez de Cléopâtre : s'il eût été plus court, toute la face de la terre aurait changé. » Probablement une simple boutade pour montrer que de petites causes peuvent entraîner de grands effets. Le nez de Cléopâtre n'était peut-être pas si spectaculaire qu'on l'avait cru !

MATA HARI
ESPIONNE OU FEMME FATALE ?

En 1917, année durant laquelle les soldats et l'arrière peinent à supporter le terrible effort de guerre entamé trois ans plus tôt, la justice militaire française, afin de provoquer un sursaut patriotique dans l'opinion, condamne à mort de nombreux espions allemands. Mais de tous ces fusillés plus ou moins coupables, le public ne retient aujourd'hui qu'un seul nom : celui de Mata Hari, danseuse orientale et courtisane de luxe, qui a entamé dix ans auparavant une éclatante carrière dans le Paris de la Belle Époque. L'effeuilleuse javanaise est-elle alors devenue, comme le prétendent les journaux de l'époque, une espionne professionnelle, profitant de ses relations dans le Tout-Paris pour livrer des secrets d'État à l'ennemi allemand ? Si l'histoire de Mata Hari concentre beaucoup des ingrédients qui fascinent les foules, exotisme, sexe et sang notamment, les historiens se sont longtemps affrontés à son sujet, les uns penchant pour la thèse de l'espionne perfide, quand d'autres ont préféré voir en elle la victime expiatoire du nationalisme guerrier.

Le premier des nombreux mystères qui ont entouré le personnage de Mata Hari est celui de son identité, qu'elle s'est elle-même attachée à brouiller lorsqu'elle a commencé à brûler les planches des scènes parisiennes. La réalité est souvent décevante, et l'envoûtante danseuse javanaise n'était en fait à

Margaretha Geertruida Zelle dite Mata Hari, 1904.

l'origine qu'une fille de la bourgeoisie néerlandaise. De son vrai nom Margaretha Zelle, elle naît en 1876 à Leeuwarden. Elle est la fille d'un chapelier prospère mais dépensier, qui ne cesse de la choyer durant son enfance. Le teint ambré de la petite fille, ses cheveux noirs, ses yeux foncés en amande en font, aux yeux d'Adam Zelle, son père, une princesse orientale, qui éclipse sans peine ses autres enfants, tous blonds et roses. À six ans, Margaretha reçoit en cadeau d'anniversaire une voiture à quatre places, tirée par des chèvres ! De son père, elle hérite également d'une tendance consommée à l'affabulation... Placée dans le pensionnat le plus chic de la région, où elle apprend notamment le français et l'allemand, qui lui seront plus tard bien utiles, elle convainc sans peine ses camarades qu'elle est baronne, et immensément riche. Mais ce monde fantasmé s'écroule subitement en 1889, quand Adam Zelle fait faillite. Bientôt, la mère meurt, et Margaretha est placée chez une tante, qui la pousse à devenir institutrice. Or la jeune fille n'a rien perdu de son orgueil : elle refuse de travailler. Après avoir fui l'école normale, à dix-huit ans, elle déniche un mari dans les petites annonces. John MacLeod, noble d'origine écossaise, capitaine quadragénaire, l'emmène bientôt à Java, alors colonie néerlandaise et lieu de son affectation. L'idée de ce voyage lointain enchante Margaretha, mais, une fois sur place, et bientôt mère d'un garçon et d'une petite fille, elle découvre bien vite qu'elle n'est pas vraiment faite pour l'existence rangée d'une épouse d'officier. Elle se désintéresse de l'éducation de ses enfants, se détache de son mari, et fait scandale en s'habillant à la mode indigène. Dans les lettres qu'elle envoie à ses amies de pension restées aux Pays-Bas, elle signe du nom de Mata Hari, « œil du jour » en malais, le nom que les autochtones donnent au soleil... Le double de Margaretha est déjà en gestation, fantasme né d'une inextinguible soif de liberté. Cette liberté tant espérée, la jeune femme va la retrouver en 1902. Un drame a entre-temps précipité la rupture avec son mari : par malveillance, ou par accident, les deux enfants du couple sont empoisonnés. Seule leur fille survit. MacLeod accuse sa femme, injustement sans doute. Reste que les deux époux ne se supportent plus et, à la faveur d'un retour aux Pays-Bas, le divorce est finalement prononcé. Margaretha ne rêve alors que de Paris, la ville de la légèreté et des plaisirs, la Ville lumière qui a brillé de mille feux lors de l'Exposition universelle de 1900. Elle sait les Parisiens friands d'exotisme. Alors elle a l'idée de se transformer pour eux en danseuse orientale : elle connaît quelques mots de malais, a observé attentivement les gestes lascifs des danseuses javanaises... À Paris, où elle débarque à la fin de l'année 1902, ses débuts sont pourtant difficiles. Les peintres ne veulent pas la prendre pour modèle, la trouvant mal faite, déplorant notamment la modestie de sa poitrine. Ce n'est qu'en 1904 que Margaretha, après avoir beaucoup tâtonné, finit par mettre au point la formule qui va faire son succès : elle se dit fille d'une prêtresse du dieu Siva et raconte qu'elle a été initiée dès son plus jeune âge à des danses sacrées. Ses chorégraphies présentent l'alléchante particularité de finir en nu presque intégral, la danseuse offrant son corps dénudé à la divinité... Ce personnage est un double fascinant et flamboyant, presque une réinvention d'elle-même. Et le Tout-Paris, conquis par ce détonnant mélange d'exotisme et d'érotisme, s'entiche très vite de « Lady MacLeod » qui, bientôt, ne se fait plus appeler que « Mata Hari ». La danseuse n'accepte de se produire qu'à prix d'or, devant des parterres choisis. Car les voyeurs ne trouvent rien à redire aux élucubrations et aux gesticulations peu

Margaretha Geertruida Zelle dite Mata Hari, 1906.

authentiques de l'affabulatrice, qui se déhanche devant une statue dorée de Siva, dieu à quatre bras auquel elle offre un à un les voiles recouvrant son corps. Les cercles snobs de la Belle Époque préfèrent de loin l'Orient de pacotille à l'Orient réel. Bientôt, l'envoûtante danseuse se fait même demi-mondaine, courtisane de luxe, choisissant parmi ses admirateurs celui qui aura pour quelque temps le privilège de payer ses folles dépenses. Elle devient l'une des plus fameuses « croqueuses de diamants » de Paris, rivale de la danseuse belge Cléo de Mérode et de l'actrice espagnole Caroline Otero. Or la nouvelle star de l'érotisme mondain, consacrée par le Tout-Paris, ne veut pas fixer de frontières à son ambition. À partir de 1906, l'Europe entière se l'arrache : à Madrid, Monte-Carlo, Berlin puis Vienne, Mata Hari se partage entre la scène et des amours de passage. Se constituant un incroyable carnet d'adresses d'amants et d'admirateurs mêlant artistes, officiers et ambassadeurs. Mais à son retour à Paris, en 1908, Mata Hari constate qu'elle a été copiée et déjà presque oubliée. Les effeuilleuses orientales se sont multipliées comme par magie, plus sensuelles, plus jeunes aussi que leur modèle. Mata Hari n'est plus engagée que pour des spectacles de charité. Bientôt, la révolution esthétique des Ballets russes balaie même l'exotisme Belle Époque : la danseuse cède alors définitivement le pas à la demi-mondaine. Mais l'argent lui file entre les doigts et elle est criblée de dettes. Lorsque la guerre éclate, en 1914, Mata Hari se trouve à Berlin où, tentant de relancer une énième fois sa carrière, elle a fini, après bien des tentatives infructueuses, par trouver un rôle dans une modeste opérette. Mais sitôt la guerre déclarée, le théâtre où elle est employée ferme ses portes, et, à déjà trente-huit ans, les tempes grisonnantes, la silhouette alourdie, elle se résout à songer à une nouvelle profession. Passant par les Pays-Bas, l'Angleterre puis l'Espagne, elle parvient à rentrer à Paris à l'automne 1915. Désargentée, Mara Hari se fait entretenir par des officiers en permission. Bientôt, une idée lui vient cependant à l'esprit : en ces temps de guerre, pourquoi ne pas devenir espionne ? Elle ne doute pas de pouvoir mener comme toujours les hommes par le bout du nez. C'est durant un voyage à La Haye, au printemps 1916, qu'une rencontre fortuite précipite cette reconversion professionnelle : un employé du consulat allemand, qui est en réalité un espion, lui propose vingt mille francs pour payer ses dettes ; en contrepartie, il lui donne simplement pour consigne : « Voyagez, rapportez-nous des nouvelles. » Cette femme polyglotte, qui a « fréquenté » des officiers de toutes nationalités, semble une recrue de premier choix à l'espion allemand. Mata Hari se fait alors confier des encres sympathiques pour rédiger ses messages et reçoit un nom de code, H 21.

À son retour à Paris, en juin 1916, la danseuse est donc devenue une espionne au service de l'Allemagne, même si elle se contente de glaner des renseignements insignifiants, conversations de salon et échos mondains. Pour ne rien arranger, et pour la première fois de sa vie, elle tombe alors amoureuse d'un jeune officier russe, le lieutenant Vadim Masloff. Lui ne l'aime pas, mais, pour une fois, c'est Mata Hari qui entretient son amant : elle a donc besoin d'encore plus d'argent qu'à l'ordinaire. À l'été 1916, quand elle rencontre le capitaine Ladoux, chef du contre-espionnage français qui la fait filer depuis plusieurs mois, et que celui-ci, pour démasquer celle qu'il soupçonne d'être une espionne allemande, décide de la piéger en lui donnant une mission, elle accepte à nouveau sans réfléchir. Pire : elle affirme à Ladoux qu'elle est la maîtresse du Kronprinz, le fils de l'empereur Guillaume II, pour justifier la coquette somme d'un million de francs qu'elle réclame contre ses renseignements. Au capitaine, elle explique même benoîtement qu'elle a besoin de cet argent pour refaire sa vie avec son bel amant russe... Or tant de naïveté ne sied pas à un agent double, statut qui est désormais le sien. Mata Hari s'illusionne gravement en imaginant que le mystère et le charme qui l'ont aidée à devenir une courtisane recherchée suffiront à faire d'elle une espionne d'exception. Car on ne joue pas avec les services secrets. Ladoux, qui cherche des preuves de ses relations avec l'Allemagne, l'envoie bientôt à Madrid, ville neutre et repaire supposé des défaitistes français. Là, Mata Hari prend l'initiative d'entrer en contact avec le capitaine von Kalle, attaché militaire de l'ambassade d'Allemagne. Elle devient sa maîtresse pour lui arracher des informations, mais von Kalle la démasque sans mal, découvrant en elle un agent double qu'il faut éliminer. Il préfère cependant laisser ce soin aux autorités françaises, auxquelles il révèle son statut d'agent allemand. Lorsque Mata Hari rentre à Paris, en janvier 1917, elle ne tarde pas à être arrêtée. La France, comme tous les pays en guerre, connaît alors une crise profonde. Le million de morts au combat est dépassé, et l'arrière, épuisé par les restrictions, connaît un subit effondrement moral, auquel les pouvoirs publics tentent de remédier en jetant des traîtres en pâture à la foule. Dans la prison où elle est jetée, Mata Hari ne tarde pas à être surnommée la « bochesse » par ses codétenues. Femme aux mœurs scandaleuses, menant grand train en temps de guerre, artiste aux relations cosmopolites, Mata Hari ne peut être que coupable aux yeux de l'opinion. La presse répand bientôt une rumeur insistante : Mata Hari serait une espionne professionnelle, formée dans une école des services secrets allemands, et venue en mission à Paris en 1902 dans les habits d'une danseuse orientale. Ses talents de courtisane lui auraient alors permis d'infiltrer les plus hautes couches de la société française... Pourtant, durant l'instruction de son procès, le juge Bouchardon a bien du mal à lui arracher des aveux. Transfigurée par l'épreuve, calme et courageuse, Mata Hari lui tient tête pendant quatre longs mois. Mais les services secrets finissent par transmettre au juge le télégramme de von Kalle qui prouve que, pour les Allemands, la danseuse était l'agent H 21. Mata Hari a beau souligner qu'elle ne leur a fourni que des

Mata Hari se produit au musée Guimet le 13 mars 1905.
Paul Boyer (1850-1937),
bibliothèque des Arts décoratifs.

informations sans valeur, ce qui est vrai, elle est perdue. Car la justice militaire, en cette critique année 1917 qui voit les grèves succéder aux mutineries, fait fusiller tous les espions sans distinction, quels que soient leur importance ou leur sexe.

Abandonnée de tous ses anciens amants, et notamment de son seul amour, le lieutenant Masloff, qui se fiance alors avec une jeune Française, Mata Hari semble prématurément vieillie. Ses juges et la foule qui assiste à l'ouverture de son procès, le 24 juillet, ne la trouvent plus belle. À l'issue des débats qui se déroulent à huis clos, le 3e Conseil de guerre la condamne à mort, à l'unanimité des juges. Le 15 octobre 1917, après le rejet de tous ses pourvois, l'espionne néerlandaise est conduite à l'aube au polygone de Vincennes, le lieu habituel des exécutions. Devant le peloton, elle fait preuve de bravoure, refusant qu'on lui bande les yeux. Personne ne réclamera son corps. Espionne maladroite, dont les services ne justifiaient sans doute pas la condamnation à mort, elle est victime du contexte et de sa réputation. Ni victime innocente, ni espionne dangereuse, Mata Hari meurt en réalité en actrice vieillissante, qui n'aura pas su prendre la mesure de son ultime rôle.

MOLIÈRE
A-T-IL ÉCRIT SES PIÈCES ?

Molière a marqué l'histoire de la littérature française au point d'être l'un de ses plus illustres représentants. Certains de ses vers sont même passés dans le langage courant. Trente-six pièces et cinquante et une années de vie ont fait de Jean-Baptiste Poquelin, dit Molière, une légende. Et pourtant cette légende est peut-être trop belle, car la paternité de son œuvre est aujourd'hui contestée.

Il faut revenir à son histoire. Jean-Baptiste Poquelin naît à Paris le 15 janvier 1622, sous le règne de Louis XIII. Il perd sa mère à l'âge de dix ans. Il grandit dans un milieu bourgeois, élevé par des servantes. Sa biographie est pleine d'incertitudes, mais on sait qu'il va à l'école des jésuites, au collège de Clermont, puis qu'il effectue une année de droit à Orléans.

Le goût des arts, de la musique et du théâtre lui viendrait de son grand-père maternel. Mais son père a pour lui d'autres ambitions. Riche commerçant, il est tapissier du roi. Jean-Baptiste doit prendre la relève, sa voie semble tracée. Rien encore qui annonce la carrière qu'il suivra. À Paris, le théâtre n'en est qu'à ses balbutiements. Les pièces sont jouées dans des salles de jeu de paume : tout est à faire.

Molière dans La Mort de Pompée *de Corneille.*
Nicolas Mignard (1606-1668),
musée Carnavalet, Paris.

Le destin de Jean-Baptiste se joue à ce moment-là. Il aurait pu devenir un riche commerçant. Mais à une vie bien rangée, il préfère le théâtre. Il rencontre et tombe amoureux de la comédienne Madeleine Béjart, de quatre ans son aînée, qui toute sa vie demeurera sa muse. Jean-Baptiste, crée en 1643, une troisième troupe permanente à Paris : l'Illustre Théâtre.

Jean-Baptiste Poquelin devient alors Molière et l'Illustre Théâtre parcourt le pays pour se faire connaître. Molière entame à vingt-trois ans sa première carrière. Il ne reviendra à Paris qu'à l'âge de trente-six ans pour y connaître un succès soudain. Mais qu'a-t-il fait pendant ces treize années ? La suspicion quant à la paternité de son œuvre vient de cette période mystérieuse dont on a très peu de traces. Effectivement, le Molière auteur n'est pas encore né. On ne lui prête alors que quelques farces et des adaptations... Cette période est surtout celle du Molière comédien, de l'acteur comique qui s'impose comme chef de troupe et qui se crée un réseau de protecteurs, alors indispensables aux artistes. Le duc d'Épernon en Aquitaine, le prince de Conti en Languedoc... Cette période charnière dans la vie de Molière, est sujette à toutes les hypothèses. Car la suite est troublante. Molière revient à Paris où il obtient la plus haute des protections, celle du frère du roi, Gaston d'Orléans.

À Paris depuis trois semaines, il se retrouve déjà au Louvre pour jouer en privé devant le jeune roi Louis XIV. Il commence par une tragédie de Corneille. Certains situent à cette date les prémices d'une collaboration possible entre les deux auteurs... Mais c'est avec une farce qu'il conquiert le roi, ce qui lui vaut d'ailleurs d'obtenir une salle de théâtre. À trente-six ans, Molière débute une seconde carrière et se met à écrire. Les pièces comme *Les Précieuses ridicules*, *Sganarelle* ou *le Cocu imaginaire* triomphent... Un succès rapide. Trop rapide peut-être. Aux côtés des Corneille, La Bruyère, La Fontaine, plus tard Boileau et Racine, Molière devient en quelques mois l'une des hautes figures littéraires de ce Grand Siècle. Molière sait faire rire la cour et surtout le roi qui va gouverner seul après la mort de Mazarin.

Quand Molière trouve-t-il le temps d'écrire ? Surchargé de travail, il est responsable des divertissements de la cour. Molière n'a pas encore écrit *Dom Juan*, *L'Avare* ni *Le Misanthrope*, mais il est déjà au sommet de sa gloire. Et pour être encore plus près de Louis XIV, en plus de ses activités liées au théâtre, Molière récupère la charge de valet et de tapissier du roi qu'il tient de son père. Cette fonction honorifique consiste à préparer le mobilier du roi. Fin stratège ? Courtisan ? Cela n'explique pas son succès si rapide ni l'abondance de ses créations au milieu d'une multitude d'activités. Voilà qui suscite le doute. N'est-ce pas trop pour un seul homme ?

Hyppolite Wouters, avocat et auteur dramatique, met en doute la paternité de l'œuvre de Molière. Molière n'a laissé aucune trace, aucun indice. Pas de correspondance, pas de manuscrits. De sa main, il ne reste que quelques signatures au bas d'actes notariés. Mais deux documents d'époque intéressants nous sont parvenus. D'abord, le précieux registre établi par le comédien Lagrange, conservé à la bibliothèque de la Comédie-Française. Les comptes, les représentations et quelques précieuses remarques permettent de suivre l'épopée de l'Illustre Théâtre... Et puis il y a la *Vie de M. de Molière* écrite par Grimarest en 1705. Cette première biographie établie trente-deux ans après la mort de Molière s'appuie sur les souvenirs lointains de ses contemporains. Denis Boissier, écrivain et auteur de *L'Affaire Molière*, est convaincu que Molière n'est pas l'auteur de ses pièces. En revanche, pour François Rey, coauteur avec Jean Lacouture de *Molière et le Roi*, il n'y a pas de doute à avoir, Molière en est bien l'auteur. Il est vrai que Molière est un personnage complexe, ambigu, difficile à cerner, d'autant que sa biographie est pleine de zones d'ombres. Certains de ses détracteurs doutent même de son parcours scolaire et de sa capacité à être un véritable homme de lettres. Molière ne serait-il qu'un comédien, un saltimbanque, voire un bouffon à qui la tragédie ne réussit guère ? En effet *Dom Garcie de Navarre*, la seule tragicomédie qu'il signe, est retirée après quatre représentations. Un échec amer. Son nom n'apparaîtra plus que sur des comédies.

Pierre de Corneille, 1647.
Charles Le Brun (1619-1690), château de Versailles.

Il faut savoir qu'au XVIIe siècle écrire une pièce c'est en dresser le canevas, l'écrire en prose et la versifier ensuite quand elle est destinée à être mise en vers. Molière était-il aidé ? Dans cette affaire l'analyse du style constitue un élément capital. Jean-Jacques Lefrère a repris tous les arguments de cette énigme et les a compilés dans l'ouvrage *Ôte-moi d'un doute...* C'est Pierre Louÿs, écrivain et poète, qui lance le premier la polémique en 1919. Il estime qu'il y a des ressemblances troublantes de style entre Molière et... Corneille, l'auteur du *Cid*. Corneille, nègre de Molière... Sa révélation fait l'effet d'une bombe. Cette hypothèse ressurgit régulièrement avec dans les années 1950, le romancier Henry Poulaille et, depuis les années 1990, Hyppolite Wouters qui défendent cette thèse. Et puis il y a *Psyché*, écrit en 1671. L'éditeur indique dès la première publication : « Monsieur de Molière a dressé le plan de la pièce, il n'y a que le prologue et le premier acte, dont les vers soient de lui. Monsieur Corneille a employé une quinzaine au reste et par ce moyen sa Majesté s'est trouvée servie... »

Molière n'a mis que quinze ans pour écrire la quasi-totalité de ses pièces, entre son retour à Paris en 1658 et la fin de sa vie en 1673. Corneille l'a-t-il donc aidé à construire son œuvre et sa légende ? Mais quand Corneille et Molière auraient-ils pu se rencontrer et entamer cette éventuelle collaboration ?

Reprenons les faits. Nous sommes en 1658. La troupe de l'Illustre Théâtre vient de passer treize années dans le Sud. Avant de rejoindre Paris et d'obtenir le succès rapide que l'on connaît, la troupe séjourne six mois à Rouen. Pourquoi Rouen ? Peut-être parce qu'au n°4 de la rue de la Pie vivent le grand poète Pierre Corneille et son frère Thomas, lui aussi auteur de théâtre. Mais quel intérêt aurait Corneille à se dissimuler derrière Molière ? L'auteur du *Cid* est à ce moment un peu passé de mode. Malgré ses fonctions d'avocat, père de six enfants, il a besoin d'argent. Le registre Lagrange révèle en effet que la troupe paye deux mille livres la pièce *Attila* de Corneille pour pouvoir la jouer... Détail étrange : à partir de 1662, Molière obtient de sa troupe la rémunération non pas d'une part mais de deux parts d'auteurs... Mais l'hypothèse d'une complicité de plume entre les deux hommes aurait d'autres mobiles. Corneille est peut-être le contact qu'il faut à Molière pour s'introduire auprès de la cour. Pour Corneille, écrire des comédies sous le nom de Molière ne porterait pas atteinte à son statut de grand auteur. Surtout, cela lui permettrait de placer des pièces sulfureuses. Avec Molière comme couverture, il ne prendrait aucun risque. Louis XIV aurait-il pu ignorer une possible collaboration entre Molière et Corneille ? Difficile à imaginer. D'autant que les écrivains sont désormais subventionnés par le roi. Depuis 1663, une liste a été dressée pour gratifier les auteurs. Molière perçoit mille livres par an. Corneille deux mille livres. À ce stade de l'enquête, il est difficile de trancher. Les preuves et la vérité sont à rechercher maintenant dans l'œuvre attribuée à Molière. L'absence de manuscrits, la collaboration avérée entre Corneille et Molière pour *Psyché*, le passage à Rouen, le succès soudain mais tardif de Molière, son emploi du temps surchargé, voilà qui apporte de l'eau au moulin des sceptiques.

Plus de trois siècles après la mort de Molière, les partisans de Pierre Louÿs (les louÿsiens), et les moliéristes se livrent une guerre sans merci. L'enjeu est important : révéler la plus grande supercherie de l'histoire de la littérature française ou en finir avec la thèse de ce pacte supposé. L'analyse par ordinateur du style ne peut pas être considérée comme une preuve formelle. Cette approche est contestée. Même si Dom Juan dit que « deux et deux sont quatre », les statistiques et la littérature n'ont jamais fait bon ménage. Pour les moliéristes, le succès rapide de Molière s'explique par l'énergie nouvelle qu'il insuffle au théâtre. Corneille est, lui, d'une autre génération. Il a seize ans de plus que Molière. Est-il encore capable d'innover ? Avec les *Précieuses ridicules*, comédie en un acte, Molière expérimente la comédie de mœurs. Il se moque des précieuses, des médecins, des faux dévots et des petits marquis. Il innove aussi par sa mise en scène. Mais pour être sûr que Molière utilise ses propres mots et non ceux d'un autre, il faut poursuivre l'étude de son œuvre. Faute de documents plus personnels, il faut voir si ses pièces portent bien en elles son empreinte, ses références. En homme de théâtre, Molière utilise le matériel humain qu'il a sous les yeux. Ses acteurs. Il semble écrire pour eux, sur eux... Et sur lui. Molière se voit jouer, ou joue de se voir. Même en cocu, même en jaloux... Mais certains mettent cela en doute et soupçonnent Corneille d'être derrière cette autodérision... oubliant qu'à l'époque de *L'École des femmes,* Molière et les frères Corneille sont en pleine querelle ! Thomas Corneille a traité de « bagatelles » les pièces de Molière. Et Molière a contre-attaqué en parodiant les deux frères dans *L'École des femmes* justement... Ici, il est difficile de croire à une collaboration. D'autant plus que certaines scènes jugées obscènes semblent indignes d'un Pierre Corneille. On n'imagine pas non plus que le secret de Corneille et de Molière n'ait pas été dévoilé plus tôt. Car à

Représentation du Malade Imaginaire *au théâtre de Minorque, en Espagne,* XVIIIe siècle.
Musée des Arts décoratifs, Paris.

Paris, tout finit par se savoir. Pourtant aucun contemporain de Molière ne parle de sa collaboration présumée avec Corneille. L'existence d'un tel pacte semble bien improbable. « Le théâtre n'est fait que pour être vu. Les pièces ne sont faites que pour être jouées... », écrivait Molière. Alors revenons à son théâtre. Molière écrit d'abord pour lui. Contrairement à Corneille, Molière est auteur et acteur. Il connaît ses capacités d'acteur. Il joue les scènes les plus longues. Qui d'autre que lui-même pouvait écrire ses propres rôles ? L'originalité de Molière est précisément d'avoir fait passer le personnage obstacle, par exemple, Harpagon dans *L'Avare*, comme personnage central de la comédie ! La fin est connue. C'est en jouant *Le Malade Imaginaire* que Molière meurt le 16 février 1673. Corneille mourra, lui onze ans plus tard. La légende se profile... Molière devient un mythe. C'est en son nom que l'on récompense aujourd'hui les meilleurs acteurs. L'histoire de Molière est écrite. Au-devant de la scène, Molière a pris toute la lumière. L'origine de la polémique vient peut-être de là. Mais osons l'affirmer ici : pour être comédien, Molière n'en est pas moins auteur.

MARIE STUART
REINE MARTYRE OU MANIPULATRICE ?

À quarante-quatre ans Marie Stuart, reine d'Écosse et de France, périt sur l'échafaud pour avoir comploté contre sa rivale Élisabeth Ire, reine d'Angleterre. Belle et élancée, cette princesse au destin tragique fut courtisée par les plus grands et ses déboires amoureux ont marqué son époque.

Au lendemain d'une défaite contre l'armée anglaise, Marie âgée de six jours seulement est proclamée reine d'Écosse. Son père, le roi Jacques V d'Écosse, vient de mourir et c'est Marie de Guise, sa mère, princesse française, qui exerce la régence. Depuis le Moyen Âge, l'Angleterre rêve de mettre la main sur l'Écosse. Henri VIII, qui vient d'avoir un fils, entend lui faire épouser Marie et réunir ainsi les deux royaumes en un seul. Mais ce mariage n'aura jamais lieu. Marie de Guise, en accord avec le Parlement écossais, s'y oppose fermement. Henri VIII est furieux. À quatre ans, Marie Stuart échappe de justesse à une tentative d'enlèvement ourdie par les Anglais. Sa mère se tourne alors vers la France, ennemi juré de l'Angleterre. Les négociations secrètes entre Écossais et Français aboutissent : pour sa sécurité, Marie Stuart devra quitter l'Écosse et épouser le futur roi de France. Orpheline de père, la voici arrachée à sa mère au nom de la raison d'État.

Portrait de la reine Marie Stuart lors de son exil en Angleterre, 1578.

Le roi de France Henri II saute sur cette occasion qui lui permettra non seulement de resserrer les liens avec l'Écosse, mais peut-être aussi d'annexer le royaume celte à la couronne de France. Une flotte française part chercher la toute jeune reine. Les années que Marie passe en France sont les plus heureuses de sa vie. Catherine de Médicis, la mère du prince, se charge de son éducation. À six ans, la jeune reine maudite devient une princesse choyée. Loin des bains de sang qui ont agité sa vie d'enfant, elle mène une vie plaisante dans les châteaux de la Loire, au Louvre, à Saint-Germain-en-Laye. Enfant brillante et gracieuse, Marie écrit des poèmes, étudie le latin et plusieurs langues, ainsi que la géographie. Elle danse à ravir. « Je n'ai jamais vu une enfant, une jeune fille aussi ravissante », s'exclame Henri II.

Portrait de la reine Élisabeth Ire d'Angleterre, XVIIe siècle. Musée du château de Pau.

Le mariage de Marie Stuart et du dauphin François est célébré à Paris, dans la cathédrale Notre-Dame. Tout le monde croit alors qu'une ère nouvelle s'ouvre en Europe. Mais un an plus tard, Henri II meurt tragiquement. À quinze ans, François accède au trône et Marie Stuart, à dix-sept ans, se retrouve reine de France. Au même moment, à Londres, sa cousine Élisabeth, fille d'Henri VIII, devient reine d'Angleterre. Pour le Pape, cette protestante, qui plus est, née d'un second mariage, celui d'Henri VIII avec Anne Boleyn, est une hérétique. Encouragée par les « papistes » qui voient en elle la seule héritière légitime du trône d'Angleterre, Marie Stuart revendique ses droits à la succession. Élisabeth Ière ne lui pardonnera jamais cet affront, d'autant moins qu'elle a d'abord dû lutter contre les préjugés misogynes de l'Angleterre du XVIe siècle. Car ce n'est pas de gaieté de cœur qu'on a vu une femme accéder au trône. Mais Élisabeth sait tirer avantage de son intelligence exceptionnelle. Très érudite, elle parle très bien le français, et connaît le latin aussi bien que le grec. Élisabeth travaille du matin au soir au service de l'Angleterre. Elle passe en revue l'armée, inspecte la marine car elle sait combien la maîtrise des mers est importante pour enrichir son pays, et se paye les services de corsaires pour arraisonner les galions espagnols. Elle sait parler au peuple, mais n'hésite pas à se montrer féroce pour se faire respecter, et à l'époque, les supplices sont abominables. Élisabeth Ire veut surtout régner sans partage. Vierge quand elle accède au trône, elle refuse le mariage pour garder son statut de reine. Sans descendance directe, elle a une obsession : empêcher à tout prix sa cousine de lui succéder.

À la cour des Valois, Marie Stuart est en représentation. C'est une reine de salon qui danse avec grâce et qui brode merveilleusement. Attisé par les courtisans, son narcissisme est flatté mais il aveugle la jeune femme sur la réalité de sa situation. Si elle a un double titre royal, elle n'a jamais exercé le pouvoir. Quand elle s'imagine reine d'Angleterre et d'Irlande à la place de sa cousine, il ne s'agit que d'un rêve inconsistant. Mais la mort de François II, en décembre 1560, un an à peine après son couronnement, précipite les événements. Catherine de Médicis qui ne supporte plus sa présence l'écarte de la cour. Veuve à peine mariée, Marie Stuart n'a pas d'avenir en France. Mais où aller ? En Écosse, qu'elle connaît à peine ? Dans l'Angleterre protestante qui l'a privée de sa couronne parce qu'elle est catholique ? Elle choisit son pays natal, quitté treize ans auparavant. Reine d'Écosse, il est temps pour Marie Stuart d'assumer son statut. Or son règne s'annonce difficile et dangereux car désormais, en Écosse, ce sont les protestants qui gouvernent. Ils acceptent sa venue à condition qu'elle ne remette pas en cause le passage de l'Écosse au protestantisme. Marie Stuart pourra assister à la messe, mais dans une chapelle privée. Elle ne gouverne pas et compose tant bien que mal avec John Knox, protestant fanatique, qui partage le pouvoir avec le comte de Murray, demi-frère de Marie Stuart. Des ennemis redoutables animés par une ambition vorace. Marie Stuart donne l'impression d'être totalement soumise, mais en fait, elle entend rester maîtresse de son destin et ne se résout pas à jouer les reines de pacotille. Le mariage lui semble la meilleure façon de reprendre la main. Elle se remarie avec son cousin, Lord Darnley. Un choix tactique car Lord Darnley, petit-neveu d'Henri VIII, est un héritier potentiel du trône d'Angleterre, et il est catholique. Pour Élisabeth Ire, c'est une provocation. Marie Stuart n'en a cure. Décrite à ce moment de sa vie comme une femme impulsive et émotive, elle n'écoute rien ni personne. Ce qui devait rester un arrangement se transforme en piège, car Marie tombe amoureuse de Lord Darnley. Une passion non partagée : son époux l'humilie, la frappe et la trompe. De cette union naît pourtant un fils, Jacques, en 1566. Au bord de la rupture, Marie Stuart hésite à divorcer, ne voulant pas qu'aux yeux du monde, son fils devienne un bâtard. Dépressive, épuisée par sa grossesse, elle dépérit. Mais, en quête d'affection, elle tombe amoureuse de Lord Bothwell, un de ses proches conseillers, qui devient son amant. Jusque-là malheureuse en amour, elle découvre le bonheur avec cet homme. Mais certains puritains crient au scandale et la font passer pour une femme légère. Marie Stuart joue avec le feu car Lord Bothwell, pour qui elle est prête à braver tous les interdits, est impopulaire et s'est fait de nombreux ennemis. Ambitieux, cet homme solitaire veut épouser la reine. Comment faire cependant car Marie Stuart est toujours mariée à Lord Darnley. Bothwell a un plan : tuer Lord Darnley… qui effectivement est retrouvé assassiné !

Tout de suite la rumeur publique accuse Marie Stuart d'être l'instigatrice du meurtre de son mari. Elle a toujours clamé son innocence dans cette affaire, mais beaucoup, même en France, la pensent complice de Bothwell, le meurtrier désigné de Darnley. Ignorant la rumeur publique qui l'accuse, Marie Stuart épouse en troisièmes noces le meurtrier supposé de son mari. Pour Élisabeth Ire, le comble du scandale est atteint. En Écosse, la vague d'indignation provoquée par ce mariage est considérable. Les leaders protestants assoiffés de pouvoir voient dans cet événement l'occasion rêvée d'évincer du trône d'Écosse Marie Stuart, dont les partisans affrontent alors l'armée des lords écossais soutenus politiquement par Élisabeth Ire. Marie Stuart est convaincue que la victoire lui est acquise, mais ses partisans sont mis en déroute. En juin 1567, elle est arrêtée et emprisonnée au château de Loch Leven tandis que Bothwell s'enfuit et l'abandonne. Menacée d'être égorgée, Marie Stuart est contrainte d'abdiquer en faveur de son fils encore au berceau. Déchue, la reine réussit pourtant à séduire son geôlier qui l'aide à s'évader déguisée en blanchisseuse. Au moment de fuir l'Écosse, alors que ses proches l'encouragent à rentrer en France, dans un sursaut d'orgueil, elle s'écrie : « Je suis reine d'Écosse, je fus reine de France, je suis reine d'Angleterre, je vais en Angleterre chercher ma couronne et mon royaume. » Inconséquence ? Naïveté ? Toujours est-il qu'à vingt-cinq ans, Marie Stuart est une reine en exil. Son arrivée en Angleterre pose un problème à Élisabeth Ire qui ne sait pas quoi faire de sa plus grande rivale. Elle ne veut ni la chasser ni l'accueillir comme une reine. Finalement, Marie Stuart est placée en résidence surveillée : un château avec des serviteurs, des dames d'honneur. Une prison dorée d'où elle peut sortir pour chasser ou se promener. Au cours des dix-neuf années que dure cette captivité, les relations entre les deux femmes sont de plus en plus tendues. Elles ne se sont jamais rencontrées, mais elles correspondent. Les missives d'abord courtoises vont peu à peu virer aux lettres d'insultes. Marie Stuart ira jusqu'à traiter Élisabeth de putain, de catin, de femme stérile… Il est vrai qu'elle ne voit pas d'issue à sa situation et ses nerfs finissent par craquer.

En 1571, un de ses partisans, le duc de Norfolk, complote avec elle pour renverser Élisabeth. Le plan est simple : Norfolk, après avoir libéré Marie Stuart, l'épousera et placera la reine d'Écosse sur le trône d'Angleterre. Ce complot, baptisé *Ridolfi*, est un échec.

Norfolk est arrêté et décapité. La surveillance autour de Marie Stuart s'intensifie. Elle n'est plus autorisée à correspondre avec l'extérieur. Pour Walsingham, secrétaire d'État d'Élisabeth Ire, Marie Stuart est une menace sérieuse qu'il faut éliminer. Selon lui, le risque serait que tous les mécontents du régime se rallient à sa cause. Mais comment convaincre Élisabeth Ire, qui se refuse à faire couler un sang royal ? William Cecil, un de ses ministres, lui souffle cette phrase : « Madame, deux soleils ne peuvent pas régner sur le même ciel ». Les services secrets anglais mettent alors en place un scénario machiavélique. Un certain Gifford, en fait un espion à la solde de Walsingham, propose à Marie Stuart un système pour l'aider à reprendre sa correspondance avec la France et l'Espagne. Persuadée de pouvoir reprendre contact avec le monde, elle ignore que ses lettres, toujours codées, sont déchiffrées et recopiées par les services secrets anglais. C'est Gifford qui se charge d'acheminer le courrier en le cachant dans un tonneau de bière et qui met Marie Stuart en contact avec Anthony Babington, fervent catholique qui projette de la libérer. Marie Stuart et Babington, loin de soupçonner Gifford, commettent l'irréparable en tombant dans le piège. En juillet 1586, Marie Stuart, en réponse à une lettre de Babington qui prévoit d'assassiner Élisabeth Ire, répond imprudemment qu'elle est d'accord. Cette lettre, connue comme « la lettre sanglante », passe par l'officine de Walsingham qui détient enfin la preuve formelle que Marie Stuart projette d'assassiner la reine d'Angleterre. Babington est éviscéré en place publique.

La reine d'Angleterre ignorait-elle vraiment les activités douteuses de son premier secrétaire d'État, Walsingham ? Le doute subsiste. En revanche il est certain, qu'Élisabeth Ire a pensé jusqu'au bout que sa cousine n'avait jamais comploté pour l'assassiner. Arrêtée, Marie Stuart est enfermée au château de

Marie Stuart, reine d'Écosse, captive, 1871.
John Callcott Horsley (1817-1903),
collection privée.

Fotheringay. Les preuves fabriquées par les services secrets anglais sont accablantes. Les lois anglaises sont formelles, le régicide est puni de mort. Élisabeth veut se débarrasser de sa rivale mais elle hésite car la mise à mort d'une reine est une transgression terrible, un sacrilège. Pour ne pas donner l'impression d'être directement responsable de l'exécution de sa cousine, elle donne alors son accord pour que celle-ci soit jugée par un tribunal. Au terme de son procès, Marie Stuart est condamnée à être décapitée. Élisabeth aurait longuement hésité avant de signer l'ordre d'exécution. Dans les semaines qui précèdent sa mort, la foi catholique de Marie Stuart se ravive et elle fait preuve d'un courage admirable. À ses proches qui pleurent sa fin prochaine elle confie : « Non, non, ce terrible pèlerinage de ma vie prend fin ». Le 8 février 1587, à 10 heures du matin, après avoir écrit une longue lettre de pardon à Élisabeth, elle monte à l'échafaud, drapée de noir. Elle prie en latin. Le bourreau lui arrache sa croix et écrase sous son pied cet objet papiste. Puis il lève sa hache et doit s'y reprendre à trois fois pour la décapiter. Avant de mourir, Marie Stuart a eu une formule qui semblait ne rien vouloir dire à ses contemporains : « Pendant ma vie, en ma fin est mon commencement ». Or, à la tragique lumière de son exécution, qui laisse d'elle un souvenir impérissable, cette phrase prend tout son sens...

LE MASQUE DE FER
QUI ÉTAIT LE MYSTÉRIEUX PRISONNIER DE LOUIS XIV ?

Rares sont les mystères historiques qui ont déchaîné autant de passion et d'intérêt que celui de l'homme au masque de fer. Ce prisonnier, enfermé pendant trente-quatre ans sur ordre de Louis XIV, jusqu'à sa mort à la Bastille en 1703, n'avait pas le droit de parler, ni même d'approcher quiconque en dehors de son geôlier. Nul ne pouvait connaître son identité, ni même la raison pour laquelle il était enfermé. Aussi historiens et romanciers, piqués au vif par cette énigme unique en son genre, ont-ils rivalisé d'imagination afin de deviner quel visage pouvait bien cacher ce fascinant masque de fer. Était-ce un frère jumeau de Louis XIV ? Le détenteur d'un explosif secret d'État ? Une plongée dans les archives du Grand Siècle a récemment permis à un historien de percer l'un des secrets les mieux gardés de l'histoire de France.

Certains ont pu douter de l'existence même du prisonnier le plus illustre et le plus mystérieux à la fois de notre histoire. Pourtant, celle-ci a bien été établie par les historiens, même si les traces laissées par le masque de fer dans les archives du règne de Louis XIV sont bien ténues. Sa première apparition se déroule au bord de la Méditerranée, dans la baie de Cannes, en avril 1687 : certains habitants de la région rapportent qu'ils

L'Homme au masque de fer emprisonné.
Célestin Nanteuil (1813-1873),
bibliothèque des Arts décoratifs.

CELESTIN NANTEUIL

ont vu un prisonnier transporté dans une chaise à porteurs couverte d'une toile cirée, escorté sous bonne garde jusqu'au rivage, où on l'a fait monter dans une barque. Les plus curieux ont appris que ce détenu, venu de la prison de Pignerol, dans les Alpes, est alors transféré dans la forteresse-prison de l'île Sainte-Marguerite, la plus grande des îles de Lérins, à quelques centaines de mètres au large de Cannes. La plupart des témoins ont surtout remarqué, au moment où le prisonnier, étouffant sous la toile, a passé la tête à l'air libre pour tenter de respirer, qu'il portait un curieux masque… un masque qui semblait fait de métal.

L'énigmatique prisonnier est alors escorté de Bénigne de Saint-Mars, ancien gouverneur de la prison de Pignerol, tout juste muté à Sainte-Marguerite. Dans la forteresse de l'île, sa cellule, qui a été retrouvée récemment au cours d'une restauration, est assez grande, plutôt confortable, ce qui est assez rare à l'époque. Mais deux portes et trois rangées de barreaux la protègent soigneusement, et le prisonnier au masque de fer n'a le droit de sortir sous bonne garde que dans un étroit couloir attenant, où un autel a été dressé pour qu'il puisse assister à la messe. En 1698, lorsque monsieur de Saint-Mars est nommé gouverneur de la prison de la Bastille, à Paris, la position la plus prestigieuse que puisse espérer un geôlier royal, son prisonnier le suit à nouveau. Lorsqu'ils traversent la France, des paysans s'étonnent de voir le gentilhomme manger à la même table que son prisonnier et même partager sa chambre. Monsieur de Saint-Mars a par ailleurs toujours des pistolets à portée de main, pour tuer son détenu au cas où celui-ci se mettrait à parler en présence d'un tiers. Dans ses carnets soigneusement tenus, Étienne du Junca, officier de la Bastille, note à la date du 18 septembre 1698 l'arrivée du nouveau gouverneur, accompagné d'un « ancien prisonnier qu'il avait à Pignerol, lequel il fait tenir toujours masqué, dont le nom ne se dit pas ». Les geôliers de la Bastille ne le verront d'ailleurs toujours que revêtu de son masque, jusqu'à ce que, cinq ans plus tard, le 18 novembre 1703, le prisonnier soit victime d'un malaise en revenant de la messe. Il meurt quelques heures plus tard, et on l'enterre dans le cimetière Saint-Paul sous le nom de Marchioly.

Portrait de François Marie Arouet dit Voltaire à l'âge de 24 ans. Nicolas de Largillière (1656-1746), musée du château de Versailles.

L'histoire du masque de fer aurait pu rester cantonnée à ces quelques témoignages et être rapidement oubliée ; c'était compter sans l'imagination et la verve de Voltaire, qui va l'élever au rang de légende. C'est en effet dans son ouvrage *Le Siècle de Louis XIV*, paru en 1751, que le sort de ce prisonnier est pour la première fois révélé au public. Un demi-siècle après sa mort, le philosophe, qui a lui-même passé un an à la Bastille, exhume l'histoire du masque de fer, dont il entend faire un symbole de l'arbitraire royal. D'emblée, Voltaire, qui n'hésite pas à faire marcher son imagination, construit le mythe : soulignant la distinction du personnage, son goût pour le linge fin, la déférence avec laquelle le traitent ses geôliers, il se dit persuadé que ce prisonnier était un aristocrate de haut rang, tenu une grande partie de sa vie en prison par Louis XIV pour étouffer un secret compromettant. Et Voltaire marque les esprits en décrivant longuement le fameux masque, qui possède selon lui au niveau du menton « des ressorts d'acier qui laissaient [au prisonnier] la liberté de manger avec le masque sur le visage ».

La légende du masque de fer est aussitôt lancée et sera alimentée, au cours des siècles suivants, par une foule d'historiens et d'écrivains. La rareté des faits historiques relatifs au prisonnier n'imposant aucune bride à l'imagination, tous vont élaborer des hypothèses plus ou moins fondées sur son identité. Il en existe au total plus d'une cinquantaine, dont nous ne retiendrons que les plus marquantes. La plus séduisante et la plus troublante à la fois est celle qui fait du masque de fer un frère jumeau du roi. Le premier à l'avoir formulée est Alexandre Dumas, dans *Le Vicomte de Bragelonne*. Ce frère jumeau, qui serait né huit heures après Louis XIV, est un obstacle de taille pour le pouvoir monarchique, car il ne peut y avoir qu'un seul roi ! Aussi, avance l'écrivain, a-t-il été masqué et caché toute sa vie, traité cependant avec les égards dus à un personnage de rang royal... Autre hypothèse : il s'agirait d'un esclave noir, un temps au service de l'épouse de Louis XIV, la reine Marie-Thérèse, emprisonné pour avoir fait un enfant à sa Majesté. Cette version s'appuie sur l'un des secrets les moins bien gardés du Grand Siècle. En 1664, Marie-Thérèse a bien accouché en effet d'une petite fille de couleur, qui meurt officiellement quelques semaines plus tard. L'émoi a entre-temps été considérable à la cour : Mme de Sévigné avance avec une ironie mordante que la reine devait boire trop de chocolat ; à Louis XIV, un médecin explique sans rire que le négrillon de la reine, Nabo, a dû se tenir trop près d'elle au cours de sa grossesse, ce qui aurait eu pour effet de lui tourner les sangs et de changer la couleur de son enfant... Mais personne n'est dupe : tous remarquent la ressemblance de la petite fille avec Nabo. Peu après la naissance de cet enfant à la couleur inattendue, le page noir disparaît d'ailleurs subitement de la cour. A-t-il fui ? A-t-il été tué ou jeté en prison ? Dès le XVIIIe siècle, Nabo devient en tout cas naturellement l'une des solutions avancées pour résoudre l'énigme du masque de fer.

Nicolas Fouquet en est une autre. Le richissime surintendant des Finances du roi connaît en 1661 une brutale disgrâce. Après une splendide fête donnée en l'honneur du souverain dans le magnifique château du surintendant, à Vaux-le-Vicomte, à l'été 1661, Louis XIV, piqué au vif, décide de se débarrasser de ce rival encombrant. Deux semaines plus tard, Fouquet est arrêté, et accusé de détournement de fonds publics. Or les juges, contre la volonté du roi, ne se prononcent pas pour la mort mais pour le bannissement du royaume. Louis XIV commue alors la peine en emprisonnement à vie et le fait emmurer vivant dans la forteresse de Pignerol, vieux château perché au cœur des Alpes, dont le gouverneur est depuis 1665 le fameux Bénigne de Saint-Mars. Suivant la version officielle, Fouquet meurt subitement en mars 1680, dans des conditions inconnues. Mais pour ceux qui veulent voir en lui le masque de fer, loin de mourir à cette date, il est alors affublé du costume du mystérieux prisonnier. Principale faiblesse de cette hypothèse : Fouquet serait donc mort en 1703, à quatre-vingt-huit ans, un âge canonique pour l'époque. Mais surtout, à la mort officielle de Fouquet, les membres de sa famille ont vu le corps du défunt et semblent l'avoir reconnu.

Passons sur les écrivains et les historiens qui ont cru reconnaître derrière le masque de fer un demi-frère de Louis XIV, fils adultérin d'Anne d'Autriche, un amant de Marie-Thérèse, ou bien encore Molière ou d'Artagnan ! Car depuis quelques années, la vérité semble enfin établie. Plutôt que de fantasmer une fois de plus sur l'identité du mystérieux prisonnier, l'historien Jean-Christian Petitfils a eu l'idée ingénieuse de se pencher sur le geôlier du masque de fer, ce fameux Bénigne de Saint-Mars qui semble ne jamais le quitter. Qui est-il ? Un ancien mousquetaire du roi, membre de la compagnie de d'Artagnan, avec lequel il procède sur ordre de Louis XIV à l'arrestation de Fouquet, le 5 septembre 1661. Le roi demande alors à d'Artagnan de devenir le geôlier de Fouquet ; mais celui-ci refuse et propose Saint-Mars à sa place. C'est ainsi que ce dernier devient gouverneur de Pignerol. Dans la forteresse alpine, Saint-Mars a également sous sa garde le duc de Lauzun, l'homme qui avait secrètement épousé la Grande Mademoiselle, cousine du roi, et qui avait surtout eu la mauvaise idée de se faire mal voir de la marquise de Montespan, alors toute-puissante maîtresse du roi. Lauzun, emprisonné en 1671, est libéré en 1681, un an après la mort de Fouquet. Saint-Mars a dès lors perdu ses deux prisonniers de marque. Or c'est à la qualité de ses prisonniers que se juge le prestige d'un geôlier. Il reste bien à Saint-Mars un détenu jadis considéré comme dangereux par le pouvoir. Arrêté à Calais, en 1669, ce n'est pourtant qu'un valet, un homme de rien, de très basses extraction et condition. Eustache Danger, c'est son nom, détient un secret d'État : servant d'émissaire lors d'un échange de courriers confidentiels, il a appris en 1669 que le roi d'Angleterre Charles II, beau-frère et allié de Louis XIV, envisage alors de se convertir au catholicisme, et bénéficie du soutien du roi de France en échange de son soutien militaire contre la Hollande. Secret diplomatique important certes, mais dont l'importance ne cesse de diminuer avec les années, une fois la guerre avec la Hollande déclarée. En 1681, Eustache Danger n'est donc en aucun cas le prisonnier le plus important du royaume. C'est pourtant sur lui que va s'appuyer Saint-Mars pour continuer à faire parler de lui, et progresser sa carrière. Lorsqu'en 1687 il emmène Danger avec lui dans sa nouvelle affectation de Sainte-Marguerite, il échafaude une étonnante mise en scène. Sans avoir jamais reçu aucun ordre en ce sens de la part de Louvois, le secrétaire d'État à la Guerre et son supérieur hiérarchique, c'est Saint-Mars lui-même qui invente le masque de fer et le fait porter à son prisonnier. Pourquoi cet accessoire digne du théâtre ? Tout simplement parce que Saint-Mars est un homme vaniteux, avide de gloire et d'argent. Quand ses deux principaux prisonniers lui échappent, Lauzun vers la liberté et Fouquet vers l'éternité, il perd d'un seul coup toute son importance : l'énigme créée par le masque a pour but de le faire passer lui-même pour un personnage important, dépositaire du secret du roi. Il veut qu'à travers l'aura de danger et de mystère du prisonnier masqué, on le considère toujours comme le geôlier des grands personnages, l'homme des secrets du roi.

Vue de la Bastille et de la porte Saint-Antoine.
Jacques Rigaud (1681-1754),
musée Carnavalet, Paris.

C'est donc lui qui, à Sainte-Marguerite puis à la Bastille, raconte aux gardes et à tous les gens qu'il croise qu'il a « ordre aussitôt de lui donner un coup de pistolet dans la tête » si son prisonnier révèle son nom. C'est Saint-Mars encore qui, en 1698, lorsqu'il est nommé à la Bastille, demande au roi de pouvoir ramener son prisonnier à Paris. Louis XIV le lui accorde mollement : il « trouve bon » qu'il emmène son « ancien prisonnier ». On sent bien que l'importance du secret détenu par Danger s'est largement éventée. Le voyage de Cannes à Paris est l'occasion d'exhiber une nouvelle fois le masque de fer : dans chaque village traversé, pour alimenter la légende, Saint-Mars prend soin de convoquer tous les habitants pour qu'ils assistent au spectacle et le colportent à l'envi. Passant par son domaine bourguignon de Palteau, il montre son prisonnier à ses gens, mange en sa compagnie devant eux. Couchant dans sa chambre avec le prisonnier, il laisse même son lit à baldaquin au masque de fer, se contentant ostensiblement d'une couchette d'appoint. On n'aurait pas agi autrement avec un prisonnier de sang royal... À la Bastille même, la comédie continue : autorisé à se rendre à la messe chaque dimanche, le prisonnier porte chaque fois son masque devant de nombreux témoins ; il le revêt aussi lorsqu'il consulte le médecin de la forteresse. La solution de l'énigme du masque de fer ne résidait donc pas dans l'identité du prisonnier, mais dans la roublardise de son geôlier... Une solution qui, si elle dissipe le mystère au profit d'une vérité somme toute décevante, n'épuise toutefois pas l'une des légendes les plus fascinantes de notre histoire.

JUDAS
A-T-IL TRAHI JÉSUS ?

Judas traîne une sale réputation. Il reste à jamais l'homme qui, en vendant le Christ aux grands prêtres, a permis sa crucifixion. Dans l'histoire occidentale, profondément marquée par le christianisme, il incarne le traître absolu.

Judas est-il vraiment le félon que les Évangiles nous présentent depuis des siècles ? Pas si sûr ! Ce serait oublier qu'il entretenait une relation privilégiée avec Jésus. Quand Jésus commence à se faire connaître, probablement vers l'an 30 de notre ère, la Palestine est occupée par les Romains. Des activistes juifs s'agitent. Des prophéties annonçaient depuis longtemps la venue d'un libérateur, d'un Messie. Les apôtres ont suivi Jésus parce qu'il s'est présenté à eux comme ce Messie.

Ce dénommé Jésus délivre un message totalement nouveau. Ce qui fait son succès auprès de la population, mais ce qui va rapidement le rendre indésirable auprès des grands prêtres du Temple de Jérusalem. Des témoins rapportent que Jésus a transformé de l'eau en vin, a guéri un lépreux et fait se lever un paralytique. Il est certain que Jésus devait avoir un charisme extraordinaire et un sens de l'éloquence hors du commun.

Le Baiser de Judas.
Francesco Cairo (1607-1665),
museo Diocesano, Milan.

Mais il exaspère aussi certains clans, comme celui des pharisiens. Par exemple, il s'oppose à l'observance très stricte du shabbat, qui interdisait de travailler le samedi. Quand il dit qu'il faut aimer son prochain, à commencer par les pauvres, il étonne même les apôtres, car les pauvres faisaient partie du décor et il n'y avait pas de raison particulière de les aider. Même s'ils peuvent parfois avoir des divergences avec Jésus, les apôtres abandonnent tout pour le suivre. Un choix dont les conséquences humaines ne sont jamais évoquées dans les Évangiles. Notons qu'aujourd'hui, une telle démarche ferait passer ces gens-là pour des sectaires et des illuminés. Pendant trois ans, les apôtres suivent le Christ dans sa vie nomade tout en recevant son enseignement, mais sans toujours bien le comprendre. Judas se distingue de ses condisciples en semblant mieux saisir qu'eux le message du Christ. C'est d'ailleurs à lui qu'est confié un rôle de confiance, celui de trésorier. Et cela lui vaut des jalousies.

Comme l'indique son nom, Judas serait venu de Judée alors que tous les autres apôtres venaient de Galilée. À l'époque la Judée est une région que l'on peut qualifier de plus intellectuellement développée, alors que la Galilée, certes plus riche, est considérée comme peuplée de paysans pas très malins. Cette différence culturelle met Judas encore un peu plus à part. Certains jours le groupe des disciples peut compter jusqu'à plusieurs dizaines de personnes. Il faut trouver de quoi les nourrir et les héberger, et Judas s'expose en permanence à toutes sortes de réclamations. Le grand mystère des Évangiles est la prescience que Jésus a de son destin. Très tôt, il annonce qu'il va se rendre à Jérusalem et qu'il y sera tué. En choisissant Judas, Jésus savait-il qu'il optait pour l'homme qui allait le trahir ? Ou bien l'a-t-il élu pour lui confier une mission très particulière : lui permettre d'accomplir son destin ? Comment expliquer que Judas ait fini par trahir celui qu'il vénérait tant ? Quelles raisons peuvent expliquer ce geste qui, après deux millénaires, demeure très mystérieux ?

Vers l'an 33, à Jérusalem, se joue la fin tragique de Jésus. Avec ses apôtres, il se rend en pèlerinage dans la Ville sainte pour fêter la Pâque juive. À son entrée dans la cité, il est acclamé. Un triomphe qui a de quoi inquiéter encore un peu plus les dirigeants du Temple. Pour célébrer cette fête, Jésus et ses apôtres prennent un repas en commun, la fameuse Cène, au cours de laquelle Jésus annonce : « L'un de vous va me trahir. » Tous sont troublés quand Jésus précise : « Celui à qui je donnerai cette bouchée de pain, c'est de lui qu'il s'agit. » Joignant le geste à la parole, le Christ donne alors un morceau de pain à Judas en lui murmurant : « Ce que tu as à faire, fais-le vite. » Judas va alors aussitôt trouver les grands prêtres pour leur dire où et quand arrêter Jésus discrètement. Au moment de la Pâque, Jérusalem est une véritable poudrière, les hommes du Temple veulent procéder discrètement à l'arrestation pour éviter les émeutes. Il faut opérer de nuit. Et c'est Judas qui va guider les gardes. Mais comment, dans l'obscurité, arrêter Jésus si quelqu'un ne le désigne pas précisément ? C'est en donnant un baiser à Jésus que Judas aurait donc signalé celui-ci.

Judas aurait trahi Jésus pour de l'argent, trente deniers exactement. Mais on peut penser à un autre mobile. Un indice se cache peut-être dans le nom de Judas, dit « l'Iscariote ». Pour certains, « Iscariote » rappelle son village d'origine : Kériot. Pour d'autres, ce nom indiquerait que Judas appartenait aux zélotes, un groupe d'activistes, de sicaires, c'est-à-dire de tueurs à gage qui luttaient contre l'occupant en assassinant des collaborateurs des autorités romaines. Le nom d'Iscariote fait donc de Judas un révolutionnaire en quête d'un messie politique, qui comptait sur Jésus pour chasser les Romains. Ce plan n'ayant pas abouti, c'est par déception que Judas aurait trahi Jésus.

Judas aurait peut-être trahi Jésus dans l'espoir d'obtenir de celui-ci une ultime réaction. Une fois arrêté et mis au pied du mur, il espérait que Jésus, jusque-là adepte de la non-violence, utiliserait ses fameux pouvoirs pour anéantir ses ennemis. Judas aurait ainsi voulu amener Jésus à prendre la tête d'une révolte. En vain. Pour d'autres exégètes, les motifs de la trahison de Judas seraient d'ordre religieux. En délivrant son enseignement si dérangeant, le Christ se vouait lui-même à une mort certaine. Tout ce qu'il prônait, sa dénonciation de l'hypocrisie des chefs religieux, était insupportable pour les grands prêtres. Une raison de plus pour eux de précipiter sa mort. Si Judas a fait volte-face, peut-être est-ce parce que le discours de Jésus lui a soudain paru en contradiction avec ce que prônait le judaïsme ? Cela ne signifie pas que Judas ait voulu la condamnation à mort de Jésus. Car il ne pensait pas que les choses iraient aussi loin. Après son arrestation, Jésus, accusé de blasphème, comparaît devant le Sanhédrin, le tribunal suprême du peuple juif. Mais c'est finalement le préfet romain Ponce Pilate qui le juge. Condamné à être crucifié, sort réservé à l'époque aux agitateurs politiques, Jésus meurt au terme d'une longue agonie. Et si le geste de Judas révélait finalement autre chose qu'une simple trahison ? Depuis plusieurs décennies, la version officielle de la trahison de Judas est remise en cause par de nombreux historiens. À partir du moment où on ne prend plus à la lettre les Évangiles, tous les éléments à charge retenus contre Judas perdent de leur pertinence. Revenons aux trente deniers. Cette somme ne représentait rien pour lui, intendant qu'il était. Pas de quoi le corrompre en tout cas. Autre argument, un peu mince : celui du baiser. Jésus était devenu une personnalité très connue, il était donc

La Trahison de Judas.
Giotto di Bondone (1267-1337), cappella degli Scrovegni, Padoue.

reconnaissable. On peut imaginer que les gardes n'eurent besoin de personne pour le reconnaître et l'interpeller. D'ailleurs, au moment de l'arrestation du Christ au mont des Oliviers, on ne peut pas vraiment se fier aux témoignages des apôtres, pour la simple et bonne raison qu'ils dormaient profondément quand Judas est arrivé ! Si les Évangiles de Marc, Matthieu et Luc s'accordent à dire que Judas a livré Jésus, ils ne se sont pourtant pas montrés très féroces avec lui. En revanche, Jean, souvent présenté comme le disciple préféré de Jésus, accable Judas en avançant qu'il puisait déjà dans la bourse commune. Pourquoi Jean a-t-il ainsi noirci le portrait de Judas ? Avait-il quelque chose à reprocher à son condisciple et, poussé par la jalousie, n'a-t-il pas chargé Judas en donnant de celui-ci une image négative, celle du traître ? Cette charge menée par Jean s'inscrit dans le climat de rivalité qui devait régner parmi les disciples. La concurrence est rude. Qui va prendre la succession de Jésus ? Et si c'était Judas ? Il est le plus cultivé du groupe. Et surtout il croit peut-être plus que les autres à la *messianité* de Jésus : lors de la Cène, Judas accepte ostensiblement le morceau de pain qui le désigne comme traître. Puis il obéit à l'injonction du Christ : « Ce que tu as à faire, fais-le vite. » Une telle connivence exclut la trahison, Jésus encourage Judas à accélérer les choses car sa crucifixion est irrévocable. Voilà le sens profond de l'affaire…

Un document retrouvé en 1978 dans une grotte égyptienne pose bien des questions. Ce manuscrit, puzzle de mille pièces, écrit en langue copte, est passé entre les mains de plusieurs antiquaires, jusqu'à atterrir dans une fondation suisse qui l'a restauré. Il s'agit de l'Évangile de Judas ! Ce manuscrit du IVe siècle, dont l'original daterait du IIe siècle de notre ère, n'a pas été écrit par Judas, mais il en est le personnage principal. L'apôtre maudit y apparaît sous un jour très favorable et même davantage. Disciple élu, c'est à lui que Jésus aurait confié des secrets. Dans cet évangile, c'est Judas qui pose les bonnes questions au

Christ. Dans une conversation entre Jésus et Judas, le premier demande au second de l'aider à quitter son enveloppe charnelle. Ce récit fait donc apparaître Judas non plus comme un traître, mais comme un héros, injustement condamné. Judas est l'apôtre qui a le plus aimé Jésus, au point de sacrifier son honneur pour que le Christ puisse accomplir sa mission. Certains historiens vont même jusqu'à remettre en cause la version officielle de la mort de Judas, à savoir son suicide par pendaison. Il était inconcevable pour un juif pieux d'accepter l'idée de suicide. La vérité est qu'on ne sait rien sur ce qu'il advint de Judas. Peut-être a-t-il passé le reste de ses jours entouré de sa famille quelque part en Judée ou en Galilée. Rappelons que Judas n'est pas le seul à avoir trahi Jésus cette nuit-là... l'apôtre Pierre est reconnu et interpellé dans les rues de Jérusalem. Par trois fois, il affirme qu'il ne connaît pas Jésus et il le renie. Et pourtant, loin d'être blâmé pour cette lâcheté, il a été désigné comme étant le «fondateur de l'Église romaine»! En revanche, pour Judas, pas de pardon! Tout ce qui évoque la trahison, la perfidie, est associé à ce nom maudit. Au sein de l'Église, Judas est devenu l'incarnation du mal, l'archétype du juif perfide et vénal. Et du même coup, ses détracteurs ont fait de lui le symbole de l'antijudaïsme chrétien et la première figure expiatoire de l'antisémitisme. Oubliant que Jésus lui-même était juif, l'Église a tenu le peuple juif pour responsable de la mort de Jésus. Et cela a contribué aux persécutions dont les juifs furent régulièrement victimes pendant deux mille ans. Il a fallu attendre les années 1960 pour que le concile Vatican II en finisse avec cette notion infamante de peuple déicide. Sans doute est-ce pour mieux affirmer son existence et son autorité, et donc pour se démarquer de la religion juive, que le christianisme avait donné le très mauvais rôle à Judas. Cette image détestable de Judas ne s'est pas améliorée par la suite, bien au contraire. Par certains côtés, il a pris plus d'importance

La Cène, 1786.
Benjamin West (1738-1820),
Detroit Institute of Arts.

que Jésus, et à partir du Moyen Âge, il a représenté tous les juifs. Une simplification qui se retrouve plus tard dans la propagande antisémite nazie où tous les juifs sont dénoncés comme étant des traîtres en puissance. Une analogie qui dépasse largement le cadre religieux et qui s'exprime dans les caricatures de l'époque, héritières d'une iconographie qui figure Judas sous les traits de la perfidie. Entre les images du juif à gros nez et à doigts crochus qu'on a vu fleurir en Europe avant et pendant la dernière guerre et les représentations de Judas sur un certain nombre de tableaux qu'on trouve dans les églises et les musées, il y a, hélas, des analogies.

Encore aujourd'hui, les antisémites pensent que les juifs sont des usuriers, qu'ils aiment l'argent, etc. L'Église a répandu ces clichés dans le monde et l'inconscient collectif de l'Occident en a été imprégné. Certes, aujourd'hui, l'antisémitisme a reculé, mais certaines idées reçues demeurent parfois tenaces. Des stéréotypes fondés notamment sur l'interprétation du geste de Judas. Cet apôtre personnifie toujours la cupidité alliée à la fourberie. Bien que sa réhabilitation soit sérieusement envisagée, cette réputation de traître ne risque-t-elle pas de coller à son nom pour encore trop longtemps ?

ROBIN DES BOIS
LE BANDIT AU SERVICE DES PAUVRES A-T-IL VRAIMENT EXISTÉ ?

Au hit-parade des personnages les plus exploités par l'industrie du cinéma, Robin des Bois compte peu de rivaux. Du séduisant héros en collants interprété par Errol Flynn à la version plus virile récemment proposée par Russell Crowe, sans compter le dessin animé dû à Walt Disney, l'histoire du bandit médiéval au grand cœur a fait l'objet d'une bonne cinquantaine d'adaptations pour le grand et le petit écran. Nul n'ignore donc la légende du justicier hors-la-loi hantant la forêt de Sherwood. Pour autant, qui en connaît les origines historiques ? Robin des Bois a-t-il d'ailleurs seulement existé ? Pour le découvrir, il faut plonger au cœur du folklore médiéval anglais, dont Robin fut très tôt l'un des personnages les plus populaires.

La première mention connue de « Robin Hood » remonte à la fin du XIVe siècle. Dans un poème intitulé *Pierre le Laboureur*, un personnage de prêtre paresseux déclare que, s'il ne se souvient plus du « Notre Père », il connaît très bien en revanche « des rimes de Robin des Bois ». Car ce dernier est alors déjà l'un des héros les plus populaires des ballades des ménestrels d'outre-Manche. En 1380, un chroniqueur écossais écrit même que Robin « plaît mieux que tous les autres » héros de ballades au public. On est pourtant loin alors du personnage du

Robin des Bois et ses compagnons sortent prudemment de la forêt de Sherwood.
N. C. Wyeth (1882-1945).

bandit généreux plébiscité par les amateurs de cinéma : le Robin première version s'habille certes déjà de vert, et ne se sépare jamais de son arc, l'arme du peuple qui s'oppose à l'épée noble, mais il passe aussi pour bagarreur, attaquant sans discernement quiconque empiète sur son territoire. Il apparaît même cruel, capable, selon certaines ballades médiévales qui commencent à être imprimées au début du XVIe siècle, de décapiter des moines, voire des enfants... Ce n'est que quelques décennies plus tard que le brigand se met à redistribuer les richesses aux pauvres. La légende romantique du bandit au grand cœur a donc mis un certain temps à émerger.

Mais l'idée d'un marginal vivant à la tête d'une bande de brigands dans la forêt de Sherwood, au nord de Nottingham, a-t-elle un fondement historique ? Une communauté a, semble-t-il, bien existé dans cette forêt du centre de l'Angleterre, au cours du Moyen Âge... Moitié bandits, moitié braconniers, ses membres ont fait le choix de vivre en dehors de la société dont ils n'acceptent pas les règles. Dans ce domaine appartenant théoriquement au roi, ils n'hésitent pas pour survivre à chasser des animaux aussi nobles que le cerf, animal royal par excellence, encourant ainsi la peine de mort, que le fameux shérif de la ville voisine de Nottingham se fait un plaisir d'appliquer s'il parvient à les capturer. Or à la fin du Moyen Âge, l'ordre royal n'est pas seulement contesté par les brigands de la forêt de Sherwood : au XIIIe et au XIVe siècle, les paysans anglais se révoltent à plusieurs reprises contre les seigneurs, le servage et les taxes. La figure de Robin des Bois émerge alors dans les ballades des troubadours et devient, pour les pauvres en révolte, un héros privilégié, un chef aussi charismatique qu'imaginaire auquel ils se rattachent, symboliquement. Et si son histoire est située à la fin du XIIe siècle, c'est parce que c'est à cette époque que la mémoire populaire situe le commencement des dérives du pouvoir féodal, plus précisément lorsque Richard Cœur de Lion, archétype du roi juste et pieux, risquant sa vie en Terre sainte, est remplacé par son frère Jean sans Terre, que la légende présente comme un traître, un lâche, un souverain corrompu. Soutien de Richard et ennemi de Jean, Robin des Bois incarne dans l'imaginaire des paysans médiévaux la fin d'un âge d'or.

Et bientôt, la légende du héros des pauvres évolue dans un sens de plus en plus consensuel, gommant rapidement les aspérités du personnage originel. Oubliés les accès de violence du bandit, qui, au XVIe siècle, se fait justicier, et ne dépouille plus les riches que pour donner aux pauvres. Sous la plume des auteurs du raffiné théâtre élisabéthain, Robin acquiert même des titres de noblesse. Le dramaturge Anthony Munday en fait un « comte de Huntington », grand seigneur injustement dépossédé de ses terres par le shérif. Sous Élisabeth Ire, l'Église anglicane rompt définitivement avec Rome : aussi Robin se fait-il alors par ailleurs de nouveaux ennemis que sont les prélats corrompus du Moyen Âge, caricatures des déviances de l'Église catholique, dénoncées par les puritains de l'ère élisabéthaine. Au passage, Robin se voit également attribuer à la même époque une fiancée noble en la personne de Lady Marianne, d'abord présentée comme une véritable amazone, n'hésitant pas à prendre part aux combats, avant de se transformer au fil des siècles en une gente dame pure et passive. Au XIXe siècle, Walter Scott réalise enfin une synthèse

Robin des Bois rencontre Marianne au tournoi de tir à l'arc.
N. C. Wyeth (1882-1945).

de tous ces ajouts successifs à la légende de Robin des Bois, lorsqu'il en fait un personnage de son célèbre roman *Ivanhoé*, paru en 1819 : l'inventeur écossais du roman historique fixe alors une fois pour toute la version la plus épurée et la plus glorieuse de l'histoire du bandit, puisqu'il le présente comme un noble saxon, défendant ses terres et son peuple contre les envahisseurs normands. Aux côtés du roi Arthur, Robin devient alors le héros d'une relecture nationaliste de l'histoire de l'Angleterre. Chaque époque a donc façonné son propre Robin des Bois suivant ses goûts et ses préoccupations, et tout porterait à croire que ce personnage n'a jamais appartenu qu'à la seule légende, si des historiens anglais n'avaient retrouvé, dans les archives, la trace d'un brigand nommé Robin Hood, dont la tête est mise à prix en 1225. Pourchassé par les sergents du roi dans le comté de York, il semble avoir été un criminel réputé. Mais c'est bien tout ce qu'on sait de ce personnage historique ; et bien des historiens amateurs ont tour à tour prétendu avoir retrouvé des traces du Robin des Bois « historique », traces cependant toujours aussi ténues et rarement convaincantes.

Alors oublions la réalité pour retourner à la légende. C'est le XXe siècle qui, grâce à la puissance et à l'universalité du cinéma, a fait de Robin des Bois un héros planétaire. Dès 1909, il fait une première apparition devant la caméra et devient un personnage privilégié du cinéma muet, friand de cape et d'épée. En lui prêtant, en 1922, ses traits alors fort populaires et ses aptitudes athlétiques, Douglas Fairbanks fait beaucoup pour la notoriété du brigand médiéval. À l'ère du parlant, Errol Flynn, Burt Lancaster et Sean Connery l'incarnent tour à tour, autant de choix d'acteurs qui confirment le nouvel attribut dont le septième art dote Robin : un sex-appeal ravageur, que sublime une fine moustache d'hidalgo, assez peu conforme aux canons du Moyen Âge... Plus généralement, pas une seule semaine

La dernière flèche que décoche Robin des Bois pour montrer à ses compagnons où il veut être enterré.
N. C. Wyeth (1882-1945).

ne passe aujourd'hui sans qu'un journaliste fasse référence à Robin des Bois, comme le symbole de la résistance à une autorité illégitime et inique, quand ce ne sont pas des rebelles ou des révolutionnaires qui se réclament spontanément de lui. À cent lieues de ses origines médiévales nettement moins consensuelles, le chef des brigands de la forêt de Sherwood, héros des temps anciens, reste exceptionnellement vivant dans l'imaginaire de l'humanité.

MOZART
POURQUOI EST-IL MORT PRÉMATURÉMENT ?

Dans la nuit du 5 décembre 1791, Wolfgang Amadeus Mozart meurt. Un des plus grands compositeurs de tous les temps s'éteint alors. Il est âgé de trente-cinq ans. Sa disparition se nimbe immédiatement de mystère. Aujourd'hui encore, difficile de faire la part du mythe et de la réalité. Mozart est-il mort empoisonné par le compositeur Antonio Salieri alors qu'il était ruiné et oublié de tous ? Sa mort peut-elle avoir une autre dimension que celle d'une tragédie romantique ?

Dès sa plus tendre enfance, Mozart impressionne son père par ses dons musicaux. Léopold, musicien et grand pédagogue, décide de prendre en main lui-même l'éducation de cet enfant prodige à qui il donne une formation complète, en musique bien sûr, mais aussi dans toutes les autres matières. Dès six ans, avant même de savoir écrire, à l'âge où tous les enfants ne pensent qu'à jouer, Wolfgang compose ses premières œuvres. Cette précocité est une manne formidable dont Léopold Mozart va profiter, car tout en lui donnant les moyens d'apprendre la musique, il va exhiber son fils comme une bête de foire. Mais Salzbourg est un cadre trop étroit pour cet enfant surdoué. Léopold emmène en tournée Wolfgang ainsi que sa fille aînée, Nannerl, elle-même excellente musicienne. Mozart va passer son

Portrait de Wolfgang Amadeus Mozart, 1819.
Barbara Krafft (1764-1825),
Gesellschaft der Musikfreunde, Vienne.

enfance à voyager, d'abord en Allemagne, puis à travers toute l'Europe. À la cour de Versailles, le petit Mozart joue sur un clavecin dont le clavier est masqué avec un tissu. Il amuse le public de ses pitreries géniales. Entre deux voyages, le jeune Mozart retourne à Salzbourg. Il écrit trois opéras entre l'âge de onze et douze ans. Puis il part pour l'Italie, afin de s'y faire connaître et d'apprendre la musique italienne. À quatorze ans, c'est exceptionnel, Mozart devient membre de l'Académie philharmonique de Bologne, l'âge minimal d'admission est de vingt ans. Mais ces voyages incessants, associés à un rythme de travail soutenu, vont mettre à rude épreuve la santé du jeune musicien. À sept ans, lors d'un voyage, il est pris de douleurs rhumatismales épouvantables, signes d'une polyarthrite aiguë. À neuf ans, à La Haye, il tombe dans le coma. Un médecin diagnostique la fièvre typhoïde. Ces maladies qu'il surmonte n'empêchent pas son génie de s'épanouir. Il brille dans tous les genres musicaux, musique de chambre, musique religieuse, symphonies, opéras, et compose un de ses premiers chefs-d'œuvre pour piano, le concerto *Jeune homme*. Son caractère s'affirme et le nonconformisme en est un des traits marquants. Ainsi échange-t-il avec sa cousine, jeune fille plutôt délurée, des lettres rudes, voire scatologiques, et c'est sans doute par elle qu'il est initié au sexe. Conscient de ses aptitudes exceptionnelles et prompt à la raillerie, il n'hésite pas à se moquer des gens qui l'insupportent. Mais il ne peut rester l'éternel enfant prodige. Dès l'adolescence, il lui faut gagner sa vie. Il entre, comme son père, au service de l'archevêque Colloredo de Salzbourg. Son modeste poste de maître de concert et la vie provinciale ne correspondent pas à son ambition, ni à la reconnaissance internationale à laquelle il aspire. À vingt ans, il décide de quitter cet univers trop étriqué pour chercher fortune ailleurs. Son père, tenu de rester à la cour de Colloredo, ne peut l'accompagner. C'est donc avec sa mère que Mozart reprend la route, d'abord pour Munich, puis pour Mannheim. Mais ces villes ne lui proposent pas le poste qu'il espère. Alors c'est vers Paris, ville qui lui avait réservé jadis un accueil triomphal, que ses espoirs se tournent bientôt. Il va déchanter. Autrefois adulé, ce jeune homme pas très beau, petit, au teint pâle et doté d'un gros nez, n'intéresse plus personne et n'est surtout plus considéré comme un génie. On ne lui propose qu'un poste d'organiste à Versailles. Ce séjour, vécu comme un échec, est assombri par un événement douloureux : sa mère meurt au début du mois de juillet 1778. Mozart n'a pas d'autre choix que de rentrer à Salzbourg, une ville qu'il déteste. Maître de concert et organiste, très vite, il ne supporte pas d'avoir à composer des œuvres formatées. En outre, Mozart, comme tous les musiciens de son époque, est considéré comme un valet au service de son employeur. Il ne supporte pas ce statut humiliant. À vingt-cinq ans, en 1782, il donne sa démission et quitte son père pour tenter sa chance à Vienne. Un choix courageux semé d'embûches. Sa vie d'homme libre commence. Mais il ne lui reste que dix ans à vivre.

Premier acte d'indépendance, Mozart se marie, sans l'accord de son père. Épouse-t-il Constance Weber par amour ou par dépit ? C'est en effet de la sœur de celle-ci, Aloysia, qu'il avait été éperdument amoureux quelques années auparavant. Dans une lettre célèbre adressée à son père, il décrit sa future femme comme ni laide, ni belle, sans vivacité d'esprit, mais suffisamment saine pour « remplir ses devoirs d'épouse et de mère ». Contrairement à ce que dit la légende, les relations avec sa femme furent excellentes. Autre geste d'homme libre, Mozart entre, à vingt-huit ans dans la franc-maçonnerie, société secrète dont la philosophie est celle des Lumières. Il intègre, à Vienne, la Loge de la bienfaisance. Cet engagement, fréquent chez les musiciens de son temps, revêt la plus haute importance dans la vie de Mozart qui aspire à défendre des idéaux de liberté, d'égalité et de fraternité… devise qui deviendra celle de la Révolution française de 1848. Il souhaite aussi se faire des relations auprès des membres influents de la société. Les premières années à Vienne sont prometteuses, couronnées de succès musicaux et

Antonio Salieri.
Gesellschaft der Musikfreunde, Vienne.

financiers. *L'Enlèvement au sérail*, créé en 1782, est le plus grand triomphe de sa carrière de compositeur d'opéras. Haydn confie avec émotion à Léopold Mozart que son fils est le plus grand compositeur qu'il connaisse. Mozart dépense beaucoup d'argent et mène grande vie, allant de fête en fête. Une légende voudrait qu'il ait fini sa vie dans le plus grand dénuement. Mais il gagnait en moyenne trois mille cinq cents florins par an, soit trois fois plus que son rival à Vienne, le compositeur italien Antonio Salieri, ou dix fois plus qu'un musicien d'orchestre. Mozart dépense beaucoup d'argent, en perd aussi beaucoup au jeu. Il contracte très vite des dettes, de plus en plus importantes, parfois jusqu'à se faire des ennemis. Il ne s'économise pas pour autant dans son travail et poursuit son œuvre impressionnante. Il compose tout le temps et partout, dans la rue, dans son lit, peut-être même en rêve. À trente ans, alors qu'il compte déjà plus de cinq cents œuvres à son répertoire, il créé *Les Noces de Figaro*, un opéra aux accents révolutionnaires, véritable satire sociale où se renversent les rapports de force entre maîtres et valets. Mais aussi l'opéra de la grâce et des premiers émois amoureux. Mozart avait l'habitude de composer plusieurs pièces en même temps, se trouvant toujours en retard sur l'un ou l'autre de ses projets. On dit qu'il a écrit l'ouverture de *Don Giovanni* en six heures, tout en demandant à sa femme, pour garder le rythme, de lui faire du café. Des études du manuscrit révèlent des taches de café et de rhum. En mettant toute son énergie vitale dans son œuvre, Mozart ne mit-il pas en danger sa santé déjà précaire ?

Ce surmenage permanent ne perturbait-il pas aussi son fragile équilibre psychologique ? Il était cyclothymique et oscillait entre états dépressifs et moments de grande exaltation. Après des débuts heureux à Vienne, l'horizon de Wolfgang s'assombrit. Il enterre quatre de ses enfants, qui meurent en bas âge. En 1787, Mozart perd aussi son père, la personne qui a peut-être le plus compté dans sa vie. À ces drames personnels s'ajoutent des difficultés professionnelles et relationnelles. La personnalité de Mozart dérange. Sûr de son talent, il passe pour arrogant. Et il se retrouve dans une situation financière de plus en plus désastreuse, obtenant tout de même un poste de musicien à la cour de Joseph II, mais pour un modeste salaire, très inférieur à ses besoins pécuniaires. Même son génie va finir par lui porter ombrage car il est victime d'intrigues et de cabales, de la part de compositeurs rivaux, qui vont entraver sa carrière. Mais il se heurte aussi à la désaffection du public viennois, qui accueille froidement *Don Giovanni* et juge que sa musique est devenue trop difficile. À partir de 1785, Mozart a besoin de faire de la musique pour lui-même, une musique en décalage avec le goût de l'époque. Sans faire de concessions, il écrit ce qu'il a envie d'écrire. Il sait que cela se vendra moins bien, mais ça ne l'arrête pas. Endetté, incompris, il ne renonce pourtant pas à sa liberté. Le génie de Mozart échappe à une partie de ses contemporains, mais il exaspère sans doute les autres artistes. Ses rivaux deviendront-ils des ennemis au point de vouloir sa mort ?

En 1791, Mozart vit sa dernière année qui est aussi celle de ses plus grands chefs-d'œuvre. Il a donc trente-cinq ans. A-t-il été tué, comme le veut la légende, par son rival Antonio Salieri ? Salieri, compositeur moins génial que Mozart, qui fut toutefois le professeur de Beethoven et de Schubert, s'est immédiatement senti en rivalité avec le jeune Mozart, dont il admet qu'il a quelque chose que lui n'a pas. Sa vie s'en trouve empoisonnée. Même s'il admirait Mozart, le génie de celui-ci le désespérait. À plusieurs reprises il est à l'origine de cabales contre Mozart et fait en sorte que ses œuvres ne soient pas jouées, et même qu'elles soient interdites. Il va jusqu'à faire espionner son rival par Franz Xaver Süssmayr, qui vivait plus ou moins chez Mozart, lequel avait recours à ce jeune homme comme copiste... et souffre-douleur. Un document signé de la main de Süssmayr atteste bien que Salieri le payait pour espionner Mozart. À la fin de sa vie, rongé par la jalousie, et pris d'un élan de folie, Salieri s'est accusé d'avoir tué Mozart, mais personne n'y a cru. La rumeur s'est pourtant amplifiée et a perduré au cours des siècles, d'abord avec la pièce d'Alexandre Pouchkine *Mozart et Salieri* et, plus tard avec *Amadeus*, le film à succès de Milos Forman. Que Salieri ait empoisonné la vie de son rival, la chose est avérée, mais qu'il ait cherché à empoisonner ce dernier au sens propre, voilà qui est peu probable ! Convaincu que Dieu avait effleuré Mozart de sa grâce, il ne pouvait pas s'opposer à la volonté divine ! Une autre hypothèse sur la mort de Mozart est liée à une de ses dernières œuvres, *La Flûte enchantée*. Cet opéra, qui raconte l'initiation d'un personnage aux rituels qui présidaient alors à l'entrée dans une loge, a été présenté par certains comme une divulgation des secrets maçonniques. Cela expliquerait que certains « frères » aient cherché à se venger. Cependant c'est avec son ami Emanuel Schikaneder, librettiste et directeur d'opéra, lui-même franc-maçon, que Mozart a écrit *La Flûte enchantée*. La maçonnerie, à l'époque, traverse des moments difficiles et Schikaneder pense qu'en la présentant sous son meilleur jour, de nouveaux frères les rejoindront. La thèse d'un complot franc-maçon contre Mozart ne semble donc pas plausible. Une autre énigme entoure les derniers mois de la vie de Mozart. Il est malade, surmené, quand se présente à lui un personnage mystérieux, vêtu de gris, qui lui commande un requiem contre une belle somme d'argent. Très endetté, Mozart ne peut refuser. Alors qu'il pressent sa fin prochaine, cette messe des morts prend pour lui un sens tout particulier, quasi métaphy-

Wolfgang Amadeus Mozart chantant son Requiem *en 1791.*
Thomas W. Shields.

sique, comme s'il s'agissait d'une commande venue de l'au-delà. Et on sait qu'il fut bouleversé au point d'éclater en sanglots et d'avoir des absences terribles. Mozart n'aura pas le temps d'achever son *Requiem*, une de ses plus belles œuvres dont il ignora jusqu'à sa mort qui en était le mystérieux commanditaire. Mais, depuis, nous l'avons appris : il s'agit du comte de Walsegg qui avait l'habitude d'acheter des œuvres de grands compositeurs et de faire croire à son entourage qu'elles étaient de son cru. Cet imposteur voulait célébrer le premier anniversaire de la mort de sa femme par un requiem qu'il allait évidemment présenter comme sien. Ce ne sont donc ni Salieri, ni des frères maçons, ni le mystérieux commanditaire du *Requiem*, qui ont tué Mozart. La légende aimerait que le compositeur, injustement emporté par la mort à trente-cinq ans, au sommet de son art, ait été assassiné. Mais Mozart, gravement malade, était atteint d'un mal que les médecins de l'époque ne savaient pas guérir. On sait aujourd'hui que Mozart souffrait d'une insuffisance rénale très grave qui provoqua un empoisonnement du sang, évoluant en infection généralisée. Après plusieurs jours de souffrance, Mozart meurt dans la nuit du 5 décembre 1791 mais, il laisse une œuvre immortelle qui transcende sa disparition physique.

HENRI IV
LE ROI DE CŒUR

Henri IV est le plus populaire des rois de France. Il a laissé l'image d'un bon vivant, d'un gaillard jovial aimant faire bonne chère et grand amateur de femmes. On dit que « le Vert-Galant » aurait eu soixante-treize maîtresses ! Son nom évoque aussi la poule au pot, son fidèle ministre Sully et l'édit de Nantes. Il fut loyal avec ses amis, volage en amour et capable des pires folies. La postérité a aussi retenu son sens de la justice et sa magnanimité. Pourtant, Henri IV ne fut pas aussi populaire que le veut sa légende et il échappa à pas moins de vingt-cinq tentatives d'assassinat avant de périr abattu par Ravaillac. L'histoire ne lui attribue que des mérites et oublie qu'il fut l'objet de haines aussi tenaces que terribles.

Dans sa prime jeunesse, Henri n'était pas destiné à monter sur le trône de France. Modeste souverain du petit royaume indépendant de Navarre, dans le Béarn, il ne mène pas grand train. De religion protestante, il est haï par les princes catholiques français qui ont déjà cherché à l'assassiner. C'était en 1572, durant le massacre de la Saint-Barthélemy qui vit périr des milliers de protestants. Pourtant, Henri de Navarre est aussi le cousin du roi de France Henri III et son héritier légitime. La chance va sourire à Henri de Navarre, et le 1er août 1589, à la mort de son

Portrait en pied d'Henri IV, 1610.
Frans Pourbus le Jeune (1569-1622),
musée du Louvre, Paris.

cousin, il devient roi de France. Mais les catholiques fanatiques ne l'entendent pas de cette oreille. Sous leur influence, des villes se ferment, les provinces entrent en résistance et les seigneurs préfèrent combattre ce roi protestant plutôt que de lui faire allégeance. Henri IV va mettre cinq ans pour s'imposer. Mais il ne fait pas la guerre. Les autres rois l'ont faite avant lui. Il sait faire preuve de clémence envers ses ennemis et ses soldats ne se comportent pas en soudards qui rançonnent, pillent et violent. L'exemple le plus célèbre est celui du siège de Paris, la ville la plus rebelle à son autorité, celle de ses pires ennemis : les catholiques ultras de la Ligue. Une fois encore Henri IV va se montrer bienveillant et, dans une lettre, il appelle les Parisiens à la réconciliation. « Sa majesté désire réunir tous ses sujets et les faire vivre en bonne amitié et concorde [...] et veut que toutes choses passées soient oubliées... » Une fois entré dans Paris, en 1594, Henri IV, pour tirer un trait sur le passé, s'empresse de faire reconstruire la ville. Il réalise de grandes œuvres architecturales en commençant par agrandir le palais du Louvre qui rejoint désormais celui des Tuileries, avec cette grande galerie monumentale de plus de quatre cent soixante mètres qui longe la Seine. On lui doit aussi le Pont-Neuf, le premier pont de Paris à être construit en pierre. Auparavant, ils étaient tous en bois et encombrés de maisons. Sa plus belle réalisation est la place Royale, l'actuelle place des Vosges. Henri IV construit aussi l'avenir en signant l'édit de Nantes, en 1598. Ce texte capital et fédérateur marque la fin des guerres de Religion et symbolise la tolérance. Catholiques et protestants peuvent désormais coexister au sein du royaume de France. L'édit de Nantes participe grandement à la légende dorée d'Henri IV, roi tolérant et pacificateur, rassembleur de tous les Français.

Le roi se préoccupe aussi du sort du peuple. Il aurait dit un jour au duc de Savoie : « Si Dieu me prête encore la vie, je ferai qu'il n'y aura point de laboureur en mon royaume qui n'ait le moyen d'avoir une poule dans son pot le dimanche. » Ce plat devient le symbole d'une prospérité retrouvée après des années de restrictions. Plus qu'un simple pot-au-feu, la poule au pot symbolise la nation française. Pourquoi ce plat tout particulièrement ? Sans doute parce que la poule est présente dans toutes les cours de fermes de France... et de Navarre. Le roi est d'ailleurs un grand mangeur et bâfre même en grandes quantités, parfois jusqu'à l'indigestion ! Il aime tout particulièrement la cuisine du Sud-Ouest avec un penchant pour les plats simples comme la garbure, une soupe au chou avec de la viande confite et des légumes, mais aussi le gibier faisandé, surtout la palombe. Ses péchés mignons sont les mets au goût prononcé : fromage de chèvre des Pyrénées, escargots en brochette. C'est crus qu'il mange l'ail et l'oignon sans se soucier des conséquences pour son haleine ! En bon aristocrate, il adore les fruits de mer, surtout les huîtres, alors réputées aphrodisiaques, et les sardines grillées qu'il fait venir sur sa table dans tous ses déplacements. Sans oublier toutes sortes de jambons. Henri IV boit de l'armagnac et du jurançon, le vin de son Béarn natal, qui devient la boisson de cérémonie à la cour de France. C'est à Henri IV que l'on doit une autre coutume : celle de porter un toast. En l'honneur d'un invité, chacun lève un grand verre rempli de jurançon, avec, au fond du verre, un morceau de pain rôti ou « toasté », et que le dernier servi doit manger.

La légende privilégie l'image d'un roi bon vivant, soucieux du bonheur de son peuple, qui n'hésite pas à se mettre à quatre pattes pour que ses enfants grimpent sur son dos... Mais cette légende ignore la face cachée du personnage. Ainsi a-t-on oublié combien il était autoritaire. Son principal conseiller, Maximilien de Béthune, duc de Sully, a été de tous les combats menés par Henri IV, que ce soit dans la guerre ou dans la paix. Lorsqu'il devient surintendant des Finances, c'est lui qui, aux côtés du roi, redresse la France et la modernise. D'autres, tout aussi fidèles, travaillent depuis le début à soigner l'image de ce roi jadis mal-aimé. Propagandiste habile, Henri IV utilise même des imprimeries itinérantes pour diffuser des brochures et des portraits à sa gloire. Acteur de sa propre légende, il réécrit de son vivant son histoire en l'enjolivant tout à son avantage. Une démarche qui a contribué à faire croire qu'il était aimé de son peuple alors qu'il n'en fut rien. Car en entreprenant de redresser les finances publiques, il se fit détester par un grand nombre de ses sujets accablés d'impôts. Par ailleurs, le côté caméléon du roi suscite la défiance des différentes factions religieuses. Certains de ses contemporains doutent de sa sincérité. Ils voient en lui un opportuniste qui s'est converti six fois. Sa conversion au catholicisme ne lui a-t-elle pas permis de prendre possession de Paris ? Il abjure en effet sa foi protestante le 25 juillet 1593. Cet acte apparaît comme le coup politique habile d'un ambitieux, que résume la fameuse expression : « Paris vaut bien une messe ! », qu'il n'aurait, en fait, jamais prononcée. D'un côté certains catholiques voient en Henri IV un imposteur, de l'autre certains protestants l'accusent de les avoir trahis.

Portrait de Gabrielle d'Estrées, favorite du roi Henri IV, XVIe siècle. Musée Condé, Chantilly.

Grand séducteur, Henri IV aime passionnément les femmes. C'est sa seule faiblesse. Un goût qui le perdra. Pour leurs beaux yeux, le roi est capable de mettre sa couronne en péril. Son premier grand amour est Gabrielle d'Estrées. Lorsqu'il rencontre cette jeune fille de dix-sept ans, en 1590, il est déjà marié à Marguerite de Valois dite la reine Margot. C'est Marguerite qui sauva le roi d'une mort certaine, la nuit de la Saint-Barthélemy, en s'interposant entre lui et les catholiques qui voulaient l'assassiner. Dans le climat délétère et angoissant de cette période sanglante, on comprend que leur amour ne s'épanouisse pas. Henri réussit à s'enfuir et Marguerite le rejoint à Nérac où elle entretient une cour brillante qui accueille de grands esprits, comme Montaigne ou Agrippa d'Aubigné. Mais lassée des infidélités de son époux, elle se détache définitivement de lui pour mener à son tour une vie jugée dissolue.

Avec la belle Gabrielle, c'est tout de suite le grand amour. La famille d'Estrées compte déjà plusieurs générations de courtisanes. Gabrielle et ses sept sœurs naissent au château de la Bourdaisière qui a reçu l'appellation peu reluisante de « clapier à putains ». Les sept sœurs seront, quant à elles surnommées « les sept péchés capitaux » ! Le roi utilise les subterfuges les plus romanesques pour parvenir à ses fins, allant jusqu'à se déguiser pour pouvoir approcher la belle Gabrielle. Après s'être refusée à lui tant qu'il n'a pas réintégré certains membres de sa famille dans leurs charges, elle finit par lui céder et devient la favorite. Le peuple et la noblesse la haïssent : il est vrai que le roi dépense des fortunes pour sa nouvelle conquête, surnommée la « duchesse d'ordure ». Mais Henri IV se préoccupe peu de toutes ces rumeurs. Gabrielle met au monde un petit César. Le roi est fou de joie. La reine Margot ne lui ayant pas donné d'héritier, il se croyait stérile. Deux autres enfants suivront, qu'il reconnaîtra aussi. Il pousse la provocation jusqu'à sceller sa relation avec Gabrielle en lui offrant la bague de son sacre, un geste inadmissible pour l'Église et les courtisans. Gabrielle espère épouser le roi, mais il va la faire attendre pendant des années. Quand Marguerite de Valois accepte que son mariage avec Henri IV soit annulé, Gabrielle croit toucher au but. Mais, à vingt-six ans elle meurt dans d'horribles souffrances des suites d'un quatrième et fatal accouchement. Le roi est effondré, puis, après l'annulation de son mariage avec la reine Margot, il épouse Marie de Médicis, en décembre 1600.

Qui aurait pu prévoir que cette princesse italienne, devenue reine de France, finirait sa vie méprisée de tous et bannie du royaume par son propre fils ? Un destin en forme de tragédie. Élevée dans les fastes de la cour de Florence, Marie de Médicis, fille du grand duc de Toscane, a déjà vingt-sept ans quand est envisagé son mariage avec Henri IV. Après plusieurs années de guerre, le roi de France est lourdement endetté. Ce mariage présente donc des avantages financiers pour la France car les Médicis sont très riches. Les tractations financières avec l'Italie durent plusieurs années et le compromis trouvé est très avantageux pour le roi qui pourra ainsi éponger ses dettes. Une fois les questions financières réglées, un premier mariage par procuration est célébré à Florence. Ce n'est que quelques jours plus tard qu'Henri rencontre pour la première fois sa femme quand celle-ci arrive en France. Le mariage a lieu à la cathédrale Saint-Jean de Lyon. Marie de Médicis n'est pas au bout de ses surprises : à son arrivée à Paris, elle est horrifiée par sa future demeure. Le Louvre en effet est en pleine reconstruction, après trente ans de guerres civiles. La reine, choquée par la familiarité qui règne à la cour de France, va réussir à imposer une certaine étiquette.

Bien que remarié, le roi jette son dévolu sur une autre femme : Henriette d'Entragues. Il lui écrit des centaines de lettres d'amour où, dans un français parfait, il lui déclare sa flamme. Mais Henriette a autre chose en tête : devancer Marie de Médicis en donnant un héritier au roi et en plaçant cet enfant sur le trône, à la place du dauphin. Malheureusement pour Henriette, en 1601, Marie de Médicis accouche la première et donne naissance au futur Louis XIII. Henri IV pardonne à sa maîtresse avant de se trouver un nouvel amour : Charlotte de Montmorency rencontrée lors d'un bal à la cour. Elle vient d'avoir seize ans, le roi en a quarante de plus ! Pour la garder sous sa coupe, il la marie avec le duc de Condé. Sully, de même qu'il s'était opposé à la liaison du roi avec Gabrielle d'Estrées, désapprouve sa conduite avec Charlotte et essaye de le raisonner. Henri IV a un projet : attaquer l'Autriche et l'Espagne. Marie de Médicis souhaite au contraire une alliance avec cet empire. La guerre est proche. Nous sommes en 1610; Henri IV a cinquante-sept ans. Il doit partir en campagne militaire quelques jours plus tard pour affronter les catholiques des Pays-Bas espagnols. À la cour, où personne ne veut de cette guerre, règne une atmosphère macabre. Le roi lui-même semble fébrile. Mais bientôt, le couteau de Ravaillac métamorphose ce roi mal-aimé en martyr. Le 14 mai, le roi a un mauvais pressentiment. Il se sent nerveux. Des certitudes qui ne lui sont pas venues par hasard. Depuis son accession au trône de France, on a tenté de l'assassiner à plus de vingt-cinq reprises. Par chance, toutes ces tentatives ont échoué. Mais ce vendredi-là, rien ne va se passer comme prévu. Le matin, on annonce au roi que son ami Sully est souffrant et Henri IV décide donc de traverser Paris pour se rendre à son chevet. Après quelques tergiversations, il décide de se mettre en route et monte dans son carrosse. Arrivé dans le quartier des Halles, près de la fontaine des Innocents, un homme surgit et poignarde le roi. Ravaillac entre dans l'histoire! Les généraux d'Henri IV crient que le roi n'est que blessé, mais il va mourir rapidement, comme l'ont consigné les dix chirurgiens appelés auprès du roi dans leur rapport d'autopsie. Mais qui est donc ce mystérieux François Ravaillac? Pourquoi ce colosse d'une

Assassinat d'Henri IV et arrestation de Ravaillac le 14 mai 1610.
Charles-Gustave Housez (1822-1880), musée national du château de Pau.

trentaine d'années a-t-il pris le risque de tuer le roi? On veut Ravaillac vivant pour l'interroger. Pour arracher des aveux au meurtrier, on le soumet aux pires tortures, notamment le supplice des brodequins, instruments utilisés pour broyer les jambes du prévenu. Selon ses aveux ainsi obtenus, seul Dieu aurait dicté son action. Emmené en place de Grève, Ravaillac subit le sort des régicides : après de nouvelles tortures épouvantables, il est écartelé entre quatre chevaux. Sa mort ne résout rien. L'énigme reste entière. A-t-il été l'instrument d'une machination? L'aurait-on poussé au crime? Nombreux sont ceux qui voulaient éliminer le roi. Quelles étaient leurs motivations? Certaines hypothèses évoquent une de ses maîtresses, d'autres mettent en cause un grand du royaume, le duc d'Épernon. En effet, il se trouvait dans le carrosse du roi, quand celui-ci a été assassiné. Alors que certains veulent s'en prendre à Ravaillac, le duc les en empêche pour pouvoir ensuite l'interroger. Pourquoi aurait-il agi de la sorte s'il avait eu quelque chose à se reprocher? Chef du parti catholique, son visage était connu de Ravaillac. Cependant son comportement lors de l'attaque démentirait une éventuelle complicité dans cet assassinat. Marie de Médicis est même soupçonnée par des historiens d'avoir trempé dans un complot : la veille, le 13 mai, elle a été sacrée reine à Saint-Denis, et cela ne plaiderait pas en sa faveur. Pourtant, même si la mort du roi sert les intérêts de Marie de Médicis, dont le désir d'entente avec l'empire est exaucé, il y a tout lieu de penser qu'elle ne fut pas l'instigatrice de cet assassinat. La mort d'Henri IV est-elle due au passage à l'acte d'un illuminé ou est-elle le fruit d'un vaste complot? Cette histoire demeure un des mystères les plus troublants de l'histoire de France.

Reste une autre énigme : celle de la tête d'Henri IV. À la Révolution française, au mois d'octobre 1793, environ deux cents ans après

Révolution française : ouverture du cercueil du roi Henri IV pendant la profanation des tombes royales de l'église Saint-Denis en 1793, 1860.

la mort du roi, les sans-culottes font irruption dans la basilique Saint-Denis, le tombeau des rois de France. Dans un déchaînement de fureur sacrilège, Henri IV ne sera pas épargné ! Son cadavre est décapité. La basilique devient une foire aux reliques. Dans l'ombre, un homme observe la situation. Il s'appelle Alexandre Lenoir. Mandaté par le pouvoir révolutionnaire pour répertorier ce qui peut être conservé, il dessine un plan pour garder une trace de l'endroit où ont été placés les corps d'Henri IV et ceux des autres rois : dans une petite fosse, à l'extérieur de la basilique. En 1827, le régime monarchique fait procéder à une nouvelle exhumation. Dans cette fosse on ne trouve plus que des débris d'os sens dessus dessous.

Le 31 octobre 1919, à l'hôtel Drouot, une tête momifiée aurait été vendue pour la somme de trois francs à un certain Joseph-Émile Bourdais. Il a remarqué toutes sortes de ressemblances entre cette tête et celle d'Henri IV, comme la forme du crâne ou celle du nez, ainsi qu'une cicatrice sur la bouche, un des signes distinctifs du roi. Bourdais propose sa relique à différents musées. En vain. Découragé, il la donne à sa sœur, qui l'aurait revendue à un collectionneur privé, avant de mourir dans les années soixante. Le mystère demeure : cette tête était-elle bien celle d'Henri IV ? Embaumée et momifiée, il s'agit sans doute de celle d'un illustre personnage. Aujourd'hui, nul ne sait où elle se trouve.

CHRISTOPHE COLOMB
A-T-IL DÉCOUVERT L'AMÉRIQUE ?

En 1492, au moment de partir pour un voyage qui, en révélant au monde son vrai visage, le fait entrer dans l'ère moderne, Christophe Colomb est à la pointe des connaissances géographiques de son temps. Il a tout lu, des traités antiques sur la circonférence de la terre au *Devisement du monde* de Marco Polo. À ce savoir théorique, il allie une expérience consommée de marin, acquise au sein de la flotte portugaise : Colomb a déjà navigué au nord jusqu'en Islande, à l'ouest jusqu'aux Açores, il a acquis une connaissance parfaite du régime des vents sur l'océan Atlantique... C'est l'alliance de ses qualités de savant et de navigateur qui va lui permettre d'élaborer son audacieux projet. Car si, à la fin du XVe siècle, on sait que la terre est ronde, jamais encore on ne s'est aventuré à en faire le tour. Pour la première fois, Colomb imagine de rejoindre Cipango (le Japon) et le Cathay (la Chine) par l'ouest. Mais plutôt qu'une nouvelle voie vers l'Asie, ses épices et ses soieries, le navigateur va découvrir un continent inconnu des Européens.

A-t-il vraiment eu conscience de l'ampleur de sa découverte ? D'autres marins n'avaient-ils pas foulé ce continent inconnu avant lui ? En un mot, Christophe Colomb est-il vraiment « l'inventeur » de l'Amérique ?

Portrait de Christophe Colomb.
Domenico Ghirlandaio (1449-1494),
Musée naval de Gênes.

Avant qu'il ne foule une première fois le sol américain, à quarante et un ans, la vie de Christophe Colomb est relativement mal connue. La version la plus communément admise situe sa naissance en 1451 à Gênes. Mais son père, tisserand, et ses modestes ancêtres n'ont laissé aucune trace dans l'histoire de la ville : aussi certains auteurs, de façon plus ou moins fantaisiste, ont-ils cru lui trouver des origines portugaises, juives, corses ou bien encore arméniennes... Reste que ce n'est que vers 1476 que se dissipe peu à peu le brouillard qui recouvre ses origines et sa jeunesse. Jusque-là commerçant ou marin, voire les deux à la fois, le jeune homme se signale alors par sa vaillance au cours du naufrage d'un bateau sur lequel il se trouve, au large du cap Saint-Vincent, au sud-ouest du Portugal. Plongé dans une mer très agitée à de nombreux milles du rivage, il parvient à nager jusqu'à la côte. Dès lors, il choisit de demeurer au Portugal qui est, à la fin du XVe siècle, la patrie d'élection des navigateurs. Appelant son frère Bartholomé à ses côtés, il crée avec lui à Lisbonne une officine de cartographie. Un mariage opportun avec la fille du gouverneur de l'île de Porto Santo, dans l'archipel portugais de Madère, lui permet notamment d'avoir accès aux nombreuses cartes que possède son beau-père. L'une d'entre elles, notamment, signée du florentin Toscanelli, lui donne dès 1484 une idée : pourquoi ne pas tenter de rejoindre les « Indes » par l'ouest et l'Atlantique, en mettant à l'épreuve la rotondité de la terre ? Aux Açores, on a retrouvé des bouts de bois et même des canoës venus de l'ouest ; et bien des rumeurs circulent sur des terres inexplorées, loin vers l'ouest. Mais tous redoutent d'entreprendre un voyage aussi lointain. Colomb, qui rêve depuis l'enfance des richesses de l'Asie décrites par Marco Polo et par un autre explorateur, Jean de Mandeville, est le seul à imaginer braver les légendes qui évoquent des monstres marins, des eaux se mettant subitement à bouillir... Mais il lui faut pour cela monter une expédition d'envergure, qui soit soutenue par la couronne portugaise. Or le roi Jean II entend plutôt explorer les côtes de l'Afrique. À la recherche d'un autre mécène royal, Colomb se tourne dès 1485 vers Isabelle de Castille, reine d'Espagne. Pendant six longues années, il tente en vain de la persuader de l'intérêt de son projet pour l'Espagne, développant des arguments économiques autant que cartographiques. Tout se débloque finalement lorsque Grenade, dernier bastion des musulmans dans le royaume ibère, tombe en janvier 1492. La chrétienté triomphe et, avec elle, les rois catholiques d'Espagne, Isabelle et Ferdinand. Dans l'euphorie suscitée par cette victoire définitive sur l'Islam, ils rêvent de conquérir le monde, et les négociations avec Colomb s'accélèrent subitement. Le navigateur mène d'ailleurs très bien sa barque : par les capitulations de Santa Fe, signées en avril 1492, il se voit accorder les titres de gouverneur et de vice-roi des terres à découvrir, ainsi que celui d'amiral de la mer Océane, qui lui garantit de pouvoir s'approprier un dixième du profit généré par l'exploitation commerciale de ces territoires. Les trois fameuses caravelles, la Niña, la Pinta et la Santa María, quittent le port de Palos de la Frontera, près de Huelva, le 3 août au matin. À leurs bords, quatre-vingt-dix marins aux ordres de Christophe Colomb et

Christophe Colomb abordant sur l'île San Salvador le 12 octobre 1492.
Dioscoro Teofilo de la Puebla Tolín (1832-1901),
Museo del Prado, Madrid.

des frères Pinzon, deux capitaines réputés, mais aussi six mois de vivres. Tous ont la peur au ventre à l'idée de partir pour un voyage aussi long, et surtout de s'embarquer ainsi pour une destination inconnue. Après une longue escale aux Canaries, le doute commence d'ailleurs à s'emparer de l'équipage. L'autorité et le projet de Christophe Colomb sont de plus en plus vivement contestés ; pour continuer à faire voguer ses marins plein ouest, il use d'expédients, prend pour preuves de la proximité d'une terre un bout de bois flottant ou un oiseau venant se poser sur l'un ou l'autre des bateaux. En plus de son livre de bord personnel, il tient à jour un livre destiné à l'équipage, où il minore les distances parcourues, pour rassurer les marins. Colomb, lui, ne doute pas, mais il lui devient bien difficile de tenir ses hommes quand les caravelles atteignent la mer des Sargasses. Les algues qui flottent à la surface semblent annoncer une terre proche, mais le vent tombe pendant des jours et des nuits... Une mutinerie est sur le point d'éclater lorsque, dans la nuit du 11 au 12 octobre 1492, Colomb entend enfin la vigie crier ce mot qu'il espérait tant : « Terre ! » Le voyage dure alors depuis cinq longues semaines. Au matin, Colomb réalise son rêve en posant le pied sur une terre inconnue et vierge. Aussitôt, il y plante une bannière et fait rédiger au notaire qu'il a emmené avec lui un acte de prise de possession de ce territoire au nom des rois catholiques. Les seuls témoins, qui ne sont pas invités à venir signer le document, sont des indigènes Taïnos stupéfaits, pour lesquels ces visiteurs inattendus ne peuvent être que des dieux tombés du ciel. Quant à Colomb et à ses compagnons, ils découvrent avec une certaine déception ces hommes nus, sans armes... Sont-ce vraiment là les habitants des terres si riches et raffinées de l'Asie décrite par Marco Polo ? Il n'y a pas non plus d'or sur les toits. Car évidemment, le Génois n'a pas, comme il le croit, débarqué à Cipango, mais dans une petite île des Bahamas. Il découvre ensuite Cuba puis Saint-Domingue, avant de retourner en Espagne où il débarque avec des « Indiens », des perroquets et de rares fragments d'or, un tribut somme toute modeste, mais qui lui permettra néanmoins d'accéder à des moyens bien plus importants. Car Colomb n'a qu'une hâte : repartir tout de suite afin de découvrir davantage d'or et de faire fortune.

Or à son retour à Saint-Domingue, les trente-neuf marins qu'il y avait laissés, avec pour tâche de fonder une colonie, ont tous péri. Les relations avec les Indiens ont déjà pris un mauvais tour qui ne se démentira pas. Car la soif de l'or aveugle Colomb et ses compagnons, qui torturent les indigènes pour se faire indiquer des gisements et les mettent ensuite au travail dans les mines. Certains de ces Indiens se laissent mourir pour échapper à un tel sort ; les autres, victimes de violences et du choc microbien – ils ne sont pas immunisés contre les maladies importées par les Européens –, s'éteignent tout aussi vite. En une seule génération, 80 % de la population des îles des Caraïbes disparaît. En Espagne affluent des rapports très critiques sur la façon dont Colomb administre ces terres, multipliant les exécutions sommaires et favorisant avant toute chose son enrichissement personnel. Et en 1500, c'est les fers aux pieds que le Génois revient de son troisième voyage... Car la couronne d'Espagne, qui a enfin réalisé l'importance financière de ces découvertes, n'entend finalement pas respecter les clauses avantageuses concédées huit ans plus tôt au navigateur. Colomb parvient pourtant à faire un dernier voyage qui l'amène en Amérique centrale, entre 1502 et 1504. A-t-il alors pris conscience, avant sa mort en 1506 à Valladolid,

Amerigo Vespucci.
Galleria degli Uffizi, Florence.

qu'il a découvert, non pas une nouvelle voie vers l'Asie, ni de simples archipels, mais un continent inconnu et gigantesque ? Certains historiens l'affirment, se fondant notamment sur l'expression de « mondo novo » qu'utilise Colomb à la fin de sa vie pour évoquer ses découvertes. Reste que le premier à affirmer clairement l'existence d'un nouveau continent est le navigateur florentin Amerigo Vespucci qui, sur les traces de Colomb, longe au début du XVIe siècle les côtes de l'Amérique du Sud jusqu'à la baie de Rio de Janeiro et la Patagonie. Les lettres dans lesquelles il relate ses voyages, fourmillant d'anecdotes croustillantes sur les mœurs décomplexées des femmes du Brésil et le cannibalisme des indigènes, ont assez de retentissement pour qu'en 1507 un cartographe allemand donne à ce nouveau continent le nom d'« America », tiré du prénom de Vespucci. C'est ainsi que Colomb est dépossédé de sa découverte. Mais avait-il de toute façon réellement « découvert » l'Amérique ? Depuis que des fouilles menées à Terre-Neuve au Canada en ont apporté la preuve, on sait que le navigateur viking Leifr Eiriksson fut, autour de l'an 1000, le premier Européen à explorer les côtes de l'Amérique du Nord. Mais lui non plus ne pense pas alors découvrir un nouveau continent, plutôt une simple extension du Groenland. D'ailleurs, après avoir rapporté du bois et des airelles de ce territoire qu'ils baptisent le « Vinland », les Vikings délaissent vite, après quelques voyages, ces côtes trop lointaines, aux populations hostiles.

En 2002, Gavin Menzies, ancien amiral anglais devenu historien, a par ailleurs déclenché une vive polémique en affirmant que ce sont les Chinois qui, en 1421, soixante-dix ans avant Colomb, auraient en fait découvert l'Amérique. La flotte des empereurs de Chine est alors constituée d'une centaine de jonques gigantesques faisant cinq fois la taille des caravelles

Reproduction par Mo Yi Tong d'une carte du monde attribuée à Zheng He, explorateur chinois, 1763.

espagnoles. C'est à la tête de ces villes flottantes que Zheng He, le navigateur envoyé par l'empereur Yongle à travers les océans, aurait, à en croire Menzies, découvert l'Amérique en 1421. Une thèse que tentent actuellement de confirmer des archéologues, qui recherchent activement des épaves de jonques sur la côte pacifique de l'Amérique. Reste que si les Vikings, et peut-être les Chinois, ont abordé avant lui les rivages américains, Colomb est bien le « découvreur » de l'Amérique. Lui seul n'y est pas arrivé par hasard, mais au terme d'un processus intellectuel longuement mûri. Il est toutefois mort avant d'avoir pu vraiment prendre conscience de l'ampleur de sa découverte, sans prévoir le moins du monde la révolution qu'elle allait provoquer dans l'histoire de l'humanité. Il faudra notamment pour cela qu'après lui Vespucci fasse connaître ces terres aux Européens, qu'en 1513 le conquistador espagnol Balboa mette en évidence l'existence de l'océan Pacifique, enfin qu'en 1520 Magellan prouve que l'Amérique constitue bien un gigantesque et nouveau continent.

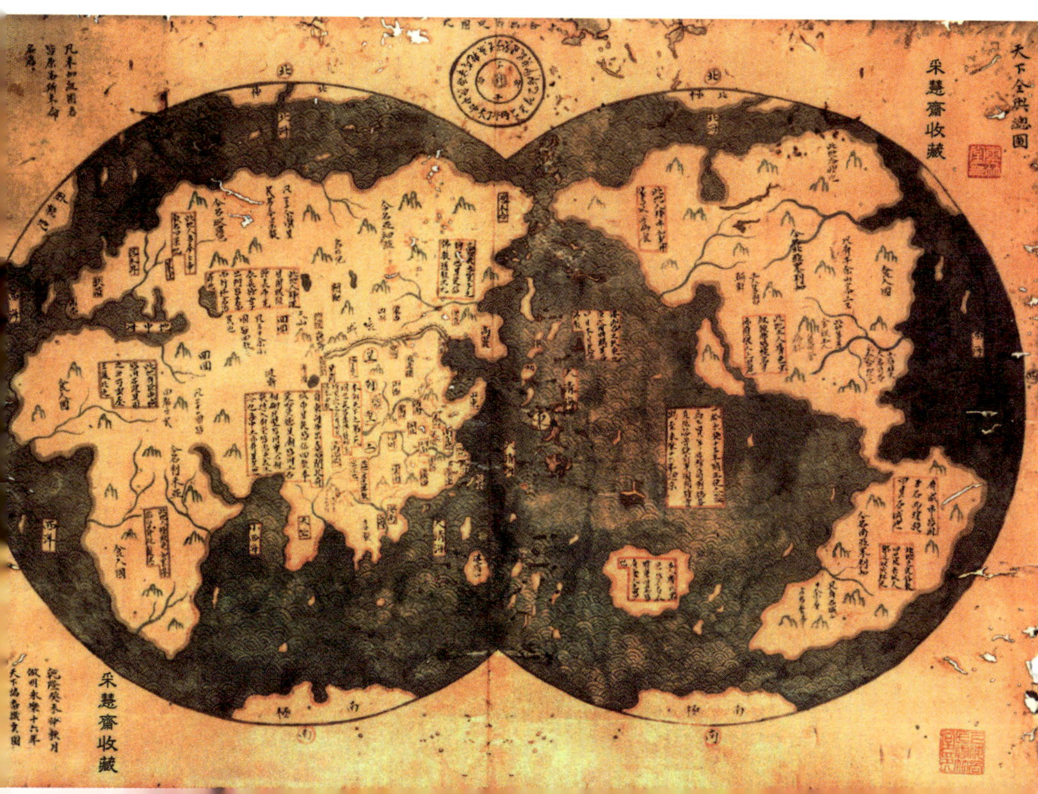

CASANOVA
QUI ÉTAIT-IL VRAIMENT ?

Depuis plus de deux cents ans, Casanova, un des plus grands aventuriers du XVIIIe siècle, est l'objet de tous les fantasmes. De ses innombrables conquêtes et de ses frasques amoureuses émane encore aujourd'hui un incroyable parfum de soufre et de scandale. Sa vie pourtant est mal connue, à tel point que certains se demandent si cet homme n'est pas un personnage de fiction. Mais Casanova a bel et bien existé. Et de la façon la plus intense qui soit.

Casanova se jette dans la vie sans rien attendre d'autre en retour que le plaisir. Pour l'obtenir, notre Vénitien est doté de quelques qualités indispensables. C'est un très bel homme d'un mètre quatre-vingt-sept, il a de l'allure, s'exprime merveilleusement bien et sait faire des femmes ses complices. On connaît par ailleurs les dimensions intéressantes de son membre viril, entre vingt-deux et vingt-trois centimètres, car il nous a donné la taille de ses préservatifs qui, à l'époque, sont de petits étuis de soie. Ainsi avantagé, ce libertin s'abandonne sans compter, et ne trouve son plaisir que si celui-ci est partagé. Pour les femmes, Casanova est un homme disponible, à l'écoute de leurs requêtes et de leurs moindres désirs. Ses conquêtes, estimées par ses soins à plus de cent vingt, sont issues de tous les milieux et de

Giacomo Casanova.
Ismael Mengs (1688-1764),
collection privée.

toutes les classes sociales : soubrettes et aristocrates, comédiennes et religieuses. Cette vie incroyablement libre et dissolue n'est possible que dans le contexte particulier du XVIIIe siècle, siècle des Lumières, durant lequel règne dans certains milieux une grande liberté de mœurs. Casanova est l'expression la plus aboutie du paradis de la liberté sexuelle qu'est alors Venise, où l'on vient pour goûter à la volupté. La ville dans laquelle Casanova grandit est vraiment une ville de débauche, mais régie par un pouvoir inquisiteur qui voudrait à tout prix moraliser ce peuple aux mœurs dépravées. C'est dans ce contexte paradoxal que naît le 2 avril 1725, tout près du palais Grassi, Giacomo Girolamo Casanova. Sa mère, Zanetta, est actrice, et accaparée par ses tournées. Souffreteux, et très vite délaissé, Giacomo en conçoit une grande tristesse. Sa grand-mère prend vite en charge son éducation. Elle veut qu'il devienne abbé, et le jeune homme mène en ce sens de brillantes études. Mais les premiers prêches de Casanova tournent au scandale, car les jeunes paroissiennes manifestent un intérêt déplacé pour l'homme d'Église. À cette même époque, Casanova connaît son premier chagrin d'amour. Pour ne plus connaître les douleurs que la passion a pu provoquer chez lui, il privilégiera dès lors des rencontres amoureuses éphémères, ne visant que le plaisir. Casanova aimera avant tout sa chère liberté. Ce qui ne l'empêchera pas de vivre quelques grandes histoires d'amour. Il séduira notamment des chanteuses, des danseuses, des femmes nomades comme lui. Avec ces femmes artistes, la séduction est ambivalente. Presque toutes garderont d'ailleurs un bon souvenir de son passage.

Sa carrière de séducteur commence dans son Italie natale. Peu de femmes résistent au jeune Casanova. Mais lors d'un récital au théâtre d'Ancône, il est subjugué par la beauté de Bellino, un castrat à la voix sublime. Or surprise, le *divo* est une *diva*! Bellino est bel et bien une femme qui se prénomme Thérèse. Les femmes n'ayant pas le droit de monter sur les planches dans les États du pape, la jeune femme a usurpé l'identité d'un castrat mort prématurément. Après plusieurs mois d'un amour intense, Thérèse repart en tournée, désormais habillée en femme, et devient une cantatrice très en vue. Quelques années plus tard, en 1759, à Parme, Casanova connaîtra une aventure similaire. Frappé par la beauté de deux hussards hongrois, il croit éprouver un désir homosexuel pour l'un de ces deux soldats. En fait, là encore, il s'agit bien d'une femme, Henriette, qui a fui la France sous ce déguisement pour échapper à un mariage forcé. Pour la première fois, Casanova vit une intense passion avec une aristocrate. Ils passent ensemble cinq mois de bonheur, presque une éternité pour Casanova. Mais le puissant mari d'Henriette la retrouve et exige, manu militari, son retour. Les deux amants passent une dernière nuit à Genève. Leurs adieux sont déchirants. Henriette détache un diamant qu'elle porte au doigt et de la pointe de ce diamant, trace ces mots sur une vitre : « Tu oublieras aussi Henriette. » Mais Casanova aura aussi d'authentiques relations homosexuelles. Cela dit, à l'époque, l'homosexualité est un mot qui n'existe pas encore. On parle alors de « sodomie ». À la fin du XVIIIe siècle, le sodomite

Henriette, 1872.
Illustration tirée de *Histoire de ma vie*, Giacomo Casanova.

est quelqu'un qui a une « passion ». Certains hommes se rendent dans les « sérails », les bordels de l'époque, pour se faire fustiger, d'autres pour se faire manualiser (masturber), d'autres pour demander une fellation. Ceux qui se font sodomiser sont appelés sodomites. Ils fréquentent certains lieux, ils ont leurs parcs dans lesquels ils cherchent à rencontrer leurs semblables. La sodomie est alors un crime, passible du bûcher.

Mais revenons à Venise, où, en 1754, arrive le nouvel ambassadeur de Louis XV, l'abbé de Bernis, futur cardinal et académicien. Casanova devient son ami, et les deux hommes se partagent même pendant plusieurs mois les faveurs d'une religieuse libertine. Lorsque Bernis repart pour la France, Casanova refuse de le suivre et préfère rester dans sa ville natale, où ses frasques amoureuses et financières lui valent pourtant d'être inquiété par l'Inquisition. Car n'ayant aucun penchant pour le travail, Casanova a découvert une façon agréable et lucrative de gagner sa vie sans grand effort : le jeu. Tricher au jeu, c'est « corriger l'infortune », et cela lui paraît une chose toute naturelle. Peu décidé à faire profil bas, Casanova joue et s'affiche ostensiblement avec une religieuse issue de la haute noblesse vénitienne. Le 24 Juillet 1755, au seuil de sa trentième année, il est finalement arrêté et jeté dans la sinistre prison des Plombs, où il croupit pendant quinze longs mois. Il finit par s'en évader grâce à des complicités extérieures. Après cet épisode rocambolesque commence pour Casanova une nouvelle vie. C'est à ce moment-là qu'il situe dans ses *Mémoires* une liaison avec sa propre fille, à laquelle il dit avoir donné un enfant... L'interdit excite tout particulièrement Casanova, mais il aime aussi choquer. Et il semble aujourd'hui que « sa fille » était en fait une petite cousine. Il ne faut d'ailleurs pas non plus croire l'aventurier lorsque, dans un autre passage fameux de ses *Mémoires*, il dit avoir acheté une petite fille en Russie, dont il fait une esclave sexuelle. Au moment de livrer ses souvenirs, le vieux Casanova « embellira » parfois la réalité de sa vie. Très peu de temps après son évasion, Casanova finit par quitter l'Italie. En 1757, il arrive à Paris, où il est introduit à la cour par son vieil ami l'abbé de Bernis, qui le présente à Madame de Pompadour, la très influente maîtresse du roi. Pour renflouer les caisses du royaume de France, vidées par la guerre de Sept Ans, Casanova lui propose un projet ingénieux : la première loterie royale. Il parvient à convaincre une commission constituée de brillants mathématiciens, dont le plus grand géomètre de l'époque, d'Alembert. Coup de bluff magistral : le Vénitien se présente comme un expert en loterie, ce qu'il n'est absolument pas. La Loterie royale est instaurée et perdurera, après quelques transformations, jusqu'à nos jours. Casanova s'enrichit considérablement et intègre les milieux aristocratiques, dont il adopte les manières ostentatoires en gaspillant l'argent qu'il vient d'accumuler.

Bientôt, le voilà chef d'entreprise lorsqu'il crée une manufacture de soie peinte. Les ouvrières tombent toutes amoureuses de lui. Patron généreux, il puise dans la caisse de sa propre société pour payer à chaque fille appartements, voitures, chevaux et bijoux... Évidemment, c'est la banqueroute. Pour faire face à ce coup du sort, Casanova pourra compter sur la solidarité de ses frères francs-maçons. Initié à Lyon, à vingt-cinq ans, il gravit tous les échelons de la confrérie jusqu'à devenir grand maître. Il ne s'agit pas pour lui d'une quête philosophique, mais d'un moyen d'entrer dans des milieux auxquels il aurait difficilement pu avoir accès. Néanmoins, ses relations avec la maçonnerie se teintent de mysticisme. Depuis son enfance, Casanova se passionne pour les sciences occultes. Même s'il n'y a jamais réellement cru, il profite avidement de l'incroyable naïveté d'une partie de la noblesse française férue d'occultisme, et commet des escroqueries qui l'amusent beaucoup. Comme ce fut le cas avec la richissime marquise d'Urfé. Il se fait passer pour un mage, initié aux mystères de la kabbale, et prétend pouvoir réincarner la vieille marquise dans la peau d'un jeune homme à la vigueur éternelle. Bien sûr, la marquise gardera ses rides, non sans perdre au passage une grande partie de sa fortune. Quelques années plus tard, Casanova devient un espion au service du roi de France. À son aise dans cette nouvelle fonction, il doit rendre compte des forces anglaises basées à Dunkerque. Profitant de son entregent, il se lie avec des officiers anglais et rapporte de précieux renseignements à Versailles. Après quoi, il repart une fois de plus sur les routes de l'Europe des Lumières. On estime qu'il aurait parcouru près de soixante-cinq mille kilomètres en soixante ans. Très attentif à ses conditions de transport, à la qualité des lieux où il séjourne, Casanova est un lecteur attentif des guides de voyage. Malheureusement, au fil du temps, l'âge fait son œuvre et ses escroqueries l'ont déconsidéré dans de nombreux pays. Ses voyages ressemblent de plus en plus à une fuite. C'est ainsi qu'en 1763, un Casanova vieillissant se retrouve en exil à Londres. Il y rencontre la fameuse Charpillon, en fait une prostituée. Cette créature va se moquer de lui et le pousser à bout. Furieux, Casanova la bat et pense même l'avoir tuée. Il est prêt à se suicider en se jetant dans la Tamise, les poches lestées de plomb. Après cet épisode lamentable, Casanova perd de sa flamboyance. Il quitte Londres avec la syphilis. Toute l'histoire de sa vie est ponctuée par des maladies vénériennes, qui se soignent alors très mal. Mais la plus grave est la syphilis, dite « mal de Naples » ou « mal français ». On la traite par le mercure, les fumigations enrichies en soufre, en arsenic. « Le grand remède », à base de mercure, fait tomber les dents et noircit la bouche... mais il guérit rarement de la syphilis. Mieux vaut donc ne pas l'attraper. Pour s'en prémunir existent depuis bien longtemps des préservatifs primitifs. Fallope, un anatomiste italien du XVIe siècle, a ainsi inventé des sortes de petits capuchons en lin. Un peu plus tard, on utilisera des matières plus appropriées, comme de la vessie de porc ou des intestins de mouton.

Les fiançailles du doge de Venise avec la mer Adriatique, 1730.
Giovanni Antonio Canal (1697-1768),
musée Pouchkine, Moscou.

Lorsqu'il approche de la soixantaine, Casanova songe à rompre avec sa vie d'aventurier, qui n'est plus vraiment de son âge. En 1784, à Vienne, il a alors la chance de rencontrer un protecteur, le duc de Waldstein, qui lui propose de l'employer comme bibliothécaire dans son château reculé. Casanova accepte aussitôt. Il restera au château de Dux jusqu'à sa mort, en 1798. Exilé au fin fond de l'Europe, malade, édenté, entouré de domestiques qui le détestent, il est seul et totalement oublié du beau monde qui l'a tant choyé. Heureusement, il lui reste l'écriture. Dès qu'il prend la plume, il redevient le jeune homme fringant qu'il fut jadis. Pendant près de quatorze ans, écrivant treize heures par jour, il rédige ses *Mémoires* et se venge de son morne quotidien en exaltant sa vie passée. Une œuvre majeure qui le fait entrer à jamais au panthéon des mémorialistes. Sur plus de trois mille pages, dans un style flamboyant et avec force détails, n'hésitant pas à aborder les épisodes les plus scabreux, Casanova nous livre son incroyable vie, sans hypocrisie ni complaisance. Pourtant son talent littéraire n'a pas été reconnu tout de suite, et ses *Mémoires* resteront longtemps méconnus du grand public. Casanova meurt en 1798. Alors que la France est en pleine ébullition révolutionnaire, il achève sa vie si mouvementée dans un pays à peine touché par le grand choc des idées nouvelles. Témoin de la fin d'une époque, Casanova, par sa liberté d'être et de penser, demeure une figure emblématique du siècle des Lumières.

NAPOLÉON
A-T-IL ÉTÉ EMPOISONNÉ ?

Le 5 mai 1821, à 17 heures 50 minutes, à Sainte-Hélène, l'empereur Napoléon rend son dernier soupir. Après dix-huit heures d'agonie, un mal étrange emporte « l'ogre corse » qui a fait trembler l'Europe. D'après son médecin, il est mort d'un ulcère. Pour les Anglais, il a été emporté par un cancer de l'estomac. D'autres encore prétendent qu'il s'agit d'un empoisonnement. Qui croire ? Près de deux cents ans après, la polémique se poursuit.

Napoléon Bonaparte a vingt ans quand éclate la Révolution. Dévoré d'ambition, il méprise ses détracteurs et se jette à corps perdu dans la guerre. Devenu général, en 1796, en pleine ascension, Bonaparte séduit la maîtresse d'un de ses alliés politiques, Joséphine de Beauharnais, qui devient sa femme. Ce mariage sert ses intérêts. Son épouse lui obtient une promotion à la tête de l'armée d'Italie. Mais c'est aussi un mariage d'amour. À Sainte-Hélène, quand il dictera ses mémoires, le souvenir de Joséphine le hantera encore. À trente ans, Bonaparte commence une carrière de dictateur « pour sauver la République ». Le coup d'État du 18 brumaire 1799 le mène au sommet. Dès lors, ses nombreux ennemis ne cessent de vouloir l'éliminer. Il y a le complot dit « conspiration des poignards ». Puis, le 24 décembre 1800, l'attentat de la rue Saint-Nicaise,

Napoléon abdiquant à Fontainebleau, 1840.
Paul Delaroche (1797-1856),
musée de l'Armée, Paris.

à Paris : une bombe explose sur son passage. C'est le premier attentat à la voiture piégée! Bonaparte en réchappe et profite de l'émoi populaire pour renforcer son pouvoir et se faire sacrer empereur. Le pape Pie VII assiste à la cérémonie, mais c'est Napoléon lui-même qui se couronne. Le 2 décembre 1804, Bonaparte devient Napoléon Ier. Il veut édifier le Grand Empire. En 1805, il s'attaque à l'Angleterre, son ennemi de toujours. À Austerlitz, il fait montre de son art militaire hors du commun. Mais les complots se multiplient et il est trahi par l'un de ses plus proches conseillers : Talleyrand. Malgré les cabales, Napoléon mène l'Empire à son apogée. Mais une blessure plus intime l'empêche de savourer pleinement ses victoires. L'impératrice Joséphine n'arrive plus à avoir d'enfant et l'empereur n'a toujours pas d'héritier. À contrecœur, le divorce est décidé. Un second mariage avec Marie-Louise d'Autriche sert ses intérêts politiques et il se trouve d'un coup, lui, le petit Corse, apparenté à l'une des plus grandes familles d'Europe, Marie-Antoinette, Louis XVI... En 1811 naît enfin un héritier : Napoléon II, roi de Rome. Napoléon, au faîte de sa puissance, règne d'une main de fer sur soixante-dix millions d'âmes. Son Empire s'étend d'Amsterdam à Rome. Son pouvoir absolu ne manque pas d'attiser les haines. En 1812, il envahit la Russie, c'est l'hécatombe. Sur six cent mille hommes, beaucoup meurent au combat, sont faits prisonniers ou désertent. Seuls quelques dizaines de milliers reviennent en France. C'est le début de la fin. En 1814, les armées ennemies entrent dans Paris. Désespéré, l'empereur tente de mettre fin à ses jours en avalant une fiole de poison qu'il porte toujours sur lui. C'est la logique des héros de l'Antiquité! Mais le destin lui offre un nouveau sursis, le poison est éventé. Le 6 avril 1814, Napoléon abdique. Les puissances européennes pensent se débarrasser de lui en l'exilant sur l'île d'Elbe. Mais l'Empereur ne renonce pas à son rêve épique. Après trois cents jours, « l'aigle corse » débarque en France et renverse Louis XVIII. La résurrection impériale ne dure que cent jours. Les cours européennes n'acceptent pas ce retour. L'armée napoléonienne est écrasée à Waterloo le 18 juin 1815. Pour la seconde et dernière fois, Napoléon abdique. Il monte sur un navire anglais. À ce moment, il espère encore et se voit en exilé politique. Mais il est à la merci de la « Perfide Albion » qui veut se débarrasser définitivement de lui. Cap sur Sainte-Hélène, îlot perdu à trois mille cinq cents kilomètres des côtes africaines et à cinq mille kilomètres de celles du Brésil.

Après trois mois de mer, le 15 octobre 1815, Napoléon aperçoit ce rocher hostile. Débarquer à Sainte-Hélène est extrêmement difficile. L'Empereur et ses compagnons prennent conscience que leur séjour va être plus rigoureux que prévu. Comment un homme qui avait eu l'Europe sous sa coupe aurait-il pu se résigner à cet exil au bout du monde, prisonnier de ses plus féroces ennemis ? Les Anglais le traitent comme un simple général, ce qui exaspère Napoléon qui lance un jour à Hudson Lowe, le sévère gouverneur de l'île : « Le général Bonaparte ? La dernière fois que j'en ai entendu parler, c'était à la bataille des Pyramides ! » À Sainte-Hélène, le climat est pluvieux et rude, surtout sur le plateau battu des vents où se trouve la résidence de Napoléon : Longwood. Humilié, affaibli, Napoléon souhaite mourir en martyre. « Les Anglais m'ont donné la seule couronne qui me manquait, la couronne d'épines. » À Longwood, il reconstitue une petite cour en exil. Il y a là quelques généraux, Bertrand, Montholon et Gourgaud. Deux femmes françaises seulement dans ce microcosme : Fanny Bertrand et Albine de Montholon.

En amour aussi, Napoléon continue à se comporter en souverain tout-puissant. Séparé de sa femme restée en Europe, il entretient une liaison avec Albine, la femme de Montholon. Deux ans après leur arrivée, elle accouche d'une petite Joséphine dont les témoins rapportent la ressemblance avec l'Empereur. Montholon ferme les yeux sur cette liaison car il y trouve son intérêt. Étrangement, cet ancien militaire a fait des pieds et

Comtesse Albine de Montholon.
Milliet.

des mains pour accompagner l'exilé. Napoléon a de l'argent. En gagnant ses faveurs, Montholon espère recevoir une somme coquette. Albine quittera Sainte-Hélène en juillet 1819, ce qui fait dire à ceux qui soupçonnent Montholon d'avoir empoisonné l'Empereur qu'il l'aurait fait pour retrouver sa femme. À Longwood, les intrigues et les complots animent un petit monde d'ennui et de promiscuité. Le baron Gourgaud, un fidèle de l'Empereur, va jusqu'à provoquer Montholon en duel car il ne supporte pas l'attitude d'Albine. D'une grande valeur militaire et d'un grand courage, Gourgaud est jaloux et s'acharne à se faire aimer de Napoléon, à tel point que celui-ci aura, à son sujet, un mot très cru : « S'il était resté, il aurait fini par m'... ». Déchu, emprisonné, oisif, objet d'enjeux mesquins, Napoléon s'ennuie et déprime. Hormis la rédaction de ses mémoires, la lecture, les échecs, quelques rares balades à cheval, l'ancien guerrier mène une vie de reclus. Dans les derniers mois de sa vie, il passe le plus clair de son temps dans les vapeurs d'un bain brûlant, car c'est là qu'il se sent le moins mal. Sa santé se dégrade. Son foie, ses intestins et son estomac le font affreusement souffrir. En octobre 1820, la dernière fois où il sort de sa maison de Longwood, il a les jambes enflées, les gencives sanglantes, les yeux cernés et le teint verdâtre. Deux mois plus tard, il rédige son testament. Montholon y figure en bonne place. Quelques jours plus tard, le 5 mai 1821, il rend l'âme.

Les circonstances de la mort de Napoléon resteront un mystère pendant près de deux siècles, avant que la science n'entre en jeu. Mais une autopsie fut pratiquée le lendemain du décès par le médecin de l'Empereur, Antommarchi. Selon le document précieux qui a pu être conservé, Napoléon avait un ulcère perforé de l'estomac, alors que les médecins anglais présents lors de l'autopsie concluent à un cancer gastrique. À cette époque, il n'y eut aucune controverse sur les conditions de cette mort. Ce n'est qu'au XXe siècle, dans les années cinquante, quand paraissent enfin les mémoires de Marchand, valet de chambre de Napoléon, que sont apparues les thèses d'une mort par empoisonnement.

Depuis les années soixante, une toute nouvelle technique permet de détecter l'arsenic dans les cheveux. L'examen d'une mèche de l'Empereur révèle la présence de poison ! En 1999, Ben Weider, un milliardaire canadien persuadé, lui aussi, que Napoléon a été assassiné, décide de financer des recherches. Il confie les cheveux de Napoléon à un toxicologue français réputé pour ses travaux : Pascal Kintz. Selon ce dernier, tout le monde a de l'arsenic dans les cheveux, mais à des concentrations en général inférieures à 0,5 nanogramme par milligramme de cheveux. Dans le cas de l'Empereur, on en trouve environ 40 nanogrammes, soit près de quatre-vingts fois plus que la normale. Ce qui signale, sans aucune discussion possible, une intoxication chronique répétée. Mais les causes de contamination externe par l'arsenic sont nombreuses, car dans la nature, beaucoup de matières contiennent cette substance. Du charbon, utilisé pour le chauffage, peut émaner de l'arsenic en quantité non négligeable. Il est présent aussi dans des cosmétiques. Comment savoir alors si le poison a été ingéré par l'Empereur ou s'il est d'origine extérieure ? Pour Jean-Claude Damamme, représentant de la « Société napoléonienne internationale », l'arsenic trouvé dans les cheveux de Napoléon est de la mort aux rats. Seul mode d'administration possible : la voie digestive. La mort aux rats a donc été mise dans des aliments. Mais qui aurait eu intérêt à éliminer ainsi Napoléon ? Vivant, il restait une menace tant pour les royalistes, qui avaient repris le pouvoir en France, que pour les Anglais, hantés par son retour de l'île d'Elbe. Un faisceau de présomptions converge vers Montholon. C'est lui en effet qui avait la haute main sur l'intendance et les cuisines de Longwood. Montholon, on l'a vu, doit fermer les yeux sur la relation de sa femme avec l'Empereur. Or, en 1819, Napoléon renvoie Albine en Europe, au grand désespoir de son mari. Des lettres retrouvées récemment pourraient laisser supposer que ce mari délaissé voulait se débarrasser de son rival... « Si tu éprouves la dixième partie de ce que je sens, rien ne m'arrêtera [...] N'en doute pas mon Albine, je brise tout s'il le faut et je vais te consacrer le reste de mes jours. » L'arsenic est un produit que l'on ne peut déceler, ni au goût, ni à l'œil. Il aurait donc été possible d'en diluer des doses infimes dans le vin de Napoléon pour provoquer un empoisonnement progressif. Selon une autre hypothèse romanesque, Napoléon se serait enfui et aurait tranquillement fini ses jours en Louisiane. Personnage-clef de ce scénario : le majordome de l'Empereur, Cipriani, qui a toujours vécu dans son ombre. Après la mort de l'Empereur, Cipriani reste sur l'île. Il y meurt foudroyé et s'y fait enterrer. Quand les Français, vingt ans plus tard, viennent récupérer le corps de l'Empereur, ils pensent aussi à rapatrier le corps de Cipriani. Mais le corps de celui-ci reste introuvable. D'où l'idée d'une substitution. Le corps de Napoléon ramené en France en 1840 à la demande de Louis-Philippe ne serait pas le corps de Napoléon ! Pour comprendre ce qui s'est passé, ne suffirait-t-il pas d'ouvrir le tombeau de Napoléon ? Grâce à l'ADN, et à toutes les approches d'identification médico-légales modernes, tous les doutes seraient enfin levés. Selon Jean Tulard, ouvrir le cercueil de Napoléon ne s'impose pas. D'après lui, le corps de Napoléon se trouve bien aux Invalides. Beaucoup d'indices le prouvent, comme l'exhumation qui eut lieu le 15 octobre 1840. Quand on a ouvert le tombeau pour s'assurer que Napoléon était bien là, la surprise a été grande tant le corps était bien

Vue de la maison de Longwood sur l'île Sainte-Hélène.
Musée national du château de Malmaison.

conservé. Mais selon l'historien Bruno Roy-Henry, il s'agit d'un subterfuge. Certes, à la surprise générale, le corps apparut bien conservé. Mais dix-neuf ans plus tôt, en 1821, une odeur épouvantable empestait la pièce où était exposé le cadavre, ce qui pose donc des questions sur la bonne conservation du corps. Certes, en 1840, les témoins reconnaissent le visage de l'Empereur. En fait, sur le visage de l'exhumé, ils retrouvent les traits du masque mortuaire moulé par Antommarchi. Un masque de l'Empereur qui aurait été moulé sur le visage de Cipriani... Cipriani utilisé comme leurre par les Anglais, qui auraient emmené le corps de Napoléon en Angleterre en guise de trophée. Toujours est-il que les autorités françaises ont toujours rejeté les demandes d'exhumation du corps de l'Empereur. Pourquoi ce refus ? L'État, d'une manière générale, ne tient pas à remettre en cause l'histoire officielle. Il est des mystères qui sont parties prenantes de l'histoire d'un homme et le mystère de la mort de Napoléon appartient aussi à son épopée. La vérité sur la mort de l'Empereur apparaîtra-t-elle un jour ? Certains documents comme les mémoires du gouverneur britannique de Sainte-Hélène n'ont pas encore été totalement mis à jour. Si, dans ces « Hudson Lowe Papers », on trouvait une lettre félicitant Montholon d'avoir empoisonné Napoléon, on pourrait alors affirmer que Napoléon a été empoisonné par Montholon. Hélas, quitte à décevoir les amateurs de mystères, on ne dispose d'aucun document attestant que Hudson Lowe a été complice, avec Montholon, de l'assassinat de Napoléon.

RASPOUTINE
A-T-IL PRÉCIPITÉ LA CHUTE DU DERNIER TSAR ?

Entre 1906 et 1916, en Russie, un étrange personnage parvient à infiltrer l'entourage du couple impérial. Raspoutine, mystique venu de la lointaine Sibérie, devient même bientôt, fort de ses pouvoirs de magnétiseur, le Premier ministre occulte de l'Empire. Comment un simple paysan est-il ainsi parvenu à devenir l'homme le plus influent de la cour de Russie ? Celui que le tsar Nicolas II et la tsarine Alexandra appelaient « notre ami » avait-il de réels talents de guérisseur et de voyant, ou n'était-il qu'un charlatan doté d'un charisme désarmant ? Était-il sincère lorsqu'il affirmait avoir reçu de Dieu la mission de sauver son pays ? L'histoire de l'invraisemblable ascension de Raspoutine est un conte tragique, révélateur de l'aveuglement fatal du dernier tsar et de son épouse.

Grigori Iefimovitch Raspoutine naît sans doute le 10 janvier 1869 dans le petit village de Pokrovskoïe, en Sibérie, dans une famille de moujiks, c'est-à-dire de petits propriétaires terriens. Délaissant l'école, il connaît une jeunesse agitée, se livre fréquemment à de petites rapines. Sa vie bascule quand il a huit ans, à la suite d'un événement tragique : il tombe par accident dans l'eau glacée d'une rivière, alors qu'il joue avec son frère. Ce dernier le sauve mais meurt, bientôt, d'une pneumonie.

Portrait de Raspoutine.
Collection privée.

Quant au petit Grigori, après plusieurs semaines dans le coma, il survit. Mais il ne sera plus jamais le même. Les esprits les plus rationnels n'y verront que l'effet de la culpabilité, mais Raspoutine commence à avoir des visions : la Sainte Vierge lui apparaît, et il se met à croire aux miracles. Dès lors, le jeune paysan acquiert dans sa région natale une réputation de guérisseur et de voyant. Une chose est sûre : dès l'adolescence, Raspoutine parvient à exercer sur ses semblables une étonnante fascination. Ses yeux clairs et étrangement fixes, notamment, semblent dégager une force presque magnétique, qui lui confère un réel pouvoir sur autrui. Un pouvoir dont il ne se sert pas seulement pour parler de Dieu... Même s'il se marie à dix-neuf ans, Raspoutine multiplie les conquêtes, ce qui est assez inattendu pour un homme hirsute et barbu, sale et franchement laid. Peu avant son trentième anniversaire, accusé d'un énième vol, il abandonne sa famille pour courir les routes. Alors commence une longue période d'errance. À pied, de monastère en monastère, il parcourt les steppes russes, et il découvre, à cette époque, les pratiques étranges de certaines sectes mystiques, comme celle des khlysty, très portés sur la flagellation et mal vus de l'Église orthodoxe traditionnelle. Des pratiques qui viennent alimenter l'agrégat composite et confus constituant sa prédication. Dans toutes les communautés qui l'accueillent, Raspoutine, qui se vieillit d'une dizaine d'années, se fait passer pour un starets, un sage vivant en ermite. Le subterfuge prend d'autant mieux que le Sibérien continue de fasciner, par son regard troublant et ses discours grandiloquents. En 1904, alors que la flotte russe se fait, contre toute attente, écraser par les Japonais devant Port-Arthur, Raspoutine affirme qu'il sait comment sauver la Russie, en rapprochant le tsar de son peuple.

Le pouvoir autocratique de Nicolas II est en effet sérieusement ébranlé : lors du Dimanche rouge, en janvier 1905, à Saint-Pétersbourg, cent cinquante mille personnes défilent devant le palais d'Hiver. Ce sont pour la plupart des ouvriers mécontents

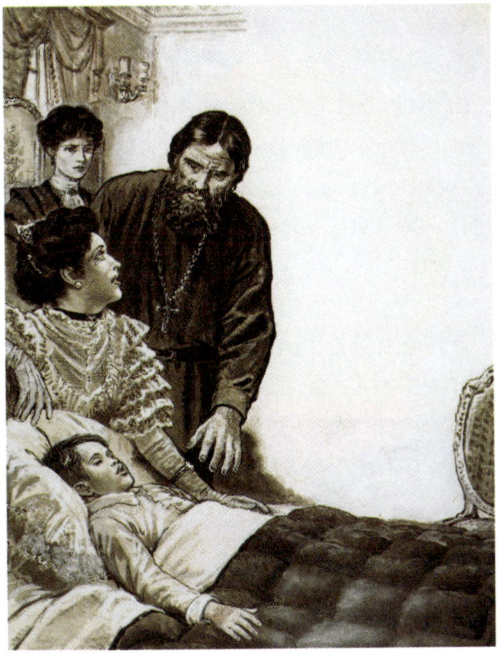

Raspoutine au chevet du tsarevitch Alexis.
Illustration tirée de *Look and Learn*,
n° 530, 11 mars 1972
Collection privée.

réclamant des réformes; Nicolas II fait tirer sur la foule, avant de lâcher finalement un peu de lest en créant en octobre un parlement, la Douma, qui semble le premier pas vers une monarchie constitutionnelle. Le tsar sait très bien que son trône vacille. Or plutôt que de se tourner vers des ministres compétents, à même d'engager un programme de réformes, il va confier son sort au fameux starets venu de Sibérie. La réputation de celui qui se fait désormais appeler «père Grigori» est si grande que de hautes personnalités du clergé russe, comme les évêques Théophane et Hermogène, le recommandent bientôt à des cousines du tsar, adeptes des sciences occultes. Ainsi Raspoutine parvient-il à entrer à la cour de Saint-Pétersbourg. En novembre 1905, il rencontre pour la première fois le tsar et la tsarine, qu'il se permet d'emblée de tutoyer. Nicolas et sa femme Alexandra sont alors en plein désarroi. Au désordre politique s'ajoute un drame intime : leur seul fils, le petit tsarévitch Alexis, né l'année précédente, s'est révélé hémophile. Une maladie génétique qui fait alors des ravages dans les cours européennes, marquées par une forte consanguinité, et qui lui a été transmise par sa mère. Le moindre choc peut provoquer chez lui une hémorragie fatale. Voilà la corde sensible sur laquelle Raspoutine va savoir jouer pour gagner la confiance du tsar et surtout de la tsarine. Miracle ou simple talent de magnétiseur ? Raspoutine réussit là où les médecins échouent, parvenant à apaiser le tsarévitch et à arrêter les saignements par la simple force de sa parole. Le moine sibérien est un homme providentiel dont la famille impériale ne peut très vite plus se passer. À Tsarskoïe Selo, le petit palais champêtre à l'écart de Saint-Pétersbourg où les Romanov s'isolent de plus en plus souvent à partir de 1906, Raspoutine est souvent là, au premier rang des rares intimes.

C'est ainsi qu'un moujik quasi analphabète, qui n'a quitté ni les bottes ni le caftan constitutifs de son personnage, devient l'un des membres les plus influents de la cour de Russie. Obsédé par les femmes, il en reçoit beaucoup dans l'appartement que lui a offert la tsarine Alexandra à Saint-Pétersbourg. Les cérémonies qu'il y organise font rapidement l'objet de bien des rumeurs : les séances de guérison et de rédemption collectives tournent parfois à la beuverie, voire à l'orgie... Ce sont là les pratiques déviantes de sectes dangereuses comme celle des khlysty, affirment les ennemis de Raspoutine, parmi lesquels le Premier ministre Stolypine, un partisan forcené de la modernisation du pays. Même ses anciens protecteurs au sein de l'Église orthodoxe se détournent de lui. Pourtant, le couple impérial, persuadé que Raspoutine a été envoyé par Dieu pour sauver la monarchie russe, lui maintient sa confiance. Cette faveur insolente tient notamment au véritable envoûtement qu'a

Piotr Arkadievitch Stolypine, 1906.

su pratiquer le mage sur la tsarine, au point que la presse libérale les dit amants. Nicolas II s'alarme de ces rumeurs, mais il n'a pas le courage de s'opposer à sa femme qu'il sait psychologiquement fragile, en sacrifiant le starets auquel elle est tellement attachée. Et, sûr de son ascendant sur le trône, Raspoutine se mêle bientôt de politique. En 1908, l'Autriche-Hongrie annexe la Bosnie-Herzégovine. Tous les pays slaves, au premier rang desquels se trouve la Russie, s'indignent de ce coup de force. Nicolas II doit-il déclarer la guerre aux Habsbourg ainsi que le lui conseillent la plupart de ses généraux ? Raspoutine, pour sa part, prédit le pire pour la Russie en cas de participation à une guerre européenne. Son ralliement au camp pacifiste est décisif dans la décision impériale de ne pas intervenir. Stolypine gronde auprès du tsar, ne supportant plus l'ingérence de celui qu'il considère comme un usurpateur. Alors Raspoutine a le bon goût de se faire oublier, non sans prendre soin de cultiver son image de saint. Il part « en retraite » dans son village natal de Pokrovskoïe, se rend même en pèlerinage à Jérusalem. Et à son retour, sa popularité auprès de la tsarine et des femmes de la cour est plus forte que jamais. Une fois Stolypine assassiné par un révolutionnaire, en 1911, la voie est dégagée pour l'éminence grise de la tsarine.

Devenu un personnage incontournable par lequel il faut passer pour pouvoir accéder au couple impérial, il monnaie savamment cette position d'intermédiaire. Il bénéficie de donations colossales, se constitue une fortune immense mais se crée aussi, ce faisant, des ennemis toujours plus déterminés. Le 29 juin 1914, alors qu'il visite une nouvelle fois son village sibérien, il est poignardé en sortant de l'église, mais il survit miraculeusement. Cependant, cloué sur un lit d'hôpital à trois mille kilomètres de Saint-Pétersbourg, il ne peut cette fois dissuader le tsar de s'engager dans le conflit européen que déclenche au même moment l'assassinat de l'archiduc François-Ferdinand à Sarajevo. Car Nicolas II est persuadé, comme l'essentiel de l'état-major et de l'aristocratie, que son armée ne fera qu'une bouchée de l'ennemi allemand. Or après la défaite de Tannenberg, les prévisions pessimistes de Raspoutine se confirment. Pour remobiliser ses armées, Nicolas II rejoint bientôt le front, laissant la tsarine seule à Saint-Pétersbourg. Seule... Mais toujours étroitement conseillée par le mage sibérien. Alors, devant l'accumulation des défaites, la colère du peuple va prendre pour cible cet étonnant attelage formé par la tsarine d'origine allemande et le starets pacifiste, accusés de faire le jeu de l'Allemagne en cherchant à obtenir d'elle une paix séparée. Les journaux se montrent de plus en plus insultants envers le duo, présentés comme des amants maléfiques. Raspoutine, qui se livre de plus en plus souvent à l'ivresse et à la débauche, cristallise notamment toutes les rancœurs qui s'accumulent contre un régime presque unanimement jugé corrompu et finissant. À la Douma, Pourichkevitch, un député jusqu'alors inconnu, se fait le porte-parole d'un sentiment de plus en plus répandu dans la société russe lorsqu'en novembre 1916, dans un discours resté fameux, il appelle de ses vœux la fin du « gouvernement » conjoint d'Alexandra et Raspoutine.

Parmi ceux qui l'entendent figure le prince Félix Ioussoupov, un riche aristocrate lié à la famille impériale par sa femme. Rejoint par plusieurs autres membres de la plus haute noblesse russe, dont le grand-duc Dimitri, il décide de tendre un piège à l'âme damnée de la tsarine. Le 16 décembre 1916, Raspoutine est invité à dîner chez le prince Ioussoupov ; tous les autres convives sont partie prenante du complot visant à l'assassiner. On sert au starets du vin mélangé à du cyanure... mais la victime tousse à peine. Ioussoupov lui tire alors dessus à bout portant, bientôt imité par ses compagnons. Mais Raspoutine respire encore. Il faudra finalement l'enfermer dans un sac et

Grigori Iefimovitch Raspoutine entouré de femmes de la cour impériale russe, vers 1915.

le jeter dans les eaux glacées de la Neva pour venir à bout de son invraisemblable résistance.

Cette mort digne d'un demi-dieu, même en grande partie exagérée par la légende, ne fait que renforcer la conviction des quelques partisans de Raspoutine : envoyé par Dieu pour sauver la Russie, il n'a pu accomplir sa tâche par la faute d'ennemis ignorants et jaloux. Le chamane venu de Sibérie n'a-t-il pas écrit juste avant de mourir : « Si un membre de l'aristocratie me tue dans les trois mois, des fleuves de sang emporteront la monarchie et la famille impériale sera exterminée » ?... Mais la superstition et l'occultisme ne font jamais bon ménage avec l'histoire : ne serait-ce pas plutôt Raspoutine qui aurait précipité la chute des Romanov en déconsidérant le trône ? Plutôt qu'un élu de Dieu, il est sans doute plus juste de voir dans cet homme à l'extraordinaire destinée le représentant d'une Russie archaïque, arc-boutée sur ses traditions et incapable d'entrer dans le XXe siècle, dont la Grande Guerre n'a fait que précipiter le naufrage.

LES TEMPLIERS
OÙ EST CACHÉ LEUR TRÉSOR ?

Le 18 mars 1314, au terme d'un procès qui a duré sept ans, le dernier grand maître des Templiers, Jacques de Molay, meurt brûlé vif. Cette exécution met fin à l'existence du plus puissant des ordres, l'ordre des Templiers. Pourquoi le roi de France, Philippe IV le Bel, a-t-il voulu mettre fin à la puissance de cette confrérie ? Veut-il en découdre avec le pape Clément V, ou cherche-t-il à s'approprier les biens des Templiers ? D'où vient la richesse de ces moines soldats ? Enfin, ce trésor légendaire existe-t-il encore aujourd'hui ?

Sept cents ans après leur disparition, les chevaliers du Temple restent des chevaliers à part dans la mémoire collective. L'ordre des Templiers est issu, à l'origine, de l'ordre des Pauvres Chevaliers du Christ et du Temple de Salomon. Du Temple de Salomon, parce que le roi de Jérusalem, Baudouin II, leur avait attribué pour local la mosquée Al-Aqsa, construite sur les ruines du Temple, incendié en 70 après Jésus-Christ par les Romains. Au début du XIIe siècle, le fondateur de l'ordre est un chevalier de la noblesse champenoise, Hugues de Payns qui voulait protéger les Lieux saints et les chrétiens désireux de se rendre en Terre sainte. Cet ordre religieux et militaire à la fois contrarie l'ordre féodal qui sépare ceux qui prient – *oratores* –, ceux

Portrait de Jacques de Molay.
Amaury-Duval (1808-1885),
musée de Versailles.

qui combattent – *bellatores* – et ceux qui travaillent la terre – *laboratores*. Au fil du temps, l'ordre des Templiers forme une puissante armée. La mission des chevaliers du Temple s'étend du Proche-Orient jusqu'aux confins de l'Occident. Mais pour entretenir cette armée de dix mille moines chevaliers, l'ordre a besoin de financements importants, ce qui implique une reconnaissance officielle de l'Église de Rome. En 1129, au concile de Troyes, l'ordre l'obtient, dix ans après sa création. Cette légitimité marque le début de la richesse des Templiers. Bientôt, on compte plus de vingt mille commanderies dans le seul royaume de France ! L'ordre tire des bénéfices de ses exploitations agricoles et de la flotte qui sert au transport des pèlerins.

Les chevaliers, comme tous les moines des autres confréries, font vœu de pauvreté, de chasteté et d'obéissance. En revanche, l'ordre s'enrichit du fait des dons, de l'exemption fiscale dont il bénéficie et aussi grâce aux prises de guerre. Par ailleurs, l'argent des pèlerins qui ne survivent pas au voyage est récupéré par les Templiers qui gèrent également les fortunes privées des nobles qui partent pour les croisades. Les activités bancaires de l'ordre vont faire de celui-ci la première puissance financière de l'Occident. Riches d'un patrimoine immobilier considérable, les Templiers, par leur autorité morale, militaire et financière, sont partenaires dans toutes les négociations importantes du royaume de France. Le roi de France en personne, Philippe IV le Bel, confie la gestion du trésor royal aux Templiers dont il salue l'honnêteté et l'efficacité. Les Templiers ont tout simplement inventé la haute finance internationale. Leur ordre est en quelque sorte une multinationale européenne avec plus de dix mille succursales. Aux personnes qui déposent de l'argent est remis un document qui leur permet de récupérer cet argent dans un autre endroit du monde chrétien. Ainsi fut inventée la lettre de change ! Les Templiers, au départ, jouissent d'une image prestigieuse. Mais la perte de la Terre sainte va inverser la donne. Après le désastre de Saint-Jean-d'Acre, en 1291, les Templiers, vaincus par les infidèles, se replient sur Chypre qui devriendra leur base. Ils ne combattent plus et une grande partie de leurs troupes retourne en Europe, surtout en France. L'opinion publique ne leur est alors pas très favorable : après avoir été les héros des croisades, ils sont accusés d'avoir perdu la Terre sainte. En France, les richesses accumulées par les chevaliers du Temple finissent par faire des jaloux, dont Philippe IV le Bel. Se sentant menacé dans son autorité par la puissance politique et financière des Templiers à qui il doit des sommes énormes, il serait bien content de n'avoir plus rien à rembourser. Pour effacer sa dette, il va faire disparaître le banquier ! Comme depuis sa création, l'ordre du Temple dépend entièrement de l'autorité du pape et constitue un état dans l'État, Philippe IV le Bel, secondé par Guillaume de Nogaret, se lance dans une habile campagne de désinformation pour se débarrasser de ses créanciers. Le vendredi 13 octobre 1307, tous les Templiers du royaume sont arrêtés le même jour. Le bilan s'élève à cent trente-huit chevaliers rien qu'à Paris. Une rafle préparée des mois à l'avance dans le plus grand secret. Depuis, le vendredi 13 est resté un jour maudit dans la mémoire populaire. À ce sujet précisons que le *Da Vinci Code* de Dan Brown contient une contrevérité flagrante. Il y est dit que ce n'est pas Philippe IV le Bel qui aurait ordonné l'arrestation des Templiers, mais le pape Clément V.

Philippe IV le Bel.
Recueil des Roys de France, leurs couronne et maison, Jean Du Tillet (150?-1570), Bibliothèque nationale de France, Paris.

Le procès des Templiers se prépare. En attendant son ouverture, Philippe IV le Bel fait saisir tous leurs biens : pas moins de vingt mille commanderies, domaines et exploitations agricoles. Les paysans et les artisans qui y travaillaient, mais qui n'étaient pas membres de l'ordre, se mettent au service de leur nouveau maître, le roi. Philippe IV le Bel ne s'en tient pas là. Ses besoins financiers sont considérables, il veut toujours plus d'argent. Accélérer le procès des Templiers est pour lui une priorité absolue. Pour les faire condamner, Guillaume de Nogaret, chancelier du roi, trouve des chefs d'inculpation accablants. Première accusation, la plus grave : dans le rituel d'initiation à l'ordre, chaque nouveau frère doit cracher sur la croix et renier le Christ. Ce frère doit aussi être embrassé sur la bouche. Le sceau des Templiers qui représente deux hommes chevauchant un même cheval est aussi retenu comme pièce à conviction. Les Templiers sont accusés de pratiques sodomites, d'idolâtrie et de reniement de la croix. L'ordre des Templiers dépend entièrement de la papauté, et le pape Clément V, farouchement opposé à ce procès, tente désespérément de récupérer les chevaliers pour qu'ils soient jugés devant un tribunal relevant de sa juridiction. Le débat pour savoir qui va les juger dure sept ans ! Philippe IV le Bel profite de la situation pour régler ses comptes avec la papauté. Quelques années auparavant, le roi de France avait eu un grave contentieux avec le précédent pape, Boniface VIII, qui l'avait déclaré hérétique pour avoir spolié les Juifs du royaume.

Guillaume de Nogaret, conseiller et garde des Sceaux de Philippe IV le Bel.
Jean Allegrin,
Bibliothèque nationale de France, Paris.

La stratégie de Philippe IV le Bel pour se venger de l'affront de Boniface VIII est simple. Lui qui avait été accusé d'hérésie, accuse à son tour les Templiers d'être hérétiques, et cherche à obtenir leurs aveux. Ainsi le pape ne pourra plus sauver les Templiers ! Les Inquisiteurs qui recourent à la torture obtiennent rapidement les aveux escomptés. Mais il y a plus grave que l'arrachage des ongles, le fer rouge ou le supplice de l'eau. Les frères sont déchus de leur dignité de religieux et ne peuvent plus accéder aux sacrements. Une des pires choses qui puisse leur arriver. Jacques de Molay, dernier grand maître de l'ordre, reconnaît les pratiques hérétiques dont on l'accuse. Sans doute s'est-il dit qu'en avouant, il contenterait le roi et serait condamné à une peine de prison. Un très mauvais calcul ! Ses aveux obtenus sous la torture sont utilisés par le roi pour décapiter totalement l'ordre. Le pape finit par abandonner les Templiers à leur sort. À Vienne, le 22 mars 1312, Clément V, sous la pression du roi de France ordonne l'abolition définitive de l'ordre du Temple. Quand Jacques de Molay découvre qu'il est condamné à la prison à vie et que l'ordre vient d'être dissout par le pape, n'ayant plus rien à perdre, il écrit une déclaration affirmant que ses aveux ont été obtenus sous la torture. Il signe là son arrêt de mort. Le 18 mars 1314, Jacques de Molay est brûlé vif, avec trois autres Templiers, sur l'île aux Juifs, un petit îlot aujourd'hui réuni à l'île de la Cité. Sur le bûcher, il aurait maudit le roi de France jusqu'à la treizième génération... Après avoir dilapidé la fortune des Templiers durant les sept années du procès, Philippe IV le Bel, toujours en manque d'argent, se met en quête du fameux trésor des Templiers qu'il ne trouvera jamais. Si, comme le veut la légende, ce trésor existe, se trouve-t-il encore en France ? Dans les archives secrètes du Vatican figure le témoignage d'un Templier, Jean de Chalon, auditionné par le pape Clément V. Ce témoin atteste la fuite de chevaliers qui auraient quitté Paris la veille des arrestations en direction de l'ouest avec trois chariots de paille dissimulant un trésor. Gisors se trouvant sur la route à l'ouest de Paris, on a imaginé que les fuyards auraient pu s'y arrêter pour y cacher le trésor des Templiers. L'intérêt pour ce trésor incertain a été déclenché par un jardinier municipal du nom de Roger Lhomoy, qui, à la fin de la Seconde Guerre mondiale, effectue des fouilles dans les soubassements du château. Dans une crypte, il finit par découvrir dix-neuf sarcophages et trente coffres très volumineux. Le lendemain de cette découverte, chose très bizarre, la crypte est immédiatement comblée par une équipe de prisonniers allemands. Plus tard, sous l'impulsion de Gérard de Sède, un écrivain à l'imagination fertile, André Malraux, alors ministre des Affaires culturelles, ordonne de nouvelles fouilles, effectuées, ce qui est étrange, non par des archéologues, mais par des militaires. Mais ces fouilles ne donnent rien et cette affaire s'avère être une formidable mystification orchestrée par Gérard de Sède. Pour les historiens sérieux, il paraît complètement improbable que des Templiers aient pu quitter Paris sans encombre. En effet, la veille de la rafle, toutes les maisons du Temple étaient surveillées par les agents du roi. Il était donc facile de repérer un convoi de chariots partant vers l'ouest à la nuit tombée. Ensuite, s'arrêter à Gisors, c'était s'arrêter dans la gueule du loup, car Gisors était un château royal qui servait de prison et, où d'ailleurs, les Templiers du diocèse de Rouen seront emprisonnés... La piste de Gisors est donc abandonnée mais, en 1998, le mythe du trésor des Templiers resurgit à Payns, en Champagne. Sur le site d'une des premières commanderies de l'ordre du Temple, l'archéologue Bernard Delacour fait une découverte extraordinaire : sept cent huit deniers en argent datant de la fin du XIe siècle, des monnaies très intéressantes. Peut-être s'agit-il d'une partie du trésor de la commanderie de Payns, mais pas forcément du grand trésor des Templiers transporté par les trois chariots évoqués plus haut... Des historiens envisagent aussi la possibilité d'un trésor caché à Jérusalem, où les Templiers avaient créé leur

Vue de Jérusalem prise de la vallée de Josaphat, 1825.
Auguste de Forbin (1777-1841),
musée du Louvre, Paris.

ordre. Mais là non plus, on n'a jamais rien retrouvé. Le trésor des Templiers a déchaîné et déchaînera encore bien des passions. Le mystère reste entier. Mais peut-être faudrait-il préciser ce qu'était un « trésor » au Moyen Âge. Dans beaucoup de cathédrales, encore aujourd'hui, on peut visiter la salle du trésor qui recèle les objets liturgiques : calices, reliquaires, croix, crosses, etc. Comme les autres ordres religieux, les Templiers avaient aussi leurs trésors. Celui qui aurait quitté Paris le jeudi 12 octobre 1307 n'aurait donc été qu'un chargement d'objets religieux. L'existence des Templiers est avérée; leur puissance et leur chute ont été expliquées. En revanche, des incertitudes demeurent quant à l'existence d'un éventuel trésor. Mais si ce trésor existe, il est à souhaiter qu'il ne soit jamais découvert... pour que perdurent la légende et son mystère.

LES ROMANOV
QUEL MYSTÈRE ENTOURE LEUR MORT ?

Dans la nuit du 16 au 17 juillet 1918, le tsar Nicolas II et sa famille, destitués et enfermés par les révolutionnaires, sont exécutés dans une cave de la maison Ipatiev, à Ekaterinbourg, leur prison depuis de longues semaines. C'est du moins ce que prétend la version officielle. Mais que sont devenus les corps ? La disparition des Romanov reste l'une des plus grandes énigmes du XXe siècle. L'impératrice et ses cinq enfants ont-ils été assassinés avec le tsar ou ont-ils survécu dans le plus grand secret ?

En 1894, Nicolas II devient empereur de toutes les Russies. Mais à vingt-six ans le tsar ne présente pas de dispositions particulières pour la politique. Inexpérimenté et conservateur farouche, il a pour seul et unique programme d'être le maître absolu de la terre russe. Loin du pantin sous la coupe de sa femme puis de Raspoutine qu'ont pu évoquer certains historiens, c'est en fait un homme sensible et très intelligent, qui plus est, très épris de l'impératrice avec laquelle il forme un couple fusionnel, ce qui peut-être a causé sa perte. Alexandra est une princesse allemande, petite-fille de la reine Victoria. Quand elle arrive en Russie, un glissement de terrain provoque un très grand nombre de morts et le peuple murmure alors que cette étrangère a le mauvais œil. Mais Alexandra prend son rôle d'impératrice très à cœur et va se montrer plus tsariste que le tsar. De

Le tsar Nicolas II, vers 1897.

Le tsarevitch Alexis, 1913.

même, protestante convertie au christianisme orthodoxe, elle sera plus orthodoxe que les orthodoxes, rappelant à Nicolas qu'il n'a de compte à rendre qu'à Dieu. Supposée donner un héritier mâle à l'empire, elle ne met au monde que des filles : Olga, Tatiana, Marie et Anastasia, le boute-en-train de la famille. Finalement, en 1904, la tsarine accouche d'un garçon. Au bout de quelques mois, l'euphorie cède la place à l'angoisse. Les médecins diagnostiquent une maladie incurable : l'hémophilie. Un drame pour la mère, pour la dynastie et pour cet enfant qui souffre beaucoup car l'hémophilie provoque des saignements spontanés et abondants. Si le petit Alexis pouvait se lever frais et dispos le matin, à midi, son genou pouvait avoir triplé de volume. Au début, le tsar tient à ce que cette maladie reste secrète. L'hémophilie du tsarévitch aura beaucoup d'incidences sur le plan politique, livrant la famille impériale à Raspoutine, le moine fou et guérisseur, dont l'influence s'explique d'abord par le soulagement qu'il apporte au tsarévitch. La santé d'Alexis devient la principale, si ce n'est l'unique préoccupation de Nicolas II et de sa femme. À l'aube de la révolution, alors que le pays exige des réformes, la famille se replie sur elle-même. Le conservatisme tsariste exaspère toutes les oppositions. Après la défaite de la Russie face au Japon en 1905, la révolution éclate ; l'armée tire sur la foule. Le pays est totalement paralysé par une grève générale sans précédent. Au pied du mur, Nicolas II concède la création d'un parlement, la Douma. 1905 aurait pu être l'occasion pour la Russie d'entrer dans la démocratie, mais le tsar va revenir sur ses décisions, réduisant à néant les espoirs du peuple. Dans ce contexte éclate la Première Guerre mondiale. En 1914, aux côtés de la France et de l'Angleterre, la Russie affronte l'Allemagne. Une guerre qui s'annonce catastrophique pour la Russie, qui n'est pas prête à y faire face. La grande erreur de Nicolas II fut de s'éloigner de Saint-Pétersbourg pour se rendre au front, confiant la régence à sa femme dont ce n'était pas le rôle. Déjà impopulaire à cause de ses origines allemandes, l'impératrice subit l'influence néfaste de Raspoutine. L'armée essuie des revers sanglants. L'exaspération de la population ainsi que de nouvelles revendications politiques provoquent la révolution, en février 1917. Un effondrement plus qu'une révolution. Le régime se désagrège en trois jours et le tsar doit abdiquer. La Russie traverse une période difficile et pleine d'espérance à la fois. Nicolas II demande l'asile à son cousin germain, Georges V, roi d'Angleterre. Mais celui-ci hésite, et le gouvernement provisoire russe, dirigé par le socialiste Kerenski, refuse de laisser partir le tsar déchu et sa famille. Au palais de Tsarskoïe Selo, les gardes qui, récemment encore, protégeaient les Romanov se sont faits, désormais, leurs geôliers ! Bientôt, la famille est conduite à Tobolsk, en Sibérie occidentale, et placée en résidence surveillée. Les souverains déchus mènent alors une vie de reclus, essayant comme ils peuvent de tromper leur peur. Dans l'incertitude du lendemain, la vie s'organise. Le tsar donne lui-même des cours d'histoire à ses enfants. Afin d'apaiser leur angoisse, il joue des pièces de théâtre en français et en anglais, affublé d'une grande barbe et de lunettes. Et, pour améliorer l'ordinaire, toute la famille cultive le jardin.

En octobre 1917, une nouvelle révolution éclate à Saint-Pétersbourg et les bolcheviks emmenés par Lénine prennent le pouvoir. Ils mettent aussitôt un terme au conflit avec l'Allemagne. Mais à la Guerre mondiale succède la guerre civile qui met le pays à feu et à sang, opposant les Blancs, fidèles au tsar, aux Rouges communistes. L'issue est d'abord incertaine et les troupes blanches sont même sur le point de libérer Nicolas II. En avril 1918, les Romanov sont alors ramenés un peu moins loin de Saint-Pétersbourg, à Ekaterinbourg, dans l'Oural, une région acquise aux bolcheviks. Les voici enfermés dans la maison de l'ingénieur Ipatiev, réquisitionnée pour servir de prison impériale. Les fenêtres sont grillagées et les murs badigeonnés à la chaux. Les Romanov n'ont plus rien à se mettre ; leurs vêtements tombent en lambeaux ; ils sont privés de nourriture. La dernière photographie des enfants avec leur père, un cliché exceptionnel, est prise par Gilliard, le précepteur des enfants, en mai 1918, alors qu'il reste aux Romanov deux mois à vivre. Le 16 juillet 1918, la famille est réveillée en pleine nuit. Ordre est donné à tous de s'habiller et de descendre à la cave. Le commandant bolchevik Yakov Yourovski leur lit à voix haute une déclaration sommaire : leur condamnation à mort. L'exécution atteint des sommets de sauvagerie. Comme certaines des femmes ont cousu des bijoux dans leur corset pour garder de quoi survivre plus tard, les balles ricochent et les malheureuses sont achevées à la baïonnette. Si la mort de Nicolas II est certaine, le doute plane sur celle de l'impératrice et de ses enfants. Des rumeurs se sont bientôt répandues. Il y aurait eu des blessés... Certains membres de la famille auraient été épargnés... L'impératrice et les filles auraient été sauvées puis emmenées dans un village. En tout cas, morts ou vivants, le 16 juillet 1918, Nicolas II, sa femme et ses cinq enfants disparaissent, et leurs corps vont longtemps rester introuvables.

Berlin, hiver 1920. Par une nuit glaciale, une femme pauvrement vêtue se jette dans le canal Landwehr. Elle est sauvée *in extremis*. Sans papiers, parlant très mal l'allemand avec un fort accent slave, elle refuse de décliner son identité. Aux policiers qui insistent, elle répond : « Si vous saviez qui je suis, je ne serais pas ici. » L'étrange inconnue est placée à l'asile où une voisine de lit affirme la reconnaître. Elle en est sûre : la jeune fille a les mêmes traits que la cadette des Romanov dont elle a vu une photo dans un journal. Au bout de plusieurs mois, l'inconnue affirme être Anastasia. Sauvée du massacre par un soldat polonais, elle a pris son nom, Tchaikovsky, après l'avoir épousé. Elle

Anastasia Tchaikovsky plus connue sous le nom d'Anna Anderson.

donne des détails précis sur la vie de la famille impériale, des détails que seul un proche des Romanov peut connaître. Fait encore plus troublant, elle ressemble beaucoup à Anastasia. Les médecins qui l'examinent remarquent quatre cicatrices sur son corps qui peuvent correspondre à des coups de poignards ou de baïonnettes. Dans les années vingt, de nombreuses personnes ayant connu la princesse sont encore en vie. Le témoignage des enfants du docteur Botkine, le médecin des Romanov, est positif. Ils avaient joué avec les enfants de la famille impériale et sont persuadés que l'inconnue est bien Anastasia. En revanche, ses deux tantes allemandes, après avoir cru la reconnaître, se ravisent et crient à l'imposture. Une enquête approfondie diligentée par la famille Romanov prouve que la prétendue Anastasia Tchaikovsky est une ouvrière polonaise du nom de Franziska Schanzkowska. Entre autres preuves de l'imposture : des feuillets sur lesquels la fausse Anastasia s'est s'entraînée à imiter la signature de la vraie. Par la suite, cette affaire tend à s'oublier et Anastasia se rend aux États-Unis sous un nom d'emprunt : Anna Anderson. Elle se remarie, mais à sa mort, en 1984, elle est enterrée sous le nom d'Anastasia Romanov... Pour savoir si la princesse a pu survivre, il faut revenir aux circonstances du drame. Selon une première version des bolcheviks, seul Nicolas a été exécuté et il était prévu de libérer la tsarine, les filles et le tsarévitch. Mais pour quels motifs, les bolcheviks, peu enclins à la clémence, auraient-ils été amenés à les épargner ? En mars 1918, à Brest-Litovsk, ils concluent la paix avec les Allemands. Ceux-ci fixent alors leurs conditions car ils occupent une partie considérable de la Russie occidentale et l'ambassadeur d'Allemagne insiste auprès du gouvernement soviétique pour que la tsarine et ses enfants soient libérés. L'empereur Guillaume II, précisons-le, était le cousin de Nicolas II et le parrain d'une de ses filles. L'impératrice aurait donc été évacuée le 16 juillet 1918 avec ses filles vers une destination inconnue. Plusieurs témoins crédibles attestent les avoir vues entre Moscou et Ekaterinbourg, à Perm, où Anastasia se serait envolée pour réapparaître plus tard à Berlin... Les thèses les plus folles ont donc couru sur la fin des Romanov. Ainsi, selon l'historien Michel Wartelle, l'exécution n'a pas eu lieu dans le sous-sol de la maison Ipatiev. Impossible d'y faire tenir vingt-trois personnes (douze tireurs et onze victimes !) Oui, beaucoup de mystères, mais la science a récemment apporté des réponses décisives à certaines questions restées longtemps en suspens. Un test ADN comparatif, entre le sang du prince Philippe d'Angleterre, qui est un Romanov, et un morceau d'intestin d'Anna Anderson, est venu prouver, avec 99,99 % de fiabilité, que celle qui avait dit être la fille de Nicolas II ne pouvait pas être une Romanov. Anna Anderson était bien une affabulatrice. En 1991, près d'Ekaterinbourg, dans un puits de mine où ils avaient été jetés par leurs bourreaux après avoir été brûlés et aspergés d'acide sulfurique, des corps attribués à la famille du dernier tsar sont retrouvés. Les ossements sont confiés à un laboratoire. Deux ans plus tard, les résultats des tests génétiques et anthropologiques sont formels : Il s'agit bien des restes des Romanov. Cependant, manquent encore deux corps : celui du tsarévitch Alexis et celui d'Anastasia. On pense à nouveau à l'inconnue de Berlin... En attendant de nouvelles fouilles, Boris Eltsine offre aux Romanov des obsèques nationales. Le 16 juillet 1998, Nicolas II et sa famille sont inhumés en grande pompe à Saint-Pétersbourg, dans la cathédrale Pierre-et-Paul. Devant le cercueil, Boris Eltsine a un geste extraordinaire : il se frappe la

Le tsar Nicolas II et sa femme Alexandra Fedorovna avec leurs enfants : le tsarevitch Alexis, les grandes duchesses Maria, Olga, Tatiana et Anastasia.

poitrine, demandant pardon pour les crimes du bolchevisme. Le patriarche Alexis II, qui a refusé de reconnaître l'authenticité des restes des Romanov, brille par son absence à cette cérémonie. Pour l'Église orthodoxe, c'est à Dieu de trancher, non à la science; les Romanov seront pourtant canonisés. Après les obsèques, les fouilles pour retrouver les restes d'Alexis et d'Anastasia reprennent aux environs d'Ekaterinbourg. En juillet 2007, les ossements d'un enfant et d'une adolescente sont exhumés. En 2008, le laboratoire de la faculté de médecine de l'université du Massachusetts confirme qu'il s'agit des restes du prince et de sa sœur. En France, certains «survivantistes» pensent encore que Louis XVII n'est pas mort au Temple. Quatre-vingts ans après le massacre des Romanov, certains préfèrent encore la légende à la vérité historique, aujourd'hui établie.

LA BÊTE DU GÉVAUDAN

À QUOI RESSEMBLAIT VRAIMENT LE TERRIBLE PRÉDATEUR ?

C'est l'un des mystères les plus terrifiants de l'Ancien Régime. Le 30 juin 1764, dans la petite province du Gévaudan, aux confins de l'Auvergne et du Languedoc, Jeanne Boulet, une adolescente de quatorze ans, est retrouvée morte, atrocement défigurée. Son corps présente en travers du cou une plaie béante et sanguinolente, qui laisse penser qu'elle a été égorgée par une bête féroce. Or ce crime n'est que le premier d'une longue série : au cours des trois années suivantes, ce ne sont pas moins de cent trente cadavres, des corps de femmes et d'enfants avant tout, atrocement mutilés, voire démembrés, qui vont l'un après l'autre joncher les terres jadis paisibles du Gévaudan. Un effroyable carnage dont personne ne parvient à arrêter le responsable. Très vite, la peur s'empare de tous les habitants. Quel est ce monstre sanguinaire qui terrorise la région ? Un animal est-il capable de crimes aussi atroces ? Un homme pourrait-il manipuler la bête ? À la fin du règne de Louis XV, l'énigme de la bête du Gévaudan tient le royaume de France en haleine.

En 1764, le Gévaudan, une petite province dont les limites correspondent approximativement à celles de l'actuel département de la Lozère, n'a guère bénéficié du progrès économique qui a marqué depuis son commencement le règne de Louis XV.

La bête du Gévaudan attaquant une jeune fille, XVIIIe siècle.
Collection privée.

Portrait de berger, 1882.
Rafael Senet y Perez (1856-1926),
Musée des Beaux-Arts, Séville.

Oubliée des Lumières, la région reste très isolée, à l'écart des voies de communication, presque coupée du monde durant les longs mois d'hiver. Or c'est ce pays de plateaux et de montagnes, peuplé d'éleveurs souvent misérables, qui est touché à partir de 1764 par une série de crimes atroces. Jeanne Boulet, la première victime, gardait ses vaches près de Saint-Étienne-de-Lugdarès, lorsqu'elle est attaquée par ce mystérieux prédateur. Et dans une région où beaucoup de familles, pour tenter de survivre, envoient leurs enfants garder des bêtes dans d'autres maisons, ce sont ensuite d'autres petits bergers, pour la plupart, qui sont victimes de ces attaques barbares. Filles et garçons sont retrouvés les joues arrachées, les mamelons mâchonnés, et parfois, de façon encore plus étrange, la tête tranchée. On commence par imputer ces crimes à une bête sauvage. Aussi, lorsque le nombre de victimes dépasse la dizaine, à l'automne 1764, un régiment de dragons se met-il à battre la région pour traquer la bête. Le capitaine Duhamel, qui dirige les battues, est alors persuadé qu'il s'agit d'un loup. Lui et ses hommes en tuent donc des dizaines. Mais les attaques continuent. La bête fait d'ailleurs preuve d'une ruse et d'une agilité étonnantes, traquant ses victimes jusque dans les villages, semblant même narguer les hommes qui la pourchassent, auxquels elle échappe toujours. Une véritable psychose s'empare de la région : les habitants se mettent à déserter les pâturages et les foires, préférant se terrer chez eux. Dans toutes les conversations, il n'est question que de la bête. Sur les premières gravures représentant le monstre, réalisées d'après les témoignages des rares personnes qui ont pu l'apercevoir sans être massacrées, il apparaît plus long qu'un loup, avec une gueule énorme, le museau d'un cochon, le poil long avec une raie noire, et une queue touffue qu'il agite lorsqu'il passe à l'attaque. Bientôt, tout le monde s'accorde à dire que cette « malebête » ne peut être un simple animal. Dans un Gévaudan encore imprégné de nombreuses superstitions, on fait appel au surnaturel pour tenter d'expliquer ce fléau qui s'abat sur la région. Certains avancent qu'il s'agit d'un loup métamorphosé en créature démoniaque par un sorcier ; d'autres parlent d'un loup-garou... Quant à l'Église catholique, elle ne trouve qu'une explication à ces malheurs, celle qu'avance l'évêque de Mende, Gabriel-Florent de Choiseul-Beaupré, dans une lettre adressée le 31 décembre 1764 à tous les habitants de son diocèse : « Pères et mères qui avez la douleur de voir vos enfants égorgés, n'avez-vous pas lieu de craindre d'avoir mérité, par vos dérèglements, que Dieu les frappe d'un fléau si terrible ? Quel soin prenez-vous de leur éducation ? » La bête ne serait donc qu'une punition divine que, dans cette même lettre, l'évêque propose de conjurer en demandant aux prêtres de toutes les églises du Gévaudan d'exposer simultanément le saint-sacrement le 6 janvier suivant. Une mesure tout aussi inutile que les quarante heures de prières et de chants réclamées à chaque paroissien par Monseigneur de Choiseul-Beaupré.

Car au début de l'année 1765, le fléau de Dieu court toujours, avec déjà une trentaine de meurtres à son actif. Et l'effrayante histoire de la bête du Gévaudan commence à se répandre dans tout le royaume de France. Aux gravures diffusées par les colporteurs s'ajoutent les articles des gazettes, *Le Courrier d'Avignon* et *La Gazette de France* notamment. Bientôt, les descriptions macabres des corps mutilés parviennent au château de Versailles. Louis XV, sensibilisé à la question par son ministre le duc de Choiseul, cousin de l'évêque de Mende, décide aussitôt d'agir contre ce monstre qui endeuille son royaume. En février

1765, il dépêche en Gévaudan les meilleurs louvetiers du royaume, les sieurs Denneval père et fils, qui comptent alors plus de mille deux cents loups à leur tableau de chasse. Mais ces Normands se retrouvent sur un territoire qui leur est inconnu, perdus parmi des paysans qui ne parlent que la langue d'oc et un patois qu'ils ne comprennent pas. Les Denneval emploient les grands moyens : ils répandent du poison dans tout le pays, utilisent même comme appâts les corps fraîchement dévorés. Mais rien n'y fait, les louvetiers restent bredouilles, les meurtres continuent, et Louis XV s'impatiente. Après avoir promis la coquette somme de six mille livres à quiconque tuerait la bête, en juin, le roi relève Denneval et son fils de leurs fonctions pour les remplacer par Antoine de Beauterne, son porte-arquebuse et maître de chasse. « Monsieur Antoine » sait qu'il n'a pas le droit d'échouer dans cette mission qui lui a personnellement été confiée par le roi; disposant de moyens considérables en hommes et en chiens, il s'épuise pourtant tout l'été en battues improductives. Alors, lorsqu'on lui annonce à la mi-septembre qu'un gros loup rôde du côté de l'abbaye des Chazes, Antoine n'hésite pas : même si le monstre n'a jamais été vu dans cette région, il se convainc qu'il tient enfin sa proie. Le porte-arquebuse du roi, après avoir tué et naturalisé l'animal, le rapporte triomphalement à Versailles. À la cour comme dans le Gévaudan, tous veulent croire que l'énigme de la bête est enfin résolue. Mais le 2 décembre, des enfants qui gardaient des vaches sont à nouveau attaqués sur les pentes du mont Mouchet. Antoine a donc crié victoire trop tôt. En janvier 1766, l'intendant d'Auvergne alerte le roi, mais celui-ci ne veut plus entendre parler de la bête, considérant que l'affaire est close. Reconnaître l'erreur de son porte-arquebuse reviendrait en effet pour Louis XV à admettre un échec personnel. Le Gévaudan est dès lors abandonné à son triste sort. Et même si la bête semble devenue plus prudente, elle va faire encore plusieurs dizaines de victimes en cette année 1766. Des attaques que ne relatent plus les journaux qui, à l'image de la cour, se désintéressent de la bête.

Au printemps 1767, en désespoir de cause, les habitants du Gévaudan s'en remettent une fois de plus à Dieu. Les pèlerinages se multiplient; au cours de l'un d'entre eux, au début du mois de juin, un homme du nom de Jean Chastel fait bénir trois balles forgées avec le métal fondu de médailles de la Vierge. Il se dit décidé à tuer la bête une fois pour toutes. Or quelques jours plus tard, le 19 juin, au cours d'une chasse organisée par le marquis d'Apcher dans une zone où la bête vient d'attaquer, Jean Chastel parvient à tuer un étrange animal avec l'une de ses balles bénites. S'agit-il de la bête ? Lui en est persuadé. Et, effectivement, après mille jours de terreur, qui ont fait quatre-vingt-dix à cent vingt victimes selon les historiens, plus aucune attaque ne se produira. L'animal abattu par Jean Chastel est aussitôt autopsié. Alors, à quoi ressemble la fameuse bête du Gévaudan, s'il s'agit bien d'elle ? Des descriptions livrées par les témoins ressortait jusqu'alors une grande confusion : certains parlaient d'un loup, d'autres d'un ours, ou encore d'un cochon... Il semble donc que la bête était d'un genre tout à fait inconnu des habitants de la région. Ce qui avait conduit certains naturalistes à avancer la thèse d'un animal exotique, peut-être une hyène importée d'Orient et lâchée au cœur des montagnes du Gévaudan... Or la bête autopsiée en juin 1767 a trop de dents, quarante-deux au total, pour être une hyène. Pour autant, le notaire Marin, qui procède à l'autopsie, n'est pas totalement sûr qu'il s'agisse d'un canidé : « cette bête, qui nous a paru être un loup », écrit-il notamment dans son rapport. L'animal semble en fait le résultat d'un curieux croisement entre un loup et un chien, ce qui accréditerait l'hypothèse largement répandue dans la région selon laquelle la bête a pu être dressée et dirigée par un homme. Comment expliquer en effet, sinon par l'intervention de la main humaine, le fait que la plupart des victimes aient été déshabillées, et leurs vêtements soigneusement pliés, disposés à côté des corps ? Comment expliquer aussi que des cadavres aient été décapités, geste gratuit qui ne peut avoir été accompli par un animal ? Bientôt, des soupçons vont se porter sur Jean Chastel, le héros supposé, qu'on accuse d'avoir dressé la bête pour assouvir ses instincts meurtriers. Il est vrai que, contrairement aux redoutables chasseurs envoyés par le roi, il est parvenu à tuer l'animal dès qu'il s'est publiquement lancé à ses trousses. Ne serait-ce pas là le signe d'une proximité, voire d'une complicité entre la bête et Chastel ? Personnage ambigu d'ailleurs que cet homme, cabaretier lettré, braconnier et marginal, qui passe dans la région pour un sorcier. On se rappelle subitement que Chastel et son fils, participant à l'une des battues organisées par Antoine, en août 1765, avaient été arrêtés pour avoir entravé les recherches. Or durant leur bref emprisonnement, les attaques de la bête avaient soudain cessé... Au-delà de Chastel, on se met même à suspecter des membres de la noblesse du Gévaudan, dont le sorcier et sa bête dressée n'auraient été que les exécutants. Le jeune comte Jean-François de Morangiès, en particulier, fait figure de chef de ce complot sanguinaire : sa réputation de pervers et de sadique en fait un coupable idéal. Morangiès aurait, selon ses accusateurs, abusé de chacun des enfants avant de les livrer à la bête... Certains vont jusqu'à voir dans les agissements du monstre apprivoisé le résultat d'un complot de l'ensemble de l'aristocratie de la région. Celle-ci aurait ainsi voulu se venger des paysans qui, un siècle plus tôt exactement, en 1665, avaient largement dénoncé les abus de la noblesse locale lors des Grands Jours d'Auvergne, un tribunal extraordinaire instauré par Louis XIV. À la suite de ces plaintes, des dizaines de nobles du Gévaudan avaient été condamnés à mort, et leurs descendants auraient donc savouré leur revanche cent ans plus tard... Or cette thèse du complot aristocratique ressort davantage du fantasme que de la vérité historique. Aucune preuve matérielle allant dans ce sens n'a jamais été retrouvée. La seule culpabilité de Chastel n'a pas

Différents types d'animaux monstrueux, munis de multiples corps ou d'une quantité anormale de membres, 1646.
Gravure tirée de *De monstrorum natura, caussis et differentiis* de Fortunio Liceti (1577-1656).

non plus pu être établie. Le « héros » du Gévaudan n'a pour autant tiré aucune gloire du fait d'avoir mis fin aux agissements de la bête. Lorsqu'à l'été 1767 il apporte la dépouille de l'animal à Versailles pour la montrer au roi, celle-ci est dans un tel état de putréfaction que Louis XV refuse de le recevoir. Pour conjurer la puanteur que dégage le cadavre, on l'enterre aussitôt dans un jardin du château. En guise de récompense, Chastel ne recevra qu'une modeste somme de soixante-douze livres. Si à l'été 1767, les meurtres s'arrêtent en Gévaudan, l'énigme n'est pourtant toujours pas résolue aujourd'hui. Et les tenants des différentes thèses continuent de s'affronter autour de l'identité du ou des meurtriers. Était-ce un fauve exotique, une bête dressée pour tuer ? Ou bien s'agissait-il d'un simple loup, voire de plusieurs loups agissant en meutes, que la psychose collective aurait transformés en une bête unique et monstrueuse ? Un parfum entêtant de sang et de mystère continue de planer sur les montagnes du Gévaudan.

EUGÉNIE
LA DERNIÈRE IMPÉRATRICE

Eugénie est la dernière souveraine à avoir régné sur la France, notre dernière impératrice. Se pencher sur sa vie, c'est parcourir presque cent ans de l'histoire de notre pays puisqu'elle est morte à quatre-vingt-quatorze ans, en 1920. C'était hier !

Eugénie de Montijo naît en 1826 à Grenade dans une famille aristocratique espagnole. Son père, le comte de Teba, est un libéral convaincu, grand admirateur de Napoléon Bonaparte. À la mort de ce père adoré, deux figures de la littérature française veillent à l'éducation d'Eugénie. Prosper Mérimée, l'auteur de *Carmen*, est un ami de sa mère, et initie à l'occasion la petite fille aux subtilités de la langue française. On a supposé qu'il était le vrai père d'Eugénie, d'où peut-être, cette tendresse quasi paternelle qu'il aura toujours pour elle. Et Stendhal, qui lui raconte avec passion les campagnes napoléoniennes. Ces récits épiques ne pourront que prédestiner la jeune fille à épouser un autre Bonaparte. Eugénie vient s'installer avec sa mère à Paris. Lors d'une soirée mondaine, en 1849, elle est présentée à Louis-Napoléon Bonaparte, alors président de la Deuxième République. La belle Andalouse ne laisse pas indifférent cet amateur de jolies femmes. Louis-Napoléon a alors quarante ans, Eugénie dix-huit de moins. Ils vont se revoir. L'effet qu'Eugénie

Portrait de l'impératrice Eugénie, 1854.
Édouard Louis Dubufe (1820-1883),
musée du château de Versailles.

a sur lui est, paraît-il, si puissant que, devenu empereur, il fut surnommé, eu égard à l'émoi qui gonflait sa culotte de soie : « Sa majesté l'ampleur ! » Malgré sa cour obstinée, la prude Espagnole se refuse obstinément à lui. N'y tenant plus, Louis-Napoléon lui demande un jour : « Par où faut-il passer pour accéder à votre chambre ? » « Par la chapelle, Monseigneur », lui répond-elle du tac au tac. C'est ainsi que l'habile Eugénie devint impératrice des Français. Le 30 janvier 1853, le mariage est célébré à Notre-Dame. Pendant la nuit de noce, Napoléon III se montre sans doute maladroit car au matin, Eugénie s'écrie : « L'amour, quelle saleté ! » À vingt-six ans, Eugénie est une beauté froide et sculpturale et passe pour la plus jolie souveraine d'Europe, mais Napoléon ne lui restera fidèle que six mois.

La cour de Napoléon III devient la plus fastueuse de l'époque, plus brillante même que la cour de Russie. Les résidences impériales participent de ce rayonnement. À chaque saison, son château. La cour se déplace beaucoup, des Tuileries à Saint-Cloud ou à Biarritz, mais surtout à Compiègne qui tient une place à part, avec les fameuses « séries » : des groupes d'invités triés sur le volet sont conviés les uns après les autres, passant à tour de rôle une semaine au château. L'empereur ayant créé près de sept mille kilomètres de voies ferrées, un train spécial est affrété pour emmener tout ce petit monde. L'empereur, quant à lui, se réserve un petit compartiment où il teste l'ardeur des comédiennes avec lesquelles il envisage d'agrémenter son séjour. L'impératrice organise la vie au château, fixant l'heure des repas, organisant les loisirs... Elle crée un usage repris depuis par tous les hôtels du monde : le soir, chaque invité accroche un carton à la porte de sa chambre pour la commande du petit déjeuner. Dans le théâtre du château, qui peut accueillir jusqu'à quatre cents invités, sont jouées des piécettes, écrites et interprétées par des auteurs à la mode. Comme jadis Marie-Antoinette, Eugénie adore se déguiser et jouer la comédie.

Dans un petit village situé à la frontière espagnole où elle venait enfant, Eugénie fait construire en 1854 une résidence impériale. Biarritz n'est alors qu'un petit bourg endormi bien difficile d'accès. Au moins un mois par an, Eugénie retrouve sa famille espagnole qui réside à San Sebastián. Bientôt le village se dote d'une gare, d'un casino et d'hôtels. Biarritz devient la reine des plages et la plage des rois. Pour autant, Eugénie désire y mener une vie bourgeoise loin du protocole compassé des Tuileries. L'aristocratie commence tout juste à apprécier les bienfaits des bains de mer. L'impératrice, en se baignant tous les jours, lance une mode sportive et chic. Très coquette, Eugénie se fait l'ambassadrice de la haute couture et dépense des sommes folles pour sa garde-robe. Pour conserver une taille de guêpe, elle dort avec un corset spécial sous sa chemise de nuit. La largeur des robes à crinoline s'amplifie jusqu'à la démesure, mais le couturier attitré de l'impératrice, Charles Frédéric Worth, crée des jupes plus pratiques et invente le défilé de mode. L'impératrice est folle des belles pierres qu'elle achète chez Mellerio, son joaillier préféré. Ses achats de bijoux se seraient élevés à l'équivalent de dix millions d'euros. L'admiration d'Eugénie pour Marie-Antoinette ne se limite pas au théâtre, à la mode et aux bijoux ; elle fait décorer la plupart des grandes demeures impériales dans le style Louis XVI. À l'époque apparaît la notion de confort, notamment avec un mobilier nouveau (et des sièges aux noms évocateurs : pouf, fauteuil crapaud, confident...), mais surtout avec la médecine hygiéniste, qui conseille d'aérer les appartements et d'y placer des plantes pour évacuer miasmes et mauvaises odeurs.

Le couple impérial veut aussi transformer Paris, ville insalubre et sans espaces verts. Le baron Haussmann, préfet de la Seine, est nommé administrateur de ces gigantesques travaux. Trente mille immeubles vétustes sont démolis et vingt mille construits le long de voies spacieuses encore en service aujourd'hui. Napoléon invente le square, un jardin destiné aux enfants d'ouvriers. Pour l'aristocratie, il réaménage le bois de Boulogne et le bois de Vincennes. Il fait aussi construire un nouvel opéra. Étonnée par le style composite de cet édifice, Eugénie aurait demandé à l'architecte : « Monsieur Garnier, quel est ce style ? » Et Garnier, embarrassé, de répondre : « C'est du Napoléon III ! » Le style Napoléon III est né ! Les travaux ne se termineront qu'en 1875. Garnier ne fut pas invité à l'inauguration. Son nom était trop lié à l'Empire et il dut acheter son billet !

Rue du Bac, Napoléon dispose d'une garçonnière, dans laquelle il retrouve ses conquêtes. Mais lorsqu'il souhaite voir la Païva, une célèbre cocotte (dont on disait : « Qui paye, y va »), il se rend à l'hôtel particulier de celle-ci. Thérèse Lachmann, qui avait fait le trottoir dans sa jeunesse, avait épousé le marquis de Païva. Devenue une des courtisanes les plus en vue, elle garda ce nom. Dans sa salle de bains, la baignoire en onyx et en argent massif a trois robinets « un pour l'eau chaude, un pour l'eau froide et un troisième pour le champagne » ! La Castiglione, comtesse italienne au visage de déesse grecque, fait, elle aussi, chavirer les sens de l'empereur. Aventurière, elle avait été chargée par le roi de Sardaigne, Victor-Emmanuel II, d'inciter Napoléon III à soutenir l'unité italienne. Sa garde-robe comptait des centaines, voire des milliers de robes. Un jour, Eugénie qui, évidemment, ne l'aimait pas, la voyant arriver déguisée en Arlequin avec un cœur cousu entre ses cuisses, eut cette phrase : « Je trouve que le cœur est un peu bas mais sans doute est-ce là sa place normale chez cette personne. » La Bellanger fut la dernière demi-mondaine fréquentée par Napoléon III. Julie Lebœuf de son vrai nom a pris celui de Bellanger car tout le monde la surnommait « la vache » ! Trompée, Eugénie, pour passer le temps, s'occupe de politique et voyage beaucoup. En novembre 1869, Napoléon III l'envoie inaugurer le canal de Suez. Elle profite de ce déplacement pour visiter Venise et Constantinople. Féministe à sa façon, elle veut que les femmes aient leur place dans la société. Aussi soutient-elle le ministre Victor Duruy qui ouvre l'enseignement aux jeunes filles.

Mais ce n'est qu'auprès de son fils qu'Eugénie trouve un véritable réconfort. En 1856 naît Louis Napoléon Eugène Joseph, dit Loulou. Eugénie reporte toute son affection sur cet enfant qu'elle surprotège. À l'âge de douze ans, excédé par cette mère abusive, il craque et dit à son père : « Papa, je ne veux plus de sang espagnol. » Le regard attendri que Napoléon III pose sur son fils est celui d'un homme vieillissant qui contemple avec nostalgie sa jeunesse passée.

Louis Napoléon Eugène Joseph.
André Adolphe Disdéri (1819-1889).

À la chute du Second Empire, en septembre 1870, Eugénie vit le pire de ses voyages en fuyant Paris après la défaite des troupes françaises face à l'armée prussienne. L'impératrice quitte les Tuileries par une petite porte empruntée jadis par Louis XVI et sa famille. Au terme d'une fuite rocambolesque en calèche, elle gagne Deauville où un yacht, malgré une tempête épouvantable, lui fait traverser clandestinement la Manche. L'Angleterre, qui avait si mal traité Napoléon Ier, accueille à bras ouverts l'épouse de Napoléon III. Depuis 1853, Eugénie a en effet noué une profonde amitié avec la reine Victoria. Camden Place est la première demeure où se réfugient Eugénie et son fils. Bientôt l'empereur, libéré par la Prusse, les rejoint. Le couple se retrouve, mais ce bonheur conjugal est de courte durée. L'empereur a des calculs énormes dans les reins qui le font abominablement souffrir. À Londres, il subit des opérations qui toutes échouent et, le 9 Janvier 1873, il meurt à l'âge de soixante-cinq ans. Eugénie est à ses côtés. Prenant son fils dans ses bras, elle s'écrie : « Je n'ai plus que toi. » Victoria, veuve elle aussi, ne peut que partager la douleur de son amie, et ce drame va resserrer les liens déjà existants entre les deux familles. Une rumeur dit que le prince impérial pourrait même épouser Béatrice, la fille cadette de Victoria. Mais à vingt-quatre ans, Loulou s'engage dans l'armée anglaise et part combattre les Zoulous en Afrique du Sud. Dès son arrivée au Cap, il part en mission. Tombé de cheval lors d'une escarmouche, il se fait tuer à coups de sagaies ! Apprenant la terrible nouvelle, Eugénie s'effondre. Sa seule consolation ? Savoir que son fils est mort courageusement en faisant honneur au nom de Bonaparte. L'impératrice est alors âgée de cinquante-cinq ans. Il lui reste encore de nombreuses années à vivre seule et exilée. Eugénie quitte cette maison où elle a vécu les heures les plus sombres de son existence et s'installe dans un vaste manoir, à Farnborough, au sud-ouest de Londres. Depuis ses fenêtres, elle peut voir la petite abbaye qu'elle a fait construire, bâtie au-dessus d'une crypte où se trouvent les tombeaux de granit de l'empereur et de son fils. Comme si elle voulait fuir ses souvenirs et peut-être se fuir elle-même, Eugénie se remet à voyager. Sur son yacht, elle s'aventure jusqu'à Ceylan. Au cours de sa très longue vie, elle connaît tour à tour les calèches, les premiers trains, puis l'automobile et même l'avion ! Dans cet exil qui dura cinquante ans, Eugénie dut regretter le château de Pierrefonds, une forteresse du XIVe siècle dont la transformation fut confiée à Viollet-Le-Duc qui réalisa là tous ses fantasmes architecturaux en réinterprétant complètement le style médiéval alors très en vogue. Un jour de 1910, le gardien du château remarque parmi les visiteurs une vieille dame vêtue de noir qui pleure en silence. C'était l'impératrice Eugénie revenue sur les lieux de sa gloire enfuie. À Paris, Eugénie descend toujours dans une suite d'un hôtel de la rue de Rivoli dont les fenêtres donnent sur le jardin des Tuileries où Loulou aimait tant jouer. Elle prend ses quartiers d'hiver à Nice où elle est la première à se faire construire une villa. Paradoxalement, cette survivante d'un empire révolu est tournée vers l'avenir et s'entoure de jeunes gens. Le progrès

Pose de la première pierre de l'opéra Garnier par le ministre d'État Joseph Alexandre Colonna. Le Monde illustré, n° 277, 2 août 1862.

technologique la fascine. Ainsi fut-elle le mécène de Marconi dont le second message télégraphique, traversant l'Atlantique, lui fut envoyé. À Farnborough, Eugénie est une des premières à acquérir une automobile, à avoir le téléphone et l'électricité. Elle s'enthousiasme pour la tour Eiffel, le cinématographe, les progrès fantastiques de la médecine, les débuts de la radio, la traversée de la Manche en avion. À la fin de sa vie, le 11 novembre 1918 est pour elle la revanche tant attendue depuis la défaite de 1870. Pour aider les alliés, elle fait don de son yacht, le Thistle, à la marine britannique et transforme Farnborough en hôpital militaire. Patriote et française de cœur, lors de l'armistice, elle transmet à Clemenceau une lettre du roi de Prusse qui révèle les intentions expansionnistes de l'Allemagne. Ce document jouera un rôle capital dans la restitution de l'Alsace-Lorraine. Et Clemenceau qui la croyait morte depuis longtemps, remercie alors l'ex-impératrice de son intervention. En juillet 1920, devenue presque aveugle, Eugénie se rend à Madrid pour y être opérée de la cataracte. L'opération est un succès, mais elle meurt peu après. Cette étrangère qui avait voulu être l'impératrice des Français, s'éteint dans le pays de sa naissance et est inhumée dans le pays de son exil, aux côtés de son époux et de son fils. Eugénie disait d'elle-même : « Ma légende est faite. Au début j'étais la femme frivole pour devenir ensuite la femme néfaste, mais la légende l'emporte toujours sur l'histoire. » De la lumière à l'ombre, le destin de cette dernière souveraine de France reste pourtant hors du commun.

Remerciements

À Jean-Louis Remilleux, Marc Vignier et à toute l'équipe de la Société Européenne de Production.

À Albert Algoud et Charles Giol.

Au magazine belge *L'Eventail* pour avoir publié en avant-première quelques-uns de ces secrets d'histoire.

À tous les intervenants de l'émission *Secrets d'Histoire* qui ont su nous faire partager leurs connaissances : Geoffrey Abbott, historien; Armand Abecassis, philosophe; Professeur Jean Adès, psychiatre et chef de service à l'hôpital Louis Mourier; Alexandre Adler, historien et journaliste; Jean-Jacques Aillagon, président de l'établissement public du musée et du domaine national de Versailles; Jean d'Aillon, romancier; Fabrice d'Almeida, historien et directeur de l'Institut d'histoire du temps présent; François Amy de la Bretèque, maître de conférences en cinéma à l'université de Montpellier; Elizabeth Antébi, journaliste et écrivain; Claude d'Anthenaise, conservateur en chef du patrimoine au musée de la Chasse; Luc Antonini, écrivain et généalogiste; Pierre Arizzoli-Clémentel, directeur général de l'établissement public du musée et du domaine national de Versailles; Donald Armour, ancien correspondant de la BBC; Ingrid Astier, historienne de la gastronomie; Jean-Luc Aubarbier, écrivain; Martin Aurell, professeur d'histoire médiévale à l'université de Poitiers; Jean-Pierre Babelon, historien; Florence Badol-Bertrand, docteur en musicologie; Michel Balard, professeur à l'université de Tours; Jean-Marc Banquet d'Orx, descendant de Napoléon III; Jean Bastien, commissaire d'expositions; Christian Baulez, conservateur général châteaux de Versailles et des Trianons; Olivier Baumont, claveciniste; François Bayrou, homme politique; Jean-Louis Beaucarnot, journaliste et généalogiste; Colette Beaune, historienne; Philippe Beaussant, conseiller artistique au Centre de Musique Baroque de Versailles; Renaud Beffeyte, expert en ingénierie ancienne; Pierre Béhar, professeur d'histoire à l'université de Clermont-Ferrand; Paul Belaiche-Daninos, médecin et historien; Laurence Belingard, maître de conférences en histoire anglaise à l'université d'Avignon; Olivier Bellamy, journaliste; Véronique Belloir, conservatrice mode et textile du musée des Arts décoratifs; père Bruno Beltramelli, prêtre de la paroisse de Lagny-sur-Marne; Lucien Bely, historien moderniste spécialiste de l'espionnage au XVIIIe siècle; Wladimir Berelowitch, professeur d'histoire à l'université de Genève; Bertrand Bergbauer, conservateur au musée national de la Renaissance; Pierre Bergé, collectionneur; Jean-Yves Bernot, navigateur et routeur; Simone Bertière, historienne et écrivain; Christophe Beyeler, conservateur au château de Fontainebleau; Serge Bilé, journaliste; Michèle Bimbenet-Privat, conservateur en chef au musée national de la Renaissance; Paul-Eric Blanrue, historien; Jean-Paul Bled, historien germaniste; Philippe A. Boiry, auteur de *Louis XVII avait-il deux cœurs ?*; Sandrine Bonnaire, comédienne; Yves Bonnet, ancien chef du contre-espionnage français; Roselyne Bosch, scénariste; Iraida Bott, conservatrice en chef du Palais de Tsarskoïe Selo; Patricia Bouchenot-Déchin, historienne et écrivain; Alexandre Bouclon, guide au château de Fontainebleau; Jean-Patrice Boudet, professeur d'histoire médiévale à l'université d'Orléans; Jacques-Olivier Boudon, président de l'Institut Napoléon; Cyrille Boulay, écrivain et expert en art russe; Amélie de Bourbon-Parme, descendante des Bourbon; Pierre-Charles Emmanuel de Bourbon-Parme, descendant des Bourbon; Claude Bourqui, spécialiste du théâtre du XVIIe siècle; Olivier Bouzy, docteur en histoire médiévale; Anne Bragance, écrivain; Jean-Denis Bredin, avocat et écrivain; Philippe Brenot, sexologue et psychiatre; Pascal Brioist, historien au Centre d'Études Supérieures de la Renaissance; Hélène Brisacier, guide conférencière à Chambord; Monseigneur Cuthbert Brogan, père de l'abbaye Saint-Michel; Neil Burns; Pierre Cadéac, dresseur d'animaux sauvages pour le cinéma; David Caméo, directeur de la Manufacture nationale de Sèvres; Santo Cappon; Yves Carlier, conservateur au musée national du château de Fontainebleau; Hélène Carrère d'Encausse, secrétaire perpétuel de l'Académie française; Léo Carruthers, professeur de littérature médiévale anglaise à l'université Paris IV; Jean des Cars, historien; docteur Jean-Jacques Cassiman, Center for Human Genetics-University of Leuven; Jean Castarède, écrivain; Matei Cazacu, chercheur au CNRS; Laure Chabanne, conservatrice du musée Second Empire de Compiègne; David Chaillou, professeur de musique à l'université d'Artois; Frédéric Champavère, propriétaire du château de Cornillon; Michel Chandeigne, éditeur; Françoise Chandernagor, écrivain; Laure de la Chapelle, vice-présidente du Cercle d'études sur la question de Louis XVII; Philippe Charlier, médecin légiste et paléopathologiste; Geneviève Chastenet, écrivain; Guy Chaussinand-Nogaret, historien; Michel Chauveau, historien spécialiste de l'Égypte ptolémaïque; Bernard Chevallier, directeur du musée national des châteaux de Malmaison et de Bois-Préau; Jacques Chiffoleau, directeur d'études à l'EHESS; Irina de Chikoff, journaliste et grand reporter; Frédérique Citera-Bullot, conservatrice des musées de Cannes; Andrea Clarke, conservatrice de la British Library; Élisabeth Claverie, anthropologue; Daniel Colas, auteur et metteur en scène; Gilbert Collard, avocat de la famille et des descendants Naundorff; Franck Collard, professeur d'histoire médiévale à Nanterre; Philippe Collas, biographe; Jean-François Colosimo, théologien et éditeur; Pierre Combescot, écrivain et biographe; Anne Conchon, maître de conférence à l'université Paris I Panthéon Sorbonne; François de Condé-Montholon, descendant du comte de Montholon; Jean-Marie Constant, professeur d'histoire moderne à l'université du Mans; Philippe Contamine, historien médiéviste à l'université Paris IV; Marianne Copin-Angelin, service communication produits de la Réunion des musées nationaux; Olivier Coquard, historien; Fanny Cosandey, maître de conférences en histoire moderne à l'EHESS; Thierry Coste, conseiller politique de la Fédération Nationale des Chasseurs; Monique Cottret, historienne; Thierry Crépin-Leblond, directeur du musée national de la Renaissance; Arnaud de la Croix, écrivain et éditeur; David Crook, professeur d'histoire médiévale à l'université de Nottingham; Guy Crouzet, historien de la Bête du Gévaudan; Denis Crouzet, professeur d'histoire à Paris IV Sorbonne; Jacques Cuzin, conservateur au Muséum d'Histoire naturelle; Stéphane Czarnecki, propriétaire de la Petite Malmaison; Patrick Dandrey, professeur de littérature française du XVIIe siècle à la Sorbonne; Claude Dabos, magazine *Top Secret*; Florence Darel, comédienne; Jean-Luc Dauphin, président de la société archéologique de Sens; Hugues Daussy, maître de conférences à l'université du Maine; Pierre-Emmanuel Dauzat, spécialiste de l'Antiquité chrétienne; professeur Bernard Debré, urologue; Thierry Debroux, scénariste et metteur en scène; Alain Decaux, historien; Michel de Decker, historien et écrivain; Catherine Decours, écrivain et historienne; Jean-Michel Delacomptée, écrivain et biographe de François II; Bernard Delacourt, découvreur d'un trésor; Michaël Delmar, journaliste; Philippe Delorme, historien et journaliste; Alain Demurger, historien; Danièle Déon Bessière, écrivain; Annie Deperchin, historienne à l'Historial de la Grande Guerre et juriste à l'université de Lille; Émilie Dequenne, comédienne; Jean-Paul Desprat, écrivain et biographe; Christiane Desroches Noblecourt, égyptologue; Daniel Dessert, spécialiste de Fouquet; Frédéric Didier, architecte en chef des monuments historiques; Arielle Dombasle, comédienne; Christophe Donner, auteur; Marcel Dorigny, maître de conférences à Paris XVIII; Alexandre Dratwicki, docteur en musicologie; Hervé Drévillon, professeur d'histoire à l'université de Poitiers; Jean-François Dubost, professeur d'histoire moderne à Paris XII; Emmanuel Ducamp, historien d'art; Michel Duchein, historien; Hortense Dufour, romancière et biographe; Michèle Dumont, spécialiste de Louis XVII; Annie Duprat, historienne; Jacques Duquesne, journaliste et écrivain; Isabelle Duquesnoy, écrivain et historienne de l'art; Frédéric Durand, université de Toulouse-Le Mirail; Christian Duverger, professeur à l'EHESS; Jean-Paul Duviols, professeur à Paris IV Sorbonne; Hans Edelstam, descendant d'Axel de Fersen; Christina Egli, conservateur en chef du musée Arenenberg; David El Kenz, historien; Marianne Enckell, responsable du Centre International de Recherches sur l'Anarchisme; Arlette Farge, historienne; Nicolas Faucherre, historien et spécialiste des fortifications; Vladimir Fédorovski, écrivain et ancien diplomate russe; Henri Fermin, historien de Dinard; Franck Ferrand, historien et journaliste spécialiste de l'histoire de Versailles; Marc Ferro, historien spécialiste de la Russie; Lydia Flem, psychanalyste et écrivain; Pierre Flinois, critique musical et spécialiste de Wagner; Élisabeth Fontaine Bachelier, écrivain; Virginie Fougea, membre de l'équipage du Rallye Fontainebleau; Irène Frain, romancière; Antonia Fraser, historienne; Max Gallo, historien; Marc Ganem, sexologue; Jacques Garcia, décorateur; Nicole Garnier, conservatrice en chef du patrimoine au musée Condé; Claude Gauvard, directrice de l'École doctorale d'Histoire; Marcel Gay, journaliste à l'*Est Républicain*; Patrice Gelinet, émission *2000 ans d'histoire* sur France Inter; Jean-Philippe Genet, professeur d'histoire médiévale à l'université Paris I; Pierre Gilliard, neveu du précepteur des Romanov; Daniel Girardin, conservateur du musée de l'Élysée à Lausanne; Martine Girardin, journaliste; Pierre-Gilles Girault, conservateur du château de Blois; maître Jean-Yves Goeau-Brissonnière, membre de la commission de révision du procès de Gilles de Rais; Jean-Claude Gonnaud, propriétaire du château de Louveciennes; Pierre Gonneau, historien et directeur du Centre d'études slaves; Fernande Gontier, écrivain; Pascale Gorguet, conservateur au musée de la Mode et du costume; Jean Goulemot, professeur de littérature université de Tours; Jean-Paul Gousset, directeur technique de l'Opéra royal de Versailles; Bernard de Grandmaison, historien et propriétaire du château de Machecoul; Michel de Grèce, romancier; colonel Frédéric Guelton, spécialiste au château de Vincennes; Christine Guérard; Michel Guérard, cuisinier; Renée-Paule Guillot, écrivain; Mireille Hadas-Lebel, historienne spécialiste de la période du Ier siècle; David Hamid, évêque anglican; Raymond Hardy, ancien maire de Tonnerre; Jean-Claude Hauc, romancier et historien de la littérature; Maria Hayward, historienne de la mode; Anne Hems, conservateur du patrimoine; Catherine Hermary-Vieille, écrivain; Isabelle Heullant-Donat, historienne; Roy Hopper, historien; Hervé Hubert, psychanalyste; Philippe Huguelet, psychiatre; Laurence Huot-Solovieff, arrière petite-fille de Raspoutine; Mary Hyman, historienne de la gastronomie française; Éric Ives, historien; Antoine Jacobsohn, conservateur au Potager du Roi; Ariane James-Sarazin, conservateur aux Archives nationales; Dominique Jardillier, service de l'Architecture du Sénat; Claudette Joannis, conservateur en chef au musée de Malmaison; Éric Johannot, guide conférencier à Chambord; Franz Jullien, taxidermiste au Muséum national d'Histoire naturelle; Vladimir Kehman, homme d'affaires et mécène russe; Sonia Kirch-Abad, docteur en histoire de l'art; Robert Jean Knecht, historien; Stephen Knight, professeur de littérature anglaise à l'université de Cardiff; Sophie Koch, chanteuse lyrique mezzo-soprano; Werner Koch, conservateur du château d'Herrenchiemsee; Ludmila Koval, directrice adjointe du Palais Pavlovsk; Evert Kramer, spécialiste de Mata Hari; Alexandre de La Cerda, historien; Elaine Labourel, prêtre anglicane; Claudine Lachaud, costumière; Pascal Lainé, écrivain; Jack Lang, ancien ministre de la Culture; François Laroque, universitaire spécialiste de Shakespeare; Bernard Lavallé, professeur à Paris III Sorbonne Nouvelle; Jacques Le Goff, historien médiéviste; Eric Le Nabour, historien; Nicolas Le Roux, professeur d'histoire à Paris IV Sorbonne; Emmanuel Le Roy Ladurie, historien; Bernard Lechevalier, professeur émérite de neurologie; Emmanuel Leduc, historien et président de l'association Machecoul-Histoire; Jean-François Lemaire, docteur en médecine et en histoire; Marc Lemonier, écrivain; Frédéric Lenoir, historien des religions; Arnaud Léon, jouteur; Michel Lequenne, historien; Thierry Leroy, historien des Templiers; Agnès Letestu, danseuse étoile; Évelyne Lever, écrivain spécialiste de Marie-Antoinette; lieutenant Jean-Louis Lezeau, section de recherche de la Police scientifique de Rennes; Francine-Dominique Liechtenhan, historienne et écrivain; Giovani Lista, écrivain et directeur de recherche au CNRS; Cédric Littardi, producteur de la série manga *Le chevalier d'Éon*; Frédéric Lodéon, journaliste; Didier Long, metteur en scène; Michèle Lorin, spécialiste de Louis XVII; Pierre Lorrain, journaliste et écrivain; Michel Louis, directeur du zoo d'Amneville; Philippe Luyt, éditeur et parent du chevalier d'Éon; Sylvain Macchi, responsable zootechnique des loups du Gévaudan; Yvan Maes, restaurateur de tapisseries; Corinne Maier, psychanalyste; Pierre Margot, criminaliste; Paul-Marius Martin, historien spécialiste de César; Jean-Clément Martin, historien; Luc Mary, écrivain; Raphaël Masson, conservateur du château de Versailles; Jacques Mayer, directeur de l'hôtel Beau-Rivage à Genève; Guillaume Mazeau, historien; Rosenda Meer, spécialiste du cachemire; Jean-François Méjanès, conservateur en chef département des Arts graphiques du musée du Louvre; Olivier Mellerio, joaillier; Sylvain Menant, spécialiste de Voltaire; Anne-Marie Mercier-Faivre, professeur à l'université de Lyon; Gérald Messadié, romancier; Gabor Mester de Paradj, architecte en chef des monuments historiques; Éric Meyer, restaurateur d'art au château de Versailles; Christophe Michalak, champion du monde de pâtisserie; Agnès Michaux, journaliste et écrivain; Cédric Michon, historien; Semyon Mikhailovsky, académie des Beaux-Arts; Georges Minois, historien; Frédéric Mitterrand, ministre de la Culture; Patrice de Moncan, historien; Christine Mondon, germaniste; Brigitte de Montclos; Lord Jimmy Montgomery, propriétaire du château de Kinross House; Philippe de Montjouvent, historien; Christopher Moran, homme d'affaires; Jean-Marc Moriceau, historien et professeur à l'université de Caen; Gérard Mortier, directeur de l'Opéra national de Paris; Prince Constantin Mourousy, président de l'Association Européenne de Saint-Vladimir; Dominique Muller, romancière; Anne Muratori-Philip, journaliste; Andrée Nex, propriétaire du musée privée Jeanne d'Arc à Domrémy; Odile Nouvel, conservatrice du musée des Arts décoratifs; Ciaran O'Keefe, parapsychologue; maître Jean-Pierre Osenat, commissaire-priseur; Roger Oulion, écrivain; David Packer, gardien de Hampton Court; Bill Pallot, expert en mobilier du XVIIIe siècle; Andreas Pampoulides, directeur de Christie's Londres; Dominique

Paquet, philosophe ; Alain Parbeau, spécialiste des armes du XVIIIe siècle ; Tatiana Parfionova, créatrice de mode ; docteur Olivier Pascal, Laboratoire de génétique moléculaire du CHU de Nantes ; Camille Pascal, historien ; père Georges Passerat, prêtre et historien ; Philippe Penguy, directeur de combats et professeur d'escrime ancienne ; Delphine Peras, journaliste à l'*Express* ; Gilles Perrault, journaliste et écrivain ; Jean-Christian Petitfils, historien et écrivain ; Sandrine Piau, chanteuse lyrique soprano ; Emmanuel Pierrat ; Kinil Pimenov, Manufacture impériale de porcelaine ; Yves Pinard, restaurateur ; Sylvain Piron, historien ; Edwy Plenel, journaliste ; Béatrice de Plinval, conservateur du musée et du patrimoine Chaumet ; Charles Porset, docteur d'État ès Lettres ; Clémentine Portier-Kaltenbach, journaliste ; Yann Potin, professeur à l'université de Nanterre ; Corinne Pouillot, écrivain ; Joël Poupon, biologiste et toxicologue ; Alain Pozzuoli, écrivain ; Marie-Anne Privat-Savigny, directrice du musée des tissus de Lyon ; Christophe Prochasson, historien à l'Historial de la Grande Guerre ; Hubert Prolongeau, journaliste et écrivain ; Alain Puyau, historien ; Yann Queffélec, écrivain ; Marie-Agnès Renaud, conférencière ; Marie-Pierre Rey, historienne et professeur à l'université de Paris I ; Jonathan Rhys-Meyers, acteur ; Jean Richard, fondateur du musée de la Bête du Gévaudan ; Glenn Richardson, historien ; Catherine Rihoit, femme de lettres française, journaliste et écrivain ; Tony Robinson, animateur de télévision ; Francis Roche, secrétaire général du musée de la céramique à Sèvres ; Christine Rolland, historienne et conservateur du patrimoine ; Bertrand Rondot, conservateur du château de Versailles ; Jean-Marie Rouart, écrivain membre de l'Académie française ; Élisabeth Roudinesco, historienne et psychanalyste ; Ève Ruggieri, journaliste et productrice ; Richard Rutherford Moore, guide de la forêt de Sherwood ; Mikhail Safonov, historien ; Renato Saggiori, spécialiste en autographes et propriétaire des *Cahiers Bleus* ; Gonzague Saint Bris, écrivain ; Armand de Saint-Sauveur, éditeur ; Jacques de Saint-Victor, historien ; Xavier Salmon, directeur du patrimoine et des collections du château de Fontainebleau ; Jacques Sanders, membre de l'équipage du Rallye Fontainebleau ; Maurice Sartre, historien spécialiste du monde grec et romain Oriental ; Stéphane Sausin, restaurateur spécialisé dans la cuisine de la Renaissance ; Éric-Emmanuel Schmitt, écrivain et metteur en scène ; Claude Schopp, écrivain spécialiste d'Alexandre Dumas ; docteur Michel Schouman, urologue et sexologue ; Madeleine Scopello, historienne spécialiste du mouvement de la gnose ; Arnaud de Sède, fils de Gérard de Sède ; Roger Settimo, petit-fils du jardinier de l'impératrice Eugénie ; Ekaterina Shvigleva, conservatrice du Palais de Tsarskoïe ; Alison Sim, historienne ; William Smith, historien ; Philippe Sollers, écrivain ; Jean-François Solnon, historien et professeur à l'université de Franche-Comté ; Franck Sorbier, styliste ; Guy Sorman, essayiste ; Bernard Soulier, directeur de l'association Au pays de la Bête du Gévaudan ; Marcus Spangenberg, historien spécialiste de l'histoire de la Bavière ; Philippe Starck, designer ; Emmanuel Starcky, directeur des musées et du domaine du château de Compiègne ; Irina Stepanenko, conservatrice du Palais de Tsarskoïe Selo ; Véronique Sternberg, maître de conférence à l'université de Valencienne, spécialiste de la comédie du XVIIe siècle et du théâtre du XVIIe siècle ; Alexandre Stroev, professeur de littérature comparée à l'université Paris III Sorbonne ; Henri Suhamy, historien ; Jean-Marc Sureau, directeur du château d'Amboise ; Patrick Taieb, musicologue ; Élisabeth Teissier, astrologue ; Jean Teulé, écrivain ; docteur Pierre-Léon Thillaud, spécialiste en paléopathologie ; Chantal Thomas, directrice de recherche au CNRS ; Alexis de Tiesenhausen, spécialiste de l'art russe chez Christie's, Londres ; Claude Toffart-Derreumaux, graphologue ; Philippe Torreton, comédien ; Rémi Tremblet, créateur de costumes pour le cinéma ; Jean Tulard, historien ; Jean-Pierre Turbergue, éditeur ; Didier Van Cauwelaert, écrivain ; Violaine Vanoyeke, romancière ; Consuelo Varela, historienne ; Serge Vaucelle, historien du sport ; Tatiana Verbitskaya, conservatrice du Palais de Peterhof ; Philippe Vidal, écrivain ; Gérard Vié, chef cuisinier ; Éliane Viennot, professeur d'histoire à l'Université de Saint-Étienne ; père Henri de Villefranche, prêtre bibliste ; Jean-Didier Vincent, neurobiologiste ; Bernard Vincent, directeur d'études à l'EHESS ; Mathieu da Vinha, centre de recherche du château de Versailles ; Patrice de Vogüé, propriétaire du château de Vaux le Vicomte ; Jean-Louis Voisin, spécialiste du suicide dans l'Antiquité ; Vanessa Voit, guide au château de Linderhof ; Marc Vuilleumier, historien spécialiste de la Police politique ; comte Nicolas Walewski, descendant de Marie Walewska ; Emmanuel de Waresquiel, historien ; Michel Wartelle, écrivain ; Thierry Wasser, parfumeur ; Jacques Weber, acteur ; Annabelle Welch, organisatrice de chasse aux fantômes ; Bob White, président du Club des amis de Robin des Bois ; Kate Williams, historienne ; Lucy Worsley, historienne ; père Wladimir Yagello, archevêque de l'Église orthodoxe russe ; Anne Zazzo, conservateur en chef du musée Galliera ; Philippe Zwang, historien.

Crédits photographiques :

Leemage : 36; Aisa 43, 221, 318; Jean Bernard 329; Bianchetti 23, 48, 78, 83, 89; Costa 50, 90, 197, 251, 254, 269, 273, 279, 323; Electa 135, 154, 237; Fine Art Images 283; Fototeca 299; Gusman 207; Heritage images 33, 117, 121, 139; Josse 15-16, 20, 25, 28, 35, 45, 75, 77, 85, 87, 94, 100, 103, 118, 126-127, 133, 143, 148, 161, 169, 175-177, 181, 183, 186, 189, 200, 213, 216, 219, 222, 231, 259, 262, 265, 285, 301, 303, 307, 325; Lee 159, 267, 331; Lylho 27, 235; MI 13, 137; MP 41, 99, 107, 145, 153, 170, 187; Prisma Archivo 271; Raffael 240; Selva 97.

Rue des Archives : BCA 313; CCI 53; Collection Grégoire 69; FIA 205; Mary Evans 18, 147, 151, 245, 247, 249; 29; 31; PDVE 162, 193, 275; Suddeutsche Zeitung 61; Tal 38, 56, 59, 67, 73, 109, 112, 115, 157, 178, 195, 288, 291, 304, 309, 310, 315; The Granger Collection NYC 71, 140, 257, 296.

The Bridgeman Art Library : 64; 80; 125; 128; 203; 229; 243; 293; 295; Archives Charmet 63, 211, 277; Bonhams 184; Christie's Images 227; City of Westminster Archive Centre 123; Giraudon 47, 120, 317; 55; Ken Welsh 167; Wallace Collection 191.

Direction d'ouvrage
Lise Boëll et Estelle Cerutti

CASSI EDITION

Achevé d'imprimer en France par Pollina
N° d'édition : 18936/4
ISBN : 978-2-226-19294-3
Dépôt légal : octobre 2010
N° d'impression : L56240